In die, im Auftrag des **Forschungsunternehmens Nepal Himalaya** (Leitung: **W. Hellmich**) von **Erwin Schneider** in den Jahren 1955—1963 erarbeitete Karte **Khumbu Himal (Nepal),** wurden die Aufstiegsrouten der wichtigsten Everest-Expeditionen eingezeichnet.

KARL M. HERRLIGKOFFER

Mount Everest

»Thron der Götter«

Sturm auf den höchsten Gipfel
der Welt

Spectrum Verlag Stuttgart
Salzburg · Zürich

Senator Dr. Franz Burda
in Dankbarkeit und Verehrung gewidmet

© copyright by Spectrum Verlag Stuttgart
Alle Rechte vorbehalten
Die Karte auf dem Vorsatzpapier ist ein Ausschnitt aus der großen Karte
„Khumbu Himal (Nepal)" und wurde uns freundlicherweise vom Forschungs-
unternehmen Nepal Himalaya zur Verfügung gestellt
Farbseite gegenüber Titelseite: Felix Kuen im Aufstieg nach Lager 6 (8200 m)
Schutzumschlag und Bildgestaltung: Werner Flumm
Satz: Typosatz Dietrich, Endersbach
Druck: Druckerei Otto Bauer, Winnenden

ISBN 3-7976-1165-X

Inhalt

Zum Geleit

Bis 1950 war Fremden der Zutritt zum Himalaya-Königreich Nepal nicht gestattet. Bergexpeditionen konnten bis dahin nur auf Umwegen über Sikkim und Tibet zum Mount Everest vordringen, ohne indesssen den Gipfel zu erreichen.

Diese Isolationspolitik änderte sich aber grundlegend, als 1951 nach 104 Jahren Rana-Herrschaft das Königshaus wieder die Macht erhielt: König Tribhuvan öffnete die Grenzen, und seither wird jeder Fremde, der sie überschreitet, mit der den Nepalesen eigenen großzügigen Toleranz als Gast des Landes willkommen geheißen.

Das gilt für die jährlich um 25 % bis 44 % zunehmende Zahl der Touristen ebenso wie für die Expeditionsmannschaften aus allen Bergsteigernationen der Welt, die die Regierung mit einer Flut von Anträgen um Erlaubnis für die Besteigung der höchsten Himalaya-Berge bitten; viele Berge sind für Jahre ausgebucht, auch der Mount Everest, das höchste Ziel auf Erden.

Dr. Herrligkoffer hatte das Glück, für die erste von Deutschland aus organisierte Mount-Everest-Expedition die Genehmigung im Frühjahr 1972 zu erhalten. Ziel war die Durchsteigung der gewaltigen Südwest-Wand des Mount-Everest bis zum Gipfel. Dabei wurde erstmals die größte Höhe in dieser Wand erreicht.

Die Umkehr kurz vor dem Ziel ist keine Seltenheit. Mit großen Erwartungen ziehen jährlich viele Expeditionen zu „ihrem" Berg, aber wenige erreichen den Gipfel und oft genug wird das Ende hoffnungsvoll begonnener Unternehmungen von Tod oder Mißklang getrübt. Die Geschichte der Everest-Expeditionen, über die der Verfasser rückblickend aus seiner Sicht berichtet, zeigt dies deutlich. Es ist ein harter, zäher Kampf, den die Bergsteiger nicht nur mit dem Berg, sondern auch mit sich selbst auszufechten haben. Nicht jeder hält dieser Herausforderung stand. Manche wachsen daran, andere zerbrechen oder verlieren das Maß, geblendet von den Dimensionen, die sie nicht mehr mit ihrer bescheidenen Ausgangsposition in Einklang zu bringen vermögen.

Dabei ist kaum eine Sportart besser geeignet, die Menschen zusammenzuführen, als der gemeinsame schwere Aufstieg am Seil, wenn jeder auf des anderen Hilfe angewiesen ist.

Nepal mit den höchsten Bergen der Welt bietet hierzu die besten Möglichkeiten. Möge die „Eroberung des Unnützen", wie der berühmte französische Bergsteiger Lionel Terray das Bergsteigen — „die schönste Nebensache der Welt" — bezeichnete, im Sinne eines friedlichen Wettbewerbs ausgetragen werden, der die Menschen und Völker einander näher bringt. Das Tor nepalesischer Gastfreundschaft steht hierzu allen offen.

Günter Hauser

Günter Hauser
Königlich Nepalesischer Konsul
München

Vorwort

Dank der Luft-Kartographie ist heute die Oberfläche des ganzen Erdenrunds bekannt. Weiße Flecken auf der Weltkarte gibt es nicht mehr, seit Flugzeuge auch die Pole kreuzen und Satelliten ihr scharfes Auge auf die Erdkruste richten. Dennoch ist die Erschließungsgeschichte der Welt noch nicht beendet — es bleiben noch viele lohnende Ziele einer harten Kleinarbeit vorbehalten, um unserem Planeten auch die letzten Geheimnisse zu entreißen.

Die Alpen sind seit einiger Zeit bereits erschlossen, die einzelnen Gipfel über Grate und Wände auf klassischer Route und in der Fallinie erstiegen. Aber viele Berge, z. B. in den Anden, im Hindukusch, in der Antarktis, im Karakorum und im Himalaya, harren immer noch ihrer Bezwinger.

Himalaya und Karakorum bilden zusammen die gewaltigste Gebirgskette der Erde — das Dach der Welt! Dort gibt es Erhebungen, die über achttausend Meter hoch emporragen und von einer Unzahl von Siebentausendern umringt werden. Die Besteigungsgeschichte der 14 Achttausender ist faszinierend. Jahrzehntelang wurden sie belagert, aber erst in der zweiten Hälfte dieses Jahrhunderts wurden sie alle erstmals erobert. Im Kampf um ihre Gipfel wurde wertvolles junges Leben riskiert und ging verloren.

Das Ringen um die höchsten Erhebungen unserer Erde aber ist nicht gleichmäßig bekanntgeworden, einige dieser Bergriesen haben besonders Geschichte gemacht — aufgrund ihrer Höhe, ihrer Lage oder der Opfer, die sie gefordert haben. Zu diesen gehört der Kangchendzönga, der von Darjeeling aus ein einmaliges Panorama bietet — zählt der K_2 (Chogori), die höchste Erhebung des Karakorum-Gebirges — der Nanga Parbat, der Schicksalsberg der Deutschen — vor allem aber der Mount Everest, der mit seinen 8848 Metern die höchste Erhebung der Erde, seit 1921 Ziel vieler Expeditionen gewesen ist.

Zehnmal wurde die Bezwingung des Everest bereits versucht, aber erst im Jahre 1953 standen zwei glückliche Bergsteiger auf der Spitze dieses Berges. Über zwanzig Expeditionen haben einen Aufstieg über seine Eisflanken und Felsgrate gewagt, bis endlich wir an der Reihe waren und im Frühjahr 1972 erstmals eine deutsch geführte Europäische Mount-Everest-Expedition starten konnten.

Im vorliegenden Buch möchte ich kurz von allen Besteigungsversuchen am Everest erzählen — über unsere eigene Expedition aber in aller Ausführlichkeit berichten. — Ohne die Mithilfe meiner Kameraden hätte ich diesen Everestbericht nicht schreiben können. Der Verlauf einer Expedition bringt es mit sich, daß jeder Teilnehmer zeitlich und örtlich oft ganz unterschiedliche Geschehnisse erlebt, und dementsprechend fallen auch die jeweiligen Aufzeichnungen der einzelnen Bergkameraden aus. Das hat etwas für sich, denn es entsteht auf diese Weise ein buntes Bild, und die Erzählung wird objektiver, umfassender und kritisch. Ich will nun versuchen, alle diese farbigen Schilderungen zu einem Erlebnisbericht zu vereinen.

Für die vielen guten Aufnahmen, die auch dem Buch zugute kommen, möchte ich allen Beteiligten danken. Ohne die Leistung eines einzelnen hervorzuheben,

9

darf ich jedoch sagen, daß einige Everest-Freunde besonders gutes Farbmaterial geschaffen haben.

Abschließend darf ich allen Teilnehmern der Ersten Europäischen Mt.-Everest-Expedition für ihren Einsatz und ihr Mitwirken Dank sagen und die Hoffnung aussprechen, daß unsere Expeditionsverbundenheit zu einem dauerhaften menschlichen Kontakt werden möge, der uns bis an das Ende unserer Tage erhalten bleibt.

Die Finanzierung unseres Unternehmens war sehr schwierig — ohne die Hilfe unseres Schirmherrn, Senator Dr. Franz Burda, wäre sie einfach undenkbar gewesen. Daß ich dieses Buch diesem Manne gewidmet habe, ist lediglich ein kleines Zeichen meiner Dankbarkeit.

Es sei mir erlaubt, mich beim SPECTRUM Verlag für die großzügige Bevorschussung dieses Berichts zu bedanken, denn auf diese Weise konnte in letzter Minute noch eine beachtliche finanzielle Lücke in der Expeditionskasse geschlossen werden. Gerade in jener Zeit, in der ich dieses Buch zu schreiben hatte, überfiel mich eine Krankheit, die meine Schaffenskraft wesentlich beeinträchtigte. Ich war aber leider nicht in der glücklichen Lage, wie einst Hermann Buhl und Heinrich Harrer, einen so glänzenden alpinen Schriftsteller zur Hand zu haben wie den leider zu früh verstorbenen Kurt Maix. Dieser bot mir bei unserem einmaligen Zusammentreffen in Bad Boll anläßlich einer Alpinismustagung spontan seine Hilfe an, aber es kam bedauerlicherweise zu keiner Zusammenarbeit mehr.

Einführung

Die Grenze zwischen Nepal und China zieht über den Gipfel des Mount Everest hinweg. Seine Nordflanke steht den kommunistischen Ländern, seine Südflanke der neutralen und westlich orientierten Welt für eine Besteigung offen. Seit das Königreich Nepal nach dem Ende des zweiten Weltkriegs seine Grenzen für Expeditionen und den Tourismus aufgemacht hat, ist es möglich geworden, jenes Land mit seinem reichen kulturellen Erbe zu besuchen und liebzugewinnen. Den Bergsteigern aber erschließt sich seither die herrlichste Bergwelt der Erde.

Im nepalesischen Himalaya liegen die meisten Achttausender: der Mount Everest, der Lhotse, der Makalu, der Cho Oyo, an der Grenze nach Sikkim der Kangchendzönga und in West-Nepal Manaslu, Dhaulagiri und die gewaltige Annapurna. Die höchsten Erhebungen liegen fast alle an der nördlichen Grenze des Staates. Das Gebirge bildet dort einen natürlichen Wall gegen die tibetische Provinz der Volksrepublik China. In allen anderen Himmelsrichtungen heißt der Nachbar: Indien.

Nepal hat eine Ost-West-Ausdehnung von 900 km und eine Süd-Nord-Breite von rund 200 km. — Es lassen sich drei Klimazonen erkennen: Im äußersten Süden eine tropische, der Terai, ein Streifen flachen Schwemmlandes, 200 m über dem Meer — das nepalesische Mittelland, vom Terai durch die Mahabkarat Lekh, ein 3000 m hohes Gebirge getrennt — und die Schneeregion des Nordens, der Himalaya, der sich besonders in Zentralnepal unvermittelt und gigantisch aus dem Mittelland erhebt. — Temperatur, Klima und Niederschlagsmenge sind in jedem dieser Gebiete unterschiedlich. Die Terai-Region hat ein heißes, feuchtes, tropisches, das Mittelland dagegen ein mildes, subtropisches, das nördliche Gebiet des Hochgebirges jedoch ein rein alpines Klima.

Im Winter findet man das beständigste und schönste Wetter, einen wolkenlosen, azurblauen Himmel, und die Gebirgskämme zeigen sich als einmaliges, gewaltiges Panorama. — In die Sommerzeit fällt der Monsun. Er beginnt Anfang Juni und dauert bis September. Das bedeutet in den Niederungen Regenfälle, auf den Höhen Neuschnee und Höhensturm.

Aufgrund der Mannigfaltigkeit der klimatischen Verhältnisse des Landes sind auch die Pflanzen- und Tierwelt in Nepal von Region zu Region hin völlig verschieden. In größeren Höhen finden sich Nadelbäume, Fichten und Weißtannen, aber auch die scharlachroten Blumen des Rhododendron. In den Niederungen dagegen wachsen exotische Bäume wie Eukalyptus und Seideneiche, Weide und Pappel. — Im Terai sind ausgedehnte tropische Wälder die Heimat von Tiger, Elefant, Wildbüffel und Rhinozeros.

Die Menschen Nepals bilden ein Mosaik von Rassen. Jede Rasse hat besondere Züge — eigene Trachten und Bräuche — eigene Dialekte. Im Kathmandu-Tal, also in der Hauptstadt, wohnen die Newar, die Brahmanen (Priester), die Kshatriya (Krieger), die Thakur und die Chetri. Diese Stämme bilden zusammen mit den Kiranti (die beiden ostnepalischen Volksgruppen der Rai und Limbu) im Osten die Ureinwohner des Landes. Im Norden und Osten wohnen die Bhotiya, Thamang, Limbu, Rai und Sherpa. Sherpa heißt „Ostvolk". — Im Westen leben die Mangar, Gurung und Sunwar — im Terai im Süden gibt es u. a. die Tharu und Khas. Alle diese Gruppen fügen sich zusammen wie die schillernden Farben einer Palette — bilden ein einziges Volk, sprechen die gleiche Sprache, verehren dieselben Götter und teilen sich die gleichen Freuden und Sorgen. — Nepali oder „Khas-Kura" ist die Nationalsprache. Englisch wird jedoch an den Schulen gelehrt und von den meisten Beamten gesprochen.

Reis ist das Hauptnahrungsmittel der Bevölkerung in den Niederungen des Terai. In den Hochtälern wird Hirse und Mais angebaut. Überall bekannt ist Raksi, der einheimische Reisschnaps. Ihm haben auch manche unserer Expeditionsmitglieder sehr zugesprochen.

König Prithvi Narayan Shah, der Schöpfer des modernen Nepal, einigte und festigte die kleinen Fürstentümer und schuf jene Landesgrenzen von Nepal, wie sie heute noch bestehen.

Nepal ist die Geburtsstätte von Sita, dem Begleiter des Gottes Rama, des Helden des Hindu-Epos Ramayana. Sakayumi Gautama Buddha wurde ebenfalls in Nepal geboren. Das Ineinanderfließen von Hinduismus und Buddhismus in diesem kleinen Himalayastaat bringt es mit sich, daß buddhistische Stupas, Bronze-Statuen und Stein-Skulpturen genauso berühmt sind, wie andernteils traditionelle Hindutempel bewundert werden.

In der ersten Hälfte des letzten Jahrhunderts hielt man die gewaltige Eismauer des Kangchendzönga, der westlich von Darjeeling das Panorama bestimmt, für den höchsten Berg der Erde. Erst als man 1852 an die Auswertung der Vermessung der Himalayaberge ging, entdeckte man, daß Peak XV, jener Berg also, der sich hinter einem Kranz hoher eisgepanzerter Gipfel versteckt, mit rund 8800 m die höchste Erhebung der Erde ist. Zu Ehren des Leiters der indischen Landesvermessung, Sir George Everest, wurde dieser Berg vier Jahre später Mount Everest benannt. Die sechs Vermessungen des Mount Everest aus dem Jahre 1849—1852 ergaben einen Mittelwert von rund 29 000 feet (8840 m). Wie sich erst hundert Jahre später herausstellte, war dies schon eine ziemlich genaue Messung. Ende des letzten Jahrhunderts wurde der höchste Berg noch mehrmals vermessen. Es ergaben sich Höhen bis zu 8888 m, die aber schließlich auf 8848 m korrigiert wurden. Die neueren Vermessungsergebnisse aus dem Jahre 1955 wurden im Zuge einer großangelegten Himalayaforschung erzielt. — Die Differenzen in den Ergebnissen sind auf physikalische Fehlerquellen zurückzuführen, die sich vor allem aus der Strahlenbrechung in der Luft ergeben.

Es mißfiel der Welt, den höchsten Gipfel der Erde mit einem englischen Personennamen bezeichnet zu wissen. Man forschte daher nach den alten einheimischen Bezeichnungen. — In der Mitte des letzten Jahrhunderts zog Hermann von Schlagintweit durch die Himalaya-Hochtäler in Nepal. Dabei unterlief ihm eine Verwechslung des Mount Everest mit anderen Gipfeln, was dazu führte, daß der höchste Berg der Erde fünfzig Jahre lang irrtümlich als „Gaurisankar" bezeichnet wurde. Dieser Berg, den man im Anflug auf Lukla als zweigipfeliges, gewaltiges Bergmassiv auftauchen sieht, ist aber nur 7145 m hoch.

Zu Beginn dieses Jahrhunderts tauchte ein weiterer alt-tibetischer Name für den

12

Everest auf: „Chomokangkar". Dieses Wort bedeutet zu deutsch etwa „weißer Schnee der Mutter Königin", aber diese Bezeichnung konnte sich nicht einbürgern. — Zwanzig Jahre später, im Jahre 1921, wurde von der ersten Everest-Expedition im Kloster Rongphu nach Urkunden gesucht und dabei die Bezeichnung „Chomolungma" entdeckt. Seither ist Chomo(Göttin Mutter)-Lungma(des Landes oder besser der Welt) neben Mount Everest eine klangvolle Bezeichnung für den höchsten Gipfel der Erde geworden.

Jedoch hat der Everest in Nepal und Indien noch eine dritte Bezeichnung: „Sagarmatha". Sagar bedeutet Meer und Matha Mutter. Hätten die Ureinwohner Nepals schon von dem Himalaya-Meer gewußt, das vor 60 Millionen Jahren Nepal überflutete — könnte man glauben, Sagarmatha bedeute Mutter des Meeres. So aber ist unter Sagar wohl eher das Weltall zu verstehen.

Dem Charakter nach gehört der Everest nicht zu Indien, nicht zu den heiteren Landstrichen am Südhang des Himalaya-Gebirges. Das Gesicht der Chomolungma ist tibetisch: rätselhaft, kalt, geheimnisvoll, aber nicht schön. Sein Gipfel ragt wie eine gewaltige schwarze Pyramide, gleich einem riesigen steinernen Monument in den Himmel. Man kann ihn bewundern, aber nicht lieben. Der Gigant Everest wird von einem Kranz leuchtender, eisgepanzerter Wächter umringt, deren Gesteinsformationen imposant und vielgestaltig sind und deren Eiswände vom Höhensturm kunstvoll modelliert erscheinen. Es sind dies der Lhotse, die Nuptse-Wand, Changtse, Lingtren, Pumori und in gewisser Entfernung Makalu und Chomolönzö. Wie um seine harte, nüchterne, alles beherrschende Macht zu unterstreichen, hat sich Chomolungma mit diesen Schönheiten der Bergwelt umgeben. Der Everest ist ein harter Berg. Selbst das Ausgangslager liegt für Khumbu-Expeditionen in einer häßlichen Umgebung — am Fuß eines gewaltigen Moränenabbruchs, auf den Felstrümmern inmitten einer buckligen Gletscherzunge. Nie habe ich einen ähnlich nüchternen Hauptlagerplatz gesehen.

Die Rongphu-Expeditionen

1921: Erste Mount-Everest-Expedition

Das erste britische Everest-Unternehmen, das unter der Leitung von C. K. Howard-Bury stand, diente vor allem der Erkundung und groben kartographischen Erfassung der Everest-Gruppe. Es galt außerdem, den Aufbau des Berges zu erforschen, sein Gestein, seine Gletscher, die Temperaturen und Wetterverhältnisse sowie die Wirkung der Höhe auf den Menschen im allgemeinen. Darüber hinaus hatte man eine Besteigung des Gipfels bereits in Erwägung gezogen.

Persönlichen Verhandlungen des Oberstleutnant Howard-Bury mit dem britischen Vertreter in Lhasa, Charles Bell, der gute Beziehungen zum Dalai-Lama pflegte, war es zu verdanken, daß man dann eine Reisegenehmigung durch Tibet bekam. Von diesem Zeitpunkt an stand der Expedition nichts mehr im Wege. Die Geldmittel wurden durch die Geographische Gesellschaft in London gesammelt, und auch der Alpine Club stiftete seinen Beitrag.

Die Mannschaft der Expedition bestand aus neun Teilnehmern. Als Leiter war ursprünglich General Bruce vorgesehen. Da er aber unabkömmlich war, trat an seine Stelle der Nichtbergsteiger Oberstleutnant Howard-Bury. Was ihn auszeichnete, war eine Kenntnis der asiatischen Bevölkerung, die er sich auf zahlreichen Reisen angeeignet hatte. — Harold Reaburn, ein erfahrener Eis- und Felsgeher, sollte den Stoßtrupp leiten. Aber er erkrankte bereits während des Anmarsches und mußte nach Darjeeling zurückkehren. Erst im September stieß er dann wieder zur Expedition. — Das bergsteigerische Team bestand aus George Leigh Mallory — von Beruf Lehrer, er galt als ausgezeichneter Alpinist —, C. H. Bullock, dem Freund Mallorys, und Dr. A. N. Kellas, einem Kenner des Himalaya, der bereits auf 7100 m gestanden war"; er galt als Spezialist bei der Anwendung von Sauerstoffgeräten. Außerdem beteiligten sich noch zwei Wissenschaftler an dem Unternehmen: A. F. R. Wollastone, ein erfahrener Alpinist, fungierte hier aber als Expeditionsarzt und Forst-Wissenschaftler. Major H. T. Morshead und Major O. E. Wheeler vom indischen Vermessungsamt sowie Dr. A. M. Heron, Spezialist für Forschung der Gesteins- und Schichtungsverhältnisse, begleiteten das Unternehmen, um geographische Aufgaben zu lösen und die besten Aufstiegsmöglichkeiten an der Nordseite des Everest auszukundschaften.

Die Expeditionsmannschaft wurde von 40 Sherpa und vier Köchen unterstützt. Der ständige Alkoholmißbrauch der meisten Träger machte den Umgang mit diesen streitsüchtigen Begleitern oft recht schwierig. Am 18. und 19. Mai verließ das Gros der ersten Mt.-Everest-Expedition das in den Vorbergen von Sikkim in 2434 m Höhe gelegene Darjeeling. Man wanderte zunächst nach Nordosten, durchstreifte das tibetische Hochland und hatte bald Schwierigkeiten mit den 100 Maultieren aus dem niedrig gelegenen Tista-Tal. Die Tiere waren für die Strapazen im Hochgebirge nicht besonders geeignet und mußten nach fünf Tagen bereits ausgetauscht werden. Schwüle, drückende Luft und ein fast ununterbrochener Tropenregen machten den Anmarsch nicht gerade zum reinen Vergnügen. Trotz der Erstmaligkeit des Unternehmens war zu diesem Zeitpunkt die Stimmung keinesfalls gehoben. Endlich, als man den 4385 m hohen Jelep La (Paß) in Richtung des Chumbi-Tals überschritt und damit tibetisches Gebiet betrat, grüßte wieder die Sonne vom blauen Himmel. Man verließ nun die große Handelsstraße und bog am Bergsee Bam-Tso nach Westen ab.

Den Teilnehmern war der ständige Klimawechsel schlecht bekommen. Dr. Kellas mußte bereits in einer Sänfte getragen werden, denn umkehren wollte er keinesfalls. Kurz vor dem Kloster Kampa Dzong hörte sein schwaches Herz auf zu schlagen. Man schrieb den 5. Juni. Im Anblick jener Eisberge — des Pahunre (7127 m), Chomiomo (6837 m) und Kangchenjhau (6920 m) —, die er allein bezwungen hatte, wurde er nun zur letzten Ruhe gebettet. Das Ziel seiner Träume, der Mt. Everest, war noch 160 km von hier entfernt. Da auch Reaburn sich wegen Herzbeschwerden zur Umkehr entschließen mußte, war das Team nun auf 7 Mann zusammengeschrumpft.

Nach einem Anmarsch von vier Wochen, am 19. Juni, erreichte man Tengri Dzong mit seinem berühmten Kloster. Dieser Ort ist ein wichtiger Handelsplatz und war seinerzeit Sitz eines Militärgouverneurs. Kleine Häuser drängen sich hier um einen Hügel, auf dessen Kuppe eine alte chinesische Befestigung ihrem Verfall entgegensieht. Nach gründlicher Säuberung wurde das alte chinesische Rathaus das Standquartier der Expedition. Man plante nun von hier aus das Gelände in kleinen Gruppen zu erkunden. Der Everest war immer noch von den Vorbergen verdeckt. Aufgrund der fortgeschrittenen Jahreszeit drängten die Eingeborenen zur Aktivität. So starteten Mallory und Bullock mit 16 Sherpa und einem Koch am 23. Juni in Richtung Chobuk. Die Verständigung war schwierig, man half sich mit der Zeichensprache. Am dritten Tag nach dem Abmarsch aus Tengri Dzong errichteten Mallory und Bullock ihr Standlager in etwa 5000 m Höhe im Rongphu-Tal in der Nähe des Klosters. Nach zwei Tagen überschritt man den Fluß an dieser Stelle und zog endlos ein steiniges Tal aufwärts. Sie arbeiteten sich den Gletscher hinauf, der unter der Schmelzkraft der Sonne in zahllose hohe Seraks zerlegt war. Die dünne Luft machte den beiden bereits zu schaffen.

Das Rongphu-Tal verläuft hier in einer Länge von 30 km fast gerade und steigt dabei 1200 m an. Dann folgt der 16 km lange Gletscher, hinter dem die ungeheure Bergmasse des Mt. Everest das Tal abschließt. Am 29. Juni errichteten sie in 5334 m Höhe ein zweites Hochlager auf dem Gletscher. Sie folgten nun dem Rongphu-Gletscher bis zum Lho La, dem 6006 m hoch gelegenen Grenzpaß nach Nepal hin. Noch bot sich kein rechter Weg für den Aufstieg zum Gipfelaufbau an. Es zeigte sich zwar ein Joch, das den steilen Nordostgrat mit dem vorgelagerten Nordgipfel verband. Dieses Joch, Chang La, später Nordsattel getauft, zu erreichen, schien ihnen vom Rongphu-Gletscher aus unmöglich zu sein. Aus diesem Grunde kehrten sie ins Hauptlager zurück. Man stellte sich zwar die Frage, ob man den Nordgrat über den Nordsattel erreichen könne, wandte sich aber dennoch jetzt dem nach Westen ziehenden Rongphu-Nup-Gletscher zu und entfernte sich damit vom Hauptmassiv. Schließlich verließen sie das Rongphu-Tal, ohne erkannt zu haben, daß sich der östliche Rongphu-Shar-Gletscher als Ausgangsbasis für einen Aufstieg zum Nordsattel und somit zur Nordseite des Mt. Everest geradezu anbietet. Am 25. Juli wurde das Hauptlager auf dem Rongphu-Gletscher abgebrochen. Der nächste Stützpunkt sollte Kharta (3749 m) sein, eine kleine versteckte Ansiedlung östlich vom Everest. Sie lag zwei Tage vom bisherigen Hauptlager entfernt. Es wurde als eine Wohltat empfunden, aus 6000 m Höhe nun in die geradezu paradiesisch erscheinende Landschaft mit ihren grünen Wiesen, dichten Wäldern und prächtigen Rhododendron-Büschen absteigen zu dürfen.

Aber Mallory und Bullock, auf denen die verantwortungsvolle Aufgabe der bergsteigerischen Erkundung allein gelegen hatte, lockte der Berg. Man wollte zunächst dem Kharta-Bach in westlicher Richtung folgen. Die Auskünfte, die man von den Tibetern erhielt, waren mehr als mangelhaft. Aber der Sirdar verstand es wenigstens, seine Sahib in die richtige, für ihn passende Richtung, in sein heimatliches Kama-Tal, zu locken — unstreitig eines der schönsten Himalaya-Täler, übersät mit Alpenblumen und Enzianen. — Von hier aus sah man zwar das Gipfelmassiv des Everest, aber es bot sich kein Weg zum Nordsattel an. Inzwischen hatte man klar erkannt, daß man zunächst den Nordsattel, die Schlüsselstellung zum Gipfel, erreichen müsse.

Am 11. August standen bereits wieder die Zelte von Mallory und Bullock im Kharta-Tal in 5000 m Höhe. Während Bullock am 13. August zum Aufbruch mahnte, mußte Mallory wegen einer Halsentzündung zurückbleiben und von Major Morshead betreut werden. Am Abend brachte ein Träger die aufmunternde Nachricht, daß er einen Gletscher erkundet habe, von dessen Hochpaß aus man einen Blick auf die andere Seite werfen könne; jener Gletscher würde wahrscheinlich ins Rongphu-Tal fließen. Und diese Vermutung bestätigte sich. Mallory war ob dieser Nachricht so beschwingt, daß er seine Krankheit überwand und mit Bullock loszog. Der Aufstieg durch den brüchigen Schnee und in der Gluthitze war eine große Schinderei. Unter Aufwendung allen Willens erreichten die beiden den Lhakpa-Paß, das heißt Windlücke, Windpaß. Von dort aus sahen sie 300 m unter sich den Rongphu-Shar-Gletscher. Man erkannte den gesuchten Hang des Nordsattels auf der gegenüberliegenden Seite, wenngleich die Sicht zu diesem Zeitpunkt so schlecht war, daß man die Möglichkeit eines Aufstiegs noch nicht voll beurteilen konnte.

Damit war die vorläufige Erkundung abgeschlossen. Der Monsun sollte jede Aktion zunächst unmöglich machen. Es erschien den Teilnehmern für richtig, den September abzuwarten.

Am 20. August waren alle wieder in Kharta, wo am 21. September auch Reaburn wieder gesund und gestärkt auftauchte. In zwei Hochlagern im Kharta-Tal, auf 5300 m und 6000 m Höhe, hatte man bereits Ausrüstung und Brennstoff zurückgelassen. Der neue Angriffsplan sah nun folgendermaßen aus: Erstes Ziel sollte der Nordsattel sein, die Schlüsselstellung zur Nordostschulter — und zweites Ziel vielleicht der Gipfel! Man ruhte sich aus und machte Pläne. Den Trägern allerdings bekam die Ruhe schlecht, denn in Kharta gab es den lang entbehrten Chang (Bier), der sie wieder in einen zänkischen Haufen verwandelte. Aus diesem Grunde zog man in ein von Kharta entferntes, höher gelegenes Lager. Sie stellten ihre Zelte auf einen traumhaft schönen Platz inmitten von blühenden Enzian-Wiesen, und wenn es nicht gerade regnete, konnte man den Everest und den Makalu sehen.

Am 23. September starteten Mallory, Bullock und Wheeler mit einer kleinen Trägergruppe von vierzehn Sherpa vom Lhakpa-Paß-Lager westwärts und schlugen auf dem Rongphu-Shar-Firn unter dem Nordsattel ein neues Lager auf. Die Träger waren für den anstrengenden Aufstieg nur schwer zu begeistern, und bis auf zehn kehrten alle wieder ins Kharta-Tal zurück. Unterhalb des Sattels hatte man in einem Schneeloch das Lager in 6800 m Höhe aufgebaut. Allmählich machte sich der Sauerstoffmangel bemerkbar. Keiner fühlte sich sonderlich wohl, alle klagten über heftige Kopfschmerzen. Es folgte eine sehr kalte, schlaflose Nacht. Der Wind pfiff vom Sattel herunter und drohte die Zelte umzuwehen. — Anderntags zogen sie mit drei der besten Träger weiter. Anfangs mußten Stufen geschlagen werden, dann begann eine mühsame Schneestapferei über technisch unschwieriges Gelände. Das letzte steile Stück durch den tiefen, lockeren Schnee war besonders mühsam. Um 12.30 Uhr erreichten sie schließlich den Nordsattel. Nun standen sie 1800 m unter des Gipfel, eine Strecke von 4 Kilometern trennte sie noch vom Ziel.

Ein plötzlich einsetzender Sturm nahm ihnen in dieser verlockenden Situation die letzte Entscheidung ab. Keiner konnte mehr aufrecht gehen, man mußte absteigen, jedes Weitergehen wäre Leichtsinn gewesen. Aber man hatte ja viel erreicht. Der Chang La (6990 m), die Schlüsselposition für alle weiteren Angriffe auf die Everest-Nordflanke, war geschafft.

1921 kam es zu keinem Gipfelansturm. Dazu war die Jahreszeit viel zu weit fortgeschritten, dazu waren es viel zuwenig Bergsteiger. Aber der Zweck der Expedition, die Erkundung des Everest von Norden her, war erreicht.

Vom oberen Lager im Kharta-Tal stieg man nun in zwei Gruppen ab. Mallory, Bullock, Reaburn und Morshead brachten das Gepäck direkt ins Hauptlager zurück. Howard-Bury, Wollastone und Wheeler wollten den Übergang ins Kama-Tal machen. Letzterer wollte bei dieser Gelegenheit sein Kartenmaterial vervollständigen. Auf diesem Marsch litten sie sehr unter dem heftigen Sturm, der auf dem Korpo-Paß blies. Aber das Wetter änderte sich, und an einem schönen Tag erreichten sie schließlich den Übergang nach Nepal. Bei diesem Marsch sahen sie die abweisenden Südabstürze des Mt. Everest.

Drei Tage lang führte sie der Weg schließlich im Regen abwärts durchs Kama-Tal. In dem Dorf Kharta traf sich dann alles, und am 5. Oktober folgte der Aufbruch. Am 25. desselben Monats traf die ganze Expedition wieder in Darjeeling ein. Trotz mancher Schwierigkeiten war man mit dem Ergebnis dieser monatelangen Himalaya-Fahrt sehr zufrieden. Man brachte die ersten Übersichtskarten mit nach Hause, hatte reichlich Bergerfahrung gesammelt und wußte nun, daß der Everest über seine Nordflanke bezwingbar ist.

1922: Zweite britische Mount-Everest-Expedition

In Auswertung der Erkenntnisse vom Vorjahr sollte die nächste britische Mt.-Everest-Expedition bereits im März 1922 starten. Sofort nach der Rückkunft begann man eilig die Vorbereitungen zu treffen, denn das neue Unternehmen sollte den ersten entschlossenen Versuch eines Gipfelvorstoßes bringen. Man hatte dank der Erfahrungen der ersten Expedition auch nicht mehr mit so vielen Unbekannten zu rechnen. Man wußte, daß die günstigste Zeit für den eigentlichen Gipfelvorstoß in der Vormonsunzeit liegt, daß der Anmarsch etwa vier Wochen in Anspruch nimmt, daß man andererseits beachten muß, nicht zu früh aufzubrechen, um nicht in die letzte Phase des strengen tibetischen Winters zu kommen, wo die Pässe noch tief verschneit sind und sich somit große Transportschwierigkeiten für die Expedition einstellen können. Man wußte, daß der Weg zum Nordsattel, der Schlüsselstellung für den Gipfelvorstoß, über den Rongphu-Shar-Gletscher führt, und hatte bereits eine klare Vorstellung von den technischen Schwierigkeiten, die den Bergsteiger auf den letzten 500 Metern erwarten. Man wußte, daß in diesen Höhen die ungewöhnlich heftigen Höhenstürme die gefährlichste Waffe des Berges sein werden.

Die Einreiseerlaubnis aus Lhasa wurde diesmal gleich erteilt. Ausgangspunkt für die Expedition war wiederum Darjeeling. Die Leitung übernahm diesmal Brigadegeneral C. G. Bruce, damals einer der besten Himalaya-Kenner, denn er hatte 30 Jahre lang in einem Gurkha-Regiment gedient. Er beherrschte die Landessprachen und Dialekte und konnte somit mit den Einheimischen gut umgehen. Seines Alters wegen kam er natürlich für die Spitzenmannschaft nicht mehr in Betracht. — Der stellvertretende Expeditionsleiter sollte als erfahrener Alpinist in den höheren Lagern die bergsteigerische Führung übernehmen. Oberst E. L. Strutt wurde dafür auserkoren. Die dreizehnköpfige Mannschaft setzte sich aus den Bergsteigern G. H. L. Mallory, E. F. Norton und H. T. Morshead zusammen. T. H. Somervell war der Expeditionsarzt. Als zweiter Arzt begleitete Dr. Wakefield das Unternehmen. Er war von einer Everest-Besteigung so begeistert, daß er anläßlich dieses Teilnahmeangebots gleich seine Praxis in Kanada verkaufte. Ein weiterer Arzt war Dr. T. Longstaff. Er war auch Naturforscher und hatte jahrelang den Höhenrekord durch seine 1907 erfolgte Erstbesteigung des 7134 m hohen Trisul inne. — Weitere Bergsteigerteilnehmer waren Hauptmann G. Finch, Major Morshead, der diesmal nicht als Geowissenschaftler, sondern als ortskundiger Bergsteiger eingesetzt wurde —, weiterhin Hauptmann I. E. Noell, der die Expedition als Kameramann begleiten sollte — C. G. Crawford, ein Beamter der indischen Zivilverwaltung — Hauptmann G. Bruce, Gurkha-Offizier und Vetter des Generals Bruce, und schließlich Hauptmann Morris, der den Anmarsch betreute.

Man widmete diesmal den veränderten klimatischen Verhältnissen in großer Höhe, die die Leistungsfähigkeit des Menschen stark reduzieren, besonderes Augenmerk. So konstruierte Finch ein Rahmengestell, das den Bergsteigern erlaubte, vier Sauerstoff-Flaschen auf dem Rücken zu tragen. Diese Last hatte ein Gewicht von 16 Kilo, und man konnte damit acht Stunden lang Sauerstoff atmen. Die Expedition hatte insgesamt 220 (!) Flaschen und zehn Atemgeräte dabei.

Am 26. März brach die Expedition von Darjeeling auf. Der Expeditionsleiter wählte mit großer Sorgfalt 150 Träger aus. Als ehemaliger Offizier eines Gurkha-Regiments war es ihm möglich, aus diesen Leuten eine Elitegruppe von Hochträgern zusammenzustellen.

Kloster Tengpoche (3867), das geistige Zentrum der Sherpa, wurde 1923
von Gulu Lama gegründet, 1933 durch ein Erdbeben zerstört und wieder
aufgebaut. Heute leben dort 16 Mönche. Hier hat auch der Abt von
Rongphu Gonda (= Kloster) nach dem Niedergang des Buddhismus in
Tibet Zuflucht gefunden.

In Anbetracht der Erkenntnis, daß das leibliche Wohl einer Expedition keinesfalls vernachlässigt werden darf, nahm man gleich vier Köche mit ins Hauptlager.

Wie im Vorjahr zog man durch das Tista-Tal, über den Jelep-Paß in das bereits tibetische Chumbi-Tal. Kurz hinter Kampa Dzong entschied sich die Expedition für den zwar kürzeren, aber anstrengenderen Weg, der über zwei hohe Pässe führt. Am 24. April wurde Shekar Dzong erreicht. Hier bog man nach Südwesten ab, um somit in das Rongphu-Tal zu gelangen. (Rongphu heißt „Tal der Abgründe".) Hier aber bot sich den Beschauern eine graue, öde Landschaft dar ohne die belebenden Hochweiden. Um so unverständlicher erschien es den Bergsteigern, daß hier ein Kloster errichtet stand, dessen Mönche die Fremden überaus liebenswürdig und gastlich empfingen. Diesen frommen Männern wollte der Sinn einer solchen Expedition nicht recht einleuchten. Um den Mönchen den Zweck ihres Vorhabens verständlich zu machen, sagte General Bruce zu ihnen, sie sollten in der Besteigung des Berges das Gelübde sehen, schon zu Lebzeiten dem Himmel so nahe wie möglich zu kommen.

Am folgenden Morgen zog man weiter aufwärts bis zum Zungenende des Rongphu-Gletschers und errichtete dort das Hauptlager. Man schrieb den 1. Mai 1922.

Im Hauptlager trug Bruce seinen Kameraden den Angriffsplan vor. Er ging dabei von folgender Überlegung aus: Über 8000 m Höhe schafft der Mensch etwa nur 600 Höhenmeter Steigung (das wäre sehr viel!). Also mußte das letzte Lager auf etwa 8200 Meter liegen. Für jeden personellen Ausfall mußte ein Ersatzmann zur Verfügung stehen. Es war also ratsam, für den Gipfelsturm mit vier Bergsteigern zu rechnen, dann konnte — so meinte Bruce — bei günstigem Wetter mit einem Sieg gerechnet werden.

Lager 1 wurde in 5480 Meter Höhe errichtet. Von hier aus folgte man dem Rongphu-Shar-Gletscher aufwärts und baute in 5930 m Höhe das Lager 2 auf. Es war geplant, diese beiden Lager von hundert Tibetern versorgen zu lassen. Da hatte sich aber Bruce bereits das erste Mal verrechnet, denn es fanden sich kaum 50 Träger zu diesem Lastentransport bereit — sie zogen es vor, lieber zur leichteren Feldarbeit heimzuziehen. Nur Frauen und Kinder trugen von nun an vom Hauptlager in einem dreistündigen Aufstieg Lasten zum Lager 1 empor. Von dort aus brauchte man vier Stunden zum Lager 2 und dann weitere vier Stunden über den wildzerklüfteten Gletscher zum vorgeschobenen Stützpunkt, dem Lager 3 (6400 m). Dieses Gletscherlager stand bereits auf der Moräne unterhalb des Nordsattels.

Die Zelte von Lager 3 standen auf einem sehr windigen Platz. Bei der Ankunft in diesem Lager waren die Träger total erschöpft. Bis auf drei schickte man an diesem Tag alle wieder zurück. Zuvor jedoch halfen sie noch mit letzter Kraft einen Zeltplatz zu ebnen. Nur Somervell fühlte sich noch so weit frisch, um einen weiteren kurzen Erkundungsgang zu machen. Sein Weg führte ihn zum Fuße des Nordostgrates, wo er sich bemühte, eine Skizze von der Gegend anzulegen.

Anderntags zogen Mallory und Somervell, begleitet von einem Hochträger, weiter aufwärts. Schwerbepackt stieg man ein Couloir hinauf, das anfangs gut begehbar war, später aber recht anstrengend wurde. Die aufsteigende Gruppe führte

Seile und Holzpflöcke mit, um eventuell Brücken bauen zu können. Die Sonne brannte heiß hernieder, und bei jedem Schritt versank man schier im Schnee. Der Aufstieg wurde daher immer beschwerlicher. Endlich war das Ziel nahe, nur noch einige unangenehme Spalten galt es zu überqueren, dann war der Weg auch wieder für Träger gut begehbar. Um 16 Uhr erreichte die Gruppe den 4. Hochlagerplatz, warf die Lasten ab und kehrte so schnell als möglich wieder ins Lager 3 zurück.

Der 4. Hochlagerplatz konnte nur über einen stark zerklüfteten Gletscherbruch erreicht werden. Dieser Aufstieg war mühevoll und erforderte bergsteigerisches Können. Die fünf leuchtend-grünen Zelte von Lager 4 standen auf einer kleinen Firnterrasse unterhalb der Grathöhe in 6975 m Höhe.

Am 16. Mai stiegen Strutt, Morshead, Norton und Crawford mit vielen Lasten zum Lager 3 auf. Sauerstoff führten sie nicht mit sich. Crawford mußte anderntags in Lager 3 wegen Höhenkrankheit zurückgelassen werden, während die übrigen Bergsteiger mit 10 Hochträgern ins Lager 4 übersiedelten.

Am 20. Mai sollte der weitere Aufstieg über den Nordsattel hinaus erfolgen. Aber keiner der Träger zeigte Lust mit aufzusteigen. Die große Höhe machte sich stark bemerkbar. Benommenheit, Unlust und Apathie zeigten sich bei Trägern und Mannschaft. Erst ein gewaltsames Aufreißen der Zelteingänge und gutes Zureden brachten vier Hochträger auf die Beine. Aber nicht nur Träger fielen aus, sondern auch der Engländer Strutt mußte wegen Höhenkrankheit ins Lager 3 absteigen.

An diesem Tag, dem 20. Mai, betrat erstmals ein menschlicher Fuß den Chang La, den 6990 m hohen Nordsattel, die Schlüsselstellung im Aufstieg zum Gipfel. Es war geplant, das 5. Hochlager in 7900 Meter zu errichten, es sollte das Ausgangslager für den Gipfelsturm sein. Doch jene Höhe wurde nicht erreicht, und so begnügte man sich bereits, in 7600 Meter die beiden Zelte des letzten Lagers vor dem Gipfel aufzustellen. Die ursprünglich von Bruce geplante Höhendifferenz vor dem Gipfel von 600 Metern war somit auf 1300 Meter angewachsen. Damit war es nach den Erkenntnissen, die man heute besitzt, von vornherein klar, daß die Expedition ihr 8848 m hohes Ziel niemals erreichen konnte.

Vom Nordsattel aus ergab sich eine ausgezeichnete Geländeübersicht. Es standen zwei Aufstiegsrouten zur Diskussion: Jene längst bekannte zur Nordostschulter empor — und eine andere über den schwachgeneigten Hang hinauf zum Gipfelaufbau. Das Gelände schien hier keine Schwierigkeiten erkennen zu lassen, und so entschied man sich für den letzteren Weg. — Wie sich aber bald herausstellte, sollte der Aufstieg doch noch Schwierigkeiten aufweisen, und schließlich mußte man in den harten Firn Stufen schlagen, was in diesen Höhen eine außergewöhnliche körperliche Belastung bedeutet. Nach dreieinhalb Stunden hatte man erst sechshundert Höhenmeter geschafft. Eigentlich hatte man noch höher steigen wollen, aber ein weiterer Aufstieg wäre für die Träger zu beschwerlich gewesen, und man mußte ja um einen sicheren Abstieg zum Lager besorgt sein.

Für einen Lagerplatz eignete sich das Gelände hier eigentlich nicht. Man nutzte die Entdeckung einer kleinen Altane aus, trug Steine zusammen, um einen Zeltplatz zu planieren. Es folgte eine unbequeme, kalte Nacht. Unbeweglich lag man in den engen Schlafsäcken auf den harten Steinen. Norton hatte bereits ein angefrorenes Ohr, Mallory klagte über drei stark schmerzende Finger, und Bruce litt allgemein unter der Kälte von minus 40 Grad.

Aufgrund dieser wenig erfreulichen Umstände ist es verständlich, daß die Begeisterung für einen weiteren Aufstieg nicht gerade groß war. Trotzdem entschloß man sich dazu, um 8 Uhr morgens konnte endlich gestartet werden. Schon nach einem kurzen Wegstück klagte Morshead über Kopfschmerzen und Übelsein und kehrte um.

Obwohl der Aufstieg keine großen Schwierigkeiten aufwies, legte man bereits nach 30 Minuten die erste Rast ein. Die große Höhe machte sich bereits stark bemerkbar. 120 Meter in der Stunde, mehr erlaubte der Neuschnee nicht. Dumpf stiegen sie dann hintereinander durch den Schnee hoch, ohne klare Gedanken und ohne Sinn für die schöne Aussicht, die sie umgab. Endlich, um 2 Uhr 30, wurde die langverdiente große Rast gemacht, auf jenem Gelände, das sich gegen die Schulter im Nordostgrat (8393 m) hinaufzieht.

Wie sich später herausstellte, hatten sie 8225 m Höhe erreicht. Alle litten unter quälendem Durst. Man hatte keinen Tropfen Wasser, lediglich einen Schluck Cognac, der die müden Lebensgeister weckte. Man hätte zwar noch die Kraft besessen, die weiteren 120 Höhenmeter bis zur Schulter aufzusteigen, aber man scheute das Risiko und entschied sich zum Rückzug.

Um 16 Uhr stiegen sie ab. Im Lager wartete Morshead. Zu viert stieg man nun am Seil über ein nicht ungefährliches Firnfeld in das Lager 4 ab. Beinahe wäre dieser Abstieg der Spitzengruppe zum Verhängnis geworden. Mallory hörte hinter sich plötzlich ein Geräusch, geistesgegenwärtig stieß er blitzschnell seinen Eispickel in den Firn, wand das Seil herum und rettete so alle drei vor dem sicheren Absturz. Es war nichts passiert, sie waren mit dem Schrecken davongekommen. Morshead, dessen Zehen und Füße erfroren waren, mußte bereits von seinen Kameraden gestützt werden, und unter Aufbietung aller Kraftreserven erreichte die abgekämpfte Gruppe gegen Mitternacht das rettende Lager 4.

Während ihres Abstiegs zum Lager 3 trafen sie anderntags auf die aufsteigende Gruppe Finch — G. Bruce. Jeder trug 15 Kilo Sauerstoff-Flaschen auf dem Rücken. Das Wetter war klar und fast windstill, doch gegen Mittag trat Sturm auf und setzte Schneefall ein. Bis zum geplanten Standort wären noch 200 Höhenmeter zu überwinden gewesen. Aus Vernunftsgründen entschied man sich in 7700 m ein Zelt aufzustellen, und während die Träger zum Nordsattel hinuntereilten, blieben Finch, G. Bruce und Tedjbir in diesem Zelt zurück. Es folgte eine böse Sturmnacht. Auch am Morgen erlaubte der heftige Wind keinen weiteren Aufstieg. Man war zum Zwangsaufenthalt verdammt. Als mittags ein Stein durch die Zeltwand schlug und bald darauf ein orkanartiger Sturm einsetzte, wurde es ein recht ungemütlicher Aufenthalt in dem lädierten Zelt.

Auch die nächste Nacht ließ der Sturm die Bewohner des einsamen Zelts am Grat nicht zur Ruhe kommen. Dann erinnerten sie sich an ihre Atemgeräte, und Finch war später der festen Überzeugung, daß ihnen nur der künstliche Sauerstoff einigermaßen ihre Kondition erhalten hatte.

Der folgende Tag war windstill und klar. G. Bruce und Finch stiegen abermals mit 15 kg auf dem Rücken gegen die Nordostschulter hoch. Der Gurkha-Unteroffizier Tedjbir Bura folgte ihnen mit 23 kg Sauerstoff, brach aber in 7925 m unter dieser Last zusammen. Er mußte ins Lager 5 zurückkehren.

Heftiger Höhenwind zwang die beiden Bergsteiger in etwa 8300 m Höhe west-wärts in die Flanke abzubiegen, um im Windschatten weitersteigen zu können. Jetzt trennten sie nur noch 500 Höhenmeter vom Gipfel! Aber G. Bruce war in-zwischen so erschöpft, daß sich der erfahrene Bergsteiger Finch in 8326 m Höhe zur Umkehr entschloß. Der Abstieg zum Nordsattel hinab führte über Lager 5. In schlechter Verfassung erreichten sie die Zelte, machten eine knappe Stunde Rast und stiegen dann sofort zum Lager 3 hinab. Sie hatten im Abstieg eine Höhen-differenz von fast 2000 m geschafft, eine gewaltige Leistung! —

Anfang Juni entschloß man sich zu einem dritten Angriff auf den Gipfel. Zwar war der Monsun bereits da, aber zwischendurch gab es ja immer wieder Tage, an denen sich die Wolkendecke lichtete.

Mallory und Somervell waren der Sturmtrupp, Dr. Wakefield und C. G. Craw-ford sollten die beiden bis zum Lager 5 begleiten. Am 3. Juni stiegen sie ins Lager 1 auf, aber Finch war noch nicht erholt und mußte umkehren. In der zweiten Nacht setzte ein Wettersturz ein. Abermals heftige Schneefälle. Ein unfreiwilliger Ruhetag mußte eingelegt werden. Am 5. Juni strahlte die Sonne wieder heiß vom Himmel — man nützte das Wetter und stieg in einem Zug vom ersten zum dritten Hochlager auf. Ein Rasttag, dann startete die Gruppe mit 17 Trägern gegen La-ger 4. Wegen Lawinengefahr mußte schnell gegangen werden. 180 m unterhalb des Lagers löste sich plötzlich ein gewaltiges Schneebrett und riß alle aufsteigenden Seilschaften mit in die Tiefe. Die Engländer, auf solche Manöver trainiert, waren bemüht, sich durch Schwimmbewegungen an der Oberfläche zu halten. Sie blieben unverletzt. Die Träger aber hatte es teilweise über eine 18 m hohe Eiswand hinab-gespült, wobei sieben tapfere Sherpa den weißen Tod fanden. — Dieses war eine entmutigende, traurige Bilanz der zweiten britischen Mt.-Everest-Expedition.

1924: Dritte britische Mount-Everest-Expedition

Im März 1924 versammelten sich zum drittenmal in Darjeeling die Mitglieder einer großen britischen Mt.-Everest-Expedition. Um die Erfahrungen von 1921 und 1922 gründlich auswerten zu können, beschloß das Everest-Komitee den drit-ten Versuch erst im Jahre 1924 durchzuführen.

Geplant war, den Gipfel am 17. Mai anzugreifen. Bis zu diesem Zeitpunkt sollten alle Lager bis hinauf zum Nordsattel erstellt sein. Man war diesmal sehr zuversichtlich und hoffte auf einen günstigen Verlauf der Expedition. Dennoch glaubte man an einen harten Kampf; die Vorstellung davon wurde in folgenden Worten ausgedrückt: Selbst wenn ein Dutzend Angriffe notwendig werden soll-ten, der Endsieg muß doch unser sein!

Am 25. März brach die Expeditionskarawane mit 350 Lasttieren in Darjeeling auf. Die Anmarschroute war dieselbe wie bei den früheren Unternehmungen. Über Shekar Dzong zog man in die Richtung des Rongphu-Tals und schlug in der Nähe des Klosters am 29. April das Hauptlager auf. Dort verfügte die Expedition über rund 150 tibetische Träger, die man in den Dörfern zwischen Shekar Dzong und Rongphu ausgehoben hatte. Diese Träger sollten mit drei Gurkha-Unteroffizieren, von denen zwei bereits 1922 Teilnehmer der damaligen Everest-Expedition waren, die Lasten zu den ersten beiden Hochlagern hinaufschaffen, diese Stützpunkte aufbauen und auch weiterhin versorgen.

Bara-Sahib war wieder General Bruce, sein Stellvertreter Oberstleutnant E. F. Norton. Die weiteren Teilnehmer hießen: George H. Leigh Mallory, T. H. Somervell, Geoffrey Bruce, M. E. Odell, B. Beetham, Hazard, E. O. Shebbear, Hauptmann Noell, Andrew Irvine und Major R. W. G. Hingston, der Expeditionsarzt.

Während des Anmarsches erkrankte General Bruce, der Leiter der Expedition, an einem schweren Malariaanfall und mußte nach Sikkim zurückgebracht werden. Die Leitung ging nun an Eduard Felix Norton über. —

Im Hauptlager herrschte rege Betriebsamkeit. Infolge sorgfältiger Vorbereitung der Expedition durch E. F. Norton und E. O. Shebbear konnten die unteren Lager in kürzester Zeit errichtet werden. In Lager 1, das oberhalb der Mündung des Rongphu-Shar-Gletschers stand, fand man noch alte Steinwälle, über die man Zeltplanen spannen konnte und somit rasch eine brauchbare Behausung schaffte. 75 Träger schleppten von hier aus die erforderliche Ausrüstung und Verpflegung zum Lager 2 hinauf. Am 2. Mai standen beide Lager, die Kulis wurden ausbezahlt und zogen ab.

Am folgenden Tag erhob sich eine drohende Wolkenbank am Horizont. Während dieser Zeit versuchten Mallory und Irvine mit Trägern das Lager 3 zu errichten, wo sie einige Tage bleiben und sich akklimatisieren wollten. Gleichzeitig spurteten Odell und Hazard gegen den Nordsattel hoch.

Am Abend des 4. Mai kam Sturm auf, es folgte eine unruhige Nacht, die aber nicht die schlimmste werden sollte. Mallory wollte ins Lager 2 absteigen und dickere Schlafsäcke holen, die eigentlich erst für die Lager in größerer Höhe gedacht waren. Als er schließlich zum Lager 3 zurückkehrte, fand er nur Kranke und Frostgeschädigte. In der Nacht zum 7. Mai sank das Thermometer auf minus 30 Grad. Wenige Tage später entschloß man sich daher, zum Basislager abzusteigen. Dieser Rückzug bei schwerem Schneesturm und ständig wachsender Lawinengefahr kostete zwei Hochträgern das Leben. Der eine Träger mußte mit einem Beinbruch, ein anderer mit Gehirnblutungen abtransportiert werden — beide starben an den Folgen.

Am 12. Mai waren alle im Hauptlager. Einer hatte eine Lungenentzündung, andere Erfrierungen an den Füßen. Durch den Tod der beiden Träger war die Moral aller Expeditionsmitglieder verständlicherweise stark gesunken. Aus diesem Grunde wanderte man zum nahe gelegenen Kloster zurück und erbat sich im Rahmen einer kleinen Feier den Segen des Lama.

Das Wunder geschah, mit der Sonne bekam die Mannschaft neuen Auftrieb, und bald waren die ersten beiden Hochlager wieder besetzt. Inzwischen aber hatte man wertvolle Zeit verloren — von einer Gipfelbesteigung am 17. Mai war keine Rede mehr. —

Vom 19. Mai an waren sämtliche Gletscherlager wieder besetzt. Der Kampf um den Nordsattel konnte beginnen. Am nächsten Morgen stiegen Norton,

Mallory und Somervell gegen den Nordsattel hoch. Zunächst folgten sie der linken Ufermoräne, doch der Gletscher hatte sich seit 1922 recht ungünstig verändert: eine lange, tiefe Querspalte erschwerte den Aufstieg. Man mußte zunächst in einen Schrund absteigen, um bergwärts durch einen Eiskamin zum oberen Rand des Gletscherbruchs gelangen zu können. Hier mußten Seile und eine Strickleiter befestigt werden, um die Trasse auch für Sherpa mit ihren schweren Lasten gangbar zu machen.

Während des Aufstiegs zum Nordsattel wurde Somervell immer schwächer. Tags zuvor hatte er sich zu lange der Gletscherstrahlung ausgesetzt. Man schickte ihn daher ins Lager 3 zurück. Norton schrieb über diesen Aufstieg: „Wir setzten nun den Weg auf der Kante des Schrundes fort. Rechts gähnte der Eisrachen, links war Luft. Große Stufen schlagend, erreichten wir eine etwas ebenere Leiste, die uns bis ans Ende des Schrundes geleitete."

Nach einem Eiszacken kam ein 60 Meter breiter Firnhang, der gequert werden mußte, um die Altane des vierten Hochlagerplatzes zu erreichen. Vom früheren Lager war nichts mehr zu finden. Man stellte im Schutz eines Eiswalls die Zelte auf und stieg gegen 16 Uhr wieder ab. Müde schleppten sich alle nach unten. Plötzlich verschwand Mallory in einer Eisspalte. Er war drei Meter tief abgestürzt, und nur sein quergestellter Eispickel bewahrte ihn vor dem Schlimmsten.

Am nächsten Tag, am 21. Mai, war Somervell wieder so weit hergestellt, daß er mit Irvine, Hazard und 12 Hochträgern zum Nordsattel aufsteigen konnte. Das vierte Hochlager sollte ausgebaut werden. Hazard blieb in Lager 4. Am Nachmittag desselben Tages kam Bruce aus Lager 2 hoch. 19 Träger brachten viele Vorräte, und die Besatzung von Lager 4 war für den Rest des Tages mit Arbeit eingedeckt.

Am 22. Mai schneite es so stark, daß man an einen vorzeitigen Monsunbeginn glaubte. Anstatt zum Nordsattel aufzusteigen, wie Bruce und Odell geplant hatten, beschloß man den Rückzug.

In der darauffolgenden Nacht sank das Thermometer wieder auf minus 30 Grad. Die Zeit aber drängte, und so wollte Bruce, allen Widerwärtigkeiten zum Trotz, mit Odell und 17 Hochträgern zum Nordsattel aufsteigen. — Am Nachmittag verdunkelte sich der Himmel, es schneite. Da sah man am Quergang unterhalb im Lager 4 mehrere Punkte, die sich abwärts bewegten. Lager 4 wurde geräumt. Hazard und seine Träger hatten von oben die aufsteigende Gruppe gesehen. Zwei Stunden lang bangten alle um sie, dann entschloß sich Hazard mit acht Trägern abzusteigen. Doch vier davon weigerten sich, den Hang zu queren. Sie stiegen lieber wieder ins Lager zurück, um dort zu kampieren, obwohl es dort an Verpflegung mangelte.

Die Bergsteiger waren zu diesem Zeitpunkt fast alle abgekämpft oder krank. An einen Gipfelangriff war in dieser Situation nicht zu denken. Was es zunächst zu tun galt, war die Träger aus ihrer ausweglosen Situation in Lager 4 zu befreien. So machten sich Mallory, Somervell und Norton auf den Weg. Im weichen Schnee war der Aufstieg sehr mühsam. Vom Eiskamin aus konnte man sich mit den oberen durch Winken verständigen. Somervell ging ihnen über den Steilhang entgegen.

Dann machte man die traurige Entdeckung, daß 60 Meter Seil fehlten. Es half nichts, die Träger mußten dieses Stück ungesichert queren. Zwei von ihnen rutschten ab, fingen sich aber glücklicherweise 8 Meter tiefer wieder im weichen Schnee. Nun begann ein weiterer schwieriger Abstieg. Die Erfrierungen der Träger waren erheblich. Da brachten Noell und Odell den Abgekämpften eine Thermosflasche voll heißer Suppe – eine willkommene Stärkung nach all der Schinderei.

Der Angriff war zurückgeschlagen. In dieser Höhe konnte man sich nicht richtig erholen, und so stieg alles ins Hauptlager ab.

Ende Mai wurde Hochlager 3 abermals besetzt. Die beiden Unermüdlichen, Mallory und Bruce, stiegen am 1. Juni von dort aus zum Nordsattel hoch. Durch eine Strickleiter, die man an exponierter Stelle angebracht hatte, wurde der Aufstieg wesentlich erleichtert. Während Odell und Irvine in Lager 4 blieben, zogen die beiden anderen mit acht Trägern in Richtung Gipfel weiter. Auf dem Grat in 7600 m Höhe zwang sie ein bitterkalter Wind bereits hier ihr Zelt aufzuschlagen. Drei Träger blieben bei den beiden Bergsteigern oben. Aber auf deren Hilfe konnten sie bereits am nächsten Tag nicht mehr zählen, zwei von ihnen meldeten sich krank und stiegen ab.

Norton und Somervell kamen bei gutem Wetter zum Lager 5 hoch, um anderntags zunächst mit drei, später mit zwei Hochträgern bis auf 8170 m weiterzusteigen. Diesen Punkt erreichte man um 13.30 Uhr. Die Träger wurden zurückgeschickt, und die beiden Alpinisten blieben da, nun ganz allein auf sich gestellt.

Am nächsten Morgen machten sie sich früh an den Aufstieg durch die Nordflanke gipfelwärts. Das Gelände war nicht sehr schwierig. Was ihnen zu schaffen machte, war die Höhe! Norton fröstelte und sah alles doppelt, Somervell litt unter heftigen Hustenanfällen und konnte kaum noch atmen. Das Tempo glich dem einer Schnecke. Zunächst wollte Norton allein weitergehen und stieg auch noch bis 8670 Meter auf. Im Hinblick auf den langen Rückweg entschloß er sich dann doch zur Umkehr. Man ging zum Lager 4 zurück.

Jetzt wollte Mallory abermals einen Angriff wagen, diesmal aber mit Sauerstoff. Er glaubte, es mit Hilfe von künstlichem Sauerstoff schaffen zu können. Entgegen dem Wunsch von Norton, Odell als Begleiter mitzunehmen, wählte Mallory den Oxford-Studenten Irvine zu seinem Seilgefährten. Am 6. Juni wurde der neue Angriff gestartet. Jeder Sahib trug 11 kg auf dem Rücken, dazu kamen acht Träger mit ihren Lasten. Vier andere Träger kehrten ins Lager 3 zurück. –

Anderntags stieg Odell mit einem Träger nach Lager 5 auf. Dort begegnete er vier Hochträgern, die von oben herabkamen. Er schickte sie weiter ins Lager 4 hinunter. Odell blieb nun in Lager 5, und seine Gedanken wanderten hinauf zu seinen Kameraden Mallory und Irvine. Am 7. Juni erkletterte Odell bei 7800 m einen kleinen dreißig Meter hohen Hang in der Nordflanke. Dabei riß die Wolkendecke kurz auf, und er sah oben, in etwa 8600 m, einen kleinen schwarzen Punkt, der sich bewegte, ein zweiter folgte ihm. Odell sah noch, wie ein Mann das Felsenstück betrat, dann aber zog sich der Nebelschleier für immer zu. Es war dies das letzte Mal, daß Mallory und Irvine gesehen wurden. Seither sind sie vermißt, der Berg hat sie behalten.

Odell hatte ein ungutes Gefühl. Er machte sich Sorgen, weil die beiden um die Mittagszeit noch nicht weitergekommen waren. Eine Rückkehr ins Lager 6 war somit unmöglich. Odell stieg hastig weiter und erreichte das sechste Hochlager gegen 14 Uhr. Die Unordnung im Zelt ließ auf einen übereilten Aufbruch schließen. Er fand keinerlei schriftliche Aufzeichnungen. Sechzig Meter stieg er noch auf, rief und pfiff, aber in der Weite dieses gewaltigen Gebirgsmassivs konnte er keine Antwort erwarten. Daraufhin kehrte Odell ins Lager 6 zurück. Da im Zelt aber nur für zwei Personen Platz war, stieg er gegen Abend zum Nordsattel ab. Hazard und Norton erwarteten ihn bereits voller Spannung.

Erfüllt von Sorge stieg Odell anderntags zusammen mit zwei Trägern nochmals auf. Nach dreieinhalb Stunden erreichten sie die Zelte von Lager 5. Es folgte eine bitterkalte Nacht. Beide Träger wurden krank.

Odell drang allein bis Lager 6 vor — dort war alles unverändert. Von Angst gepeinigt, stieg er zwei Stunden später weiter auf. Nach geraumer Zeit wurde ihm die Aussichtslosigkeit seines Beginnens bewußt: Mallory und Irvine konnten nicht mehr unter den Lebenden sein. Odell legte mit den Schlafsäcken ein deutliches T in den weißen Schnee, ein Zeichen für die unteren Lager, daß er die Vermißten nicht gefunden hatte. Dann stieg er zum Nordsattel ab. In der Ferne stand eine dichte Wolkenbank — der Monsun!

Mallory und Irvine waren bereit gewesen, den Gipfel im Handstreich zu nehmen. Sie hatten ihn nicht erreicht — für diese Vermutung sprechen die harten Schwierigkeiten, die Mallory auf seiner Route über die Kante des Nordostgrats hatte überwinden müssen: Der „Second Step", eine 50 Meter hohe Felsstufe — und dies in nahezu 8600 m Höhe! — Mallory und Irvine mußten also zur Norton-Traverse in der Nordwestwand absteigen, um ihren Angriff fortsetzen zu können. Dazu war aber am 8. Juni — Odell sah die beiden Bergsteiger um 12.30 Uhr in 8572 Meter Höhe zum letztenmal — die Tageszeit bereits zu weit fortgeschritten. Vielleicht wollten sie ins Lager 6 zurückkehren und stürzten knapp unterhalb der Gratkante in 8450 Meter Höhe tödlich ab. Eine Eisaxt, die P. Wyn Harris und L. R. Wager am 30. Mai 1933 dort gefunden haben, ist lebendiges Zeugnis einer Bergsteiger-Tragödie geworden.

„IN MEMORY OF THREE EVEREST-EXPEDITIONS" hat man im Hauptlager ein zehn Meter hohes Ehrenmal gesetzt. Die Namen der Opfer der ersten drei britischen Everest-Expeditionen sind eingemeißelt — aber der Betrachter erinnert sich vor allem an Mallory und Irvine. Durch Mut, Kühnheit und ihren Willen zur Tat sind sie als Helden in die Everest-Geschichte eingegangen.

1933: Vierte britische Mount-Everest-Expedition

Es vergingen neun Jahre, bis die Engländer endlich die Erlaubnis zu einer neuen Mt.-Everest-Expedition erhielten. Die Opfer, die der Berg in den zwanziger Jahren gefordert hatte, mochten den Dalai-Lama in Lhasa zu einer langjährigen Verweigerung eines Permits veranlaßt haben. Im August 1932 erhielt das Everest-Komitee in London die Erlaubnis für die Expedition; so hatte man bis zum Frühjahr noch genügend Zeit, die neue Expedition vorzubereiten.

Hugh Ruttledge wurde die Leitung der Expedition übertragen. Dieser versuchte nun möglichst viele himalaya-erfahrene Bergsteiger für sein Unternehmen zu gewinnen. Everest-Erfahrung hatten C. G. Crawford und E. O. Shebbear, der für den Anmarsch Verantwortliche. Einige Bergsteiger hatten 1931 an der erfolgreichen Kamet-Expedition teilgenommen: F. S. Smythe, Eric Shipton, E. St. J. Birnie und der Arzt Dr. Raymond Greene. Weitere Teilnehmer waren G. Wood-Johnson, Hugh Boustead, Wyn Harris, Dr. W. McLean, der Expeditionsarzt, L. R. Wager, J. L. Longland und T. A. Brocklebank, mit 24 Jahren der Benjamin der Expedition. Diese vierzehn Mitglieder des Unternehmens wurden in Indien noch durch Thompson und N. R. Smijth-Windham ergänzt, zwei Nachrichten-Offiziere, die während der Expedition eine Funkstation aufbauen sollten.

Als Ruttledge die ehrenvolle Aufgabe des Expeditionsleiters übertragen wurde, beschäftigte er sich sofort mit dem Angriffsplan am Berg. Er holte seine Kenntnisse über eventuelle Situationen, die sich dort einstellen könnten, aus den Erfahrungsberichten früherer britischer Expeditionen. So gab es für ihn keinen Zweifel, daß die Aufstiegsroute mit jener der letzten Expedition identisch sein würde, nämlich über den Rongphu-Shar-Gletscher empor zum „Nordsattel" — den 6990 Meter hohen Chang La, der 1921 von Mallory entdeckt wurde.

Ruttledge wollte prinzipiell auf die Mitnahme von Sauerstoffgeräten verzichten, nahm aber dennoch für Krankheitsfälle einige Apparate mit. Er war davon überzeugt, daß sich der menschliche Organismus in großen Höhen allmählich an den Sauerstoffmangel anzupassen vermag, man muß ihm nur genügend Zeit dazu lassen und ein zu schnelles Vordringen vermeiden. Besonderes Augenmerk legte er daher auf eine systematische Akklimatisation der Teilnehmer. Für jede Höhenstufe sollten einige Tage zur Anpassung einkalkuliert werden. Dabei wurde ihm allerdings auch klar, daß von den rund zehn Wochen, die einer Expedition in der Vormonsunzeit zur Verfügung stehen, bereits eine recht beachtliche Zeitspanne der Akklimatisation geopfert werden muß, so daß für den eigentlichen Vorstoß zum Gipfel nicht mehr viel Zeit blieb.

Aus diesen Überlegungen heraus versuchte Ruttledge das Hauptlager so früh wie irgend möglich zu erreichen. Die große „Unbekannte" bei aller Kalkulation blieb natürlich die Wetterfrage. Man braucht aber im Kampf um die höchsten Gipfel der Erde: 1. einen gut durchdachten Angriffsplan — 2. eine einsatzfreudige, in sich harmonische Mannschaft, die von opferbereiten Hochträgern unterstützt wird — 3. günstige Wetterverhältnisse — 4. ein großes Quantum Glück, was umgedeutet heißt, daß keine Unfälle passieren, der Nachschub klappt, die richtige Spezialausrüstung in ausreichender Menge erforderlichenfalls zur Verfügung steht usw. —

Voller Tatendrang und freudiger Erwartung verließ die Expedition am 20. Januar 1933 ihre Heimat. Anfang März fand in Darjeeling der Aufbruch statt. Man ging etwa denselben Weg wie bei den früheren Unternehmungen. Die 16 Europäer wurden von 90 Trägern begleitet, die Lasten auf etwa 300 Tragtieren befördert.

Am Tag des Osterfestes schlug die Expedition ihr Hauptlager an jenem Platz auf, wo auch alle früheren Unternehmungen bereits ihren Ausgangspunkt hatten. Alle Mann, auch die tibetischen Helfer, hatten die Hände voll zu tun, um das Lager möglichst rasch aufzubauen. Man hatte den Platz am Ende des Rongphu-

Gletschers bereits zwölf Tage früher als 1924 erreicht. Sofort wurde die Funkverbindung mit Indien hergestellt, was bedeutete, daß diese Everest-Expedition erstmals mit der Außenwelt in engerem Kontakt stand und eine Nachricht nicht erst nach tagelanger Verzögerung — wie es der Einsatz von Läufern mit sich brachte — an die Heimat abging.

Trotz systematischer Vorbereitung und detaillierter Planung hatte Ruttledge aber ein sehr wichtiges Moment in seinen Überlegungen übersehen. Er hatte nicht in Erwägung gezogen, daß man bei einem so gigantischen, fast neuntausend Meter hohen Berg versuchen sollte, das Hauptlager näher an den Gipfel heranzuschieben. Vielmehr hielt er sich genau an die Gepflogenheiten der vergangenen Unternehmungen. Dabei hätte ihm aber das Studium der Karte gezeigt haben müssen, daß das Expeditionsziel, der Gipfel, fast zwanzig Kilometer vom Hauptlager entfernt lag, daß es „nur" 5040 Meter hoch lag, und daß zudem — und das hätten ihm seine beiden Teilnehmer aus der Expedition von 1922 bestätigen können — das Hauptlager auf einem dem Wind sehr ausgesetzten Platz stand. Dabei hätte sich der erste Hochlagerplatz in 5480 Meter Höhe unterhalb des Rongphu-Shar-Gletschers für ein Standlager geradezu angeboten.

So aber hatte Ruttledge alles beim alten gelassen: Lager 2 stand auch bei ihm in 5930 Meter Höhe im Tal des Rongphu-Shar-Gletschers, Lager 3 (6400 m) im oberen Firnbecken.

Oberhalb vom Lager 2 wurden zwei breite Rinnen entdeckt, in denen man verhältnismäßig leicht aufsteigen konnte. Am Ende dieser Eisrinnen sollte das dritte Hochlager errichtet werden, was aber nicht auf Anhieb gelang.

Mitte Mai wurde um die Eiswand gekämpft, die zum Nordsattel — der Schlüsselstellung der Gipfelroute — hinaufführt. Mallory glückte 1921 hier der Aufstieg verhältnismäßig leicht, diesmal jedoch war der Einsatz einiger erfahrener Bergsteiger erforderlich, so ungünstig waren die Eisverhältnisse. Stufen mußten geschlagen werden, Seile fixiert und eine Strickleiter verankert werden, dann erst konnten am 15. Mai erstmals fünfzehn Hochträger auf dem präparierten Pfad ihre schweren Lasten zum Lager 4 hinaufschleppen.

Die fünf ersten Hochlager wurden am selben Platz errichtet wie bei den vorangegangenen Expeditionen. Es sollte diesmal lediglich am Fuß der Eiswand noch ein Zwischenlager (3 a) errichtet werden, um den schwer arbeitenden Bergsteigern den täglichen Anmarsch zur Eiswand zu verkürzen. Dieses Zelt kurz vor der Eiswand war dem Sturm besonders stark ausgesetzt. Trotzdem lebte der treue Träger Nursam vier Wochen lang dort allein.

Um das Gipfelausgangslager so reichlich mit Lebensmitteln und Ausrüstung zu versorgen, daß es auch bei Sturmtagen für eine gewisse Zeit Unterschlupf bieten konnte, mußten unter bergsteigerischer Führung Tag für Tag Lasten in das Lager 4 hinaufgeschleppt werden. Inzwischen war es den Funktechnikern gelungen, das 3. Hochlager durch einen Sender mit der Außenwelt in Verbindung zu bringen. Um auch Hochlager 4 in diese Nachrichtenübermittlung mit einbeziehen zu können, legten Smijth-Windham und Brocklebank noch eine Telefonleitung bis ins Zwischenlager 3 a hinauf. Dadurch war es möglich, Wetterberichte aus Indien unmittelbar nach ihrer Bekanntgabe empfangen zu können.

Nach dem vielversprechenden Auftakt wurde das Wetter immer schlechter. Der Sturm machte sich in dem ungeschützten Hochlager 3 besonders unangenehm bemerkbar. Dazu kamen beunruhigende Wettermeldungen über Funk, denen zufolge in Bengalen bereits Vorboten des Monsun gesichtet wurden. Da Ruttledge die Expedition ohne Sauerstoff steigen ließ, blieb ihm nichts anderes übrig, als trotz dieser Hiobsbotschaften an seinem zeitraubenden, bislang allerdings bewährten Akklimatisationssystem festzuhalten. So mußte die Besatzung die vorgesehenen fünf Tage in Lager 4 abwarten, bevor sie sich auf den Weiterweg nach oben machen durfte.

Als es schließlich soweit war, versuchte man auf rund 7800 m einen Lagerplatz zu erreichen. Der Aufstieg erschöpfte die Mannschaft aber so sehr, daß Birnie und Boustead die Zelte bereits auf 7500 Metern aufschlagen wollten, was nur durch das energische Eingreifen von Wyn Harris verhindert werden konnte. Aber die Träger hatten ihre Lasten bereits abgeworfen, und so wurde schließlich weder in 7500 m noch weiter oben ein Lager 5 errichtet, sondern alle kehrten unverrichteterdinge nach Lager 4 zurück.

Man wollte das Lager an jener Stelle errichten, wo der nicht zu steile Nordgrat zur Schulter des nordöstlich verlaufenden Hauptgrates hinzieht. Nach einigen Tagen stieg man abermals auf und hatte nach fünfundvierzig Minuten den Nordsattel erreicht. Als man etwa 700 Höhenmeter geschafft hatte, sah man plötzlich Reste eines früheren Hochlagers — es war das von Finch aus dem Jahre 1922. — Von dem Zelt waren natürlich nur noch Fetzen zu finden, doch darunter lagen alte Sauerstoffzylinder, eine belichtete Filmrolle und in der näheren Umgebung einige Konservendosen. In einer Höhe von 7833 Metern, 150 Meter höher als 1924, sollte diesmal Lager 5 erstellt werden. Man verlegte es näher an den Grat, was den Nachteil hatte, daß es den Nordwestwinden stark ausgesetzt war.

Während der Nacht erhob sich ein heftiger Sturm. In den Zelten war es ungemütlich eng, und die örtliche Bedrängnis wurde noch schlimmer, als Smythe und Shipton auch noch ins Lager 5 heraufkamen. Drei Tage wartete die Mannschaft hier auf engstem Raum im Zelt auf eine Beruhigung der Wetterlage. Aber die Sache schien aussichtslos. Erst als sich am Morgen des 25. Mai der Wind wieder legte, machte man den Versuch, den Marsch nach oben fortzusetzen. Es herrschte Eiseskälte, und schon beim Zurechtmachen der Lasten gab es angefrorene Finger. Es lag auf der Hand, daß es bei diesen klimatischen Verhältnissen keinen Sinn hatte, weiter aufzusteigen. So entschloß man sich, das 5. Hochlager vorläufig aufzugeben. Während des Abstiegs traf die Spitzengruppe auf Ruttledge, Wyn Harris, Wager, Longland und Crawford. Sie waren gerade dabei, zusammen mit zehn Hochträgern Nachschub ins Lager 5 zu schaffen. Unter den gegebenen Umständen aber kehrten sie mit den übrigen ins Lager 4 zurück.

Mit Zunahme der Schneehöhe wuchs die Lawinengefahr. Als Ausweg in dieser Lage erschien es ratsam, das 4. Hochlager zu verlassen und ein Lager 4a direkt auf den Nordsattel zu setzen. Es gab dort zwar wenig Platz, und die Zelte waren dem Wind noch stärker ausgesetzt, aber man hatte wenigstens die Gewißheit, daß man hier am Grat nicht Opfer einer Lawine werden konnte.

28. Mai 1933: Ein wolkenloser Himmel über dem Everest — im Südosten aber

lag bereits eine dunkle Wolkenbank — der Monsun. An diesem Tag stiegen Wyn Harris und Wager, Birnie und Longland nach Lager 5 auf, um es abermals zu besetzen. Sie brauchten fünf Stunden dazu.

Während Birnie im Lager 5 zurückblieb, stiegen die anderen am nächsten Morgen bei großer Kälte weiter hoch, um das 6. Hochlager zu errichten. Während des Aufstiegs suchten alle nach einem geeigneten Platz für ein Zwei-Mann-Zelt. Nach langem Hin und Her entschied man sich schließlich für einen kleinen Felsvorsprung, der durch Anhäufen von Steinen einigermaßen planiert werden konnte. Lager 6 stand auf 8350 Meter Höhe, rund 200 Meter höher als 1924.

Während Longland mit den Trägern sofort wieder nach unten ging, machten es sich Wyn Harris und Wager in aller Eile im Zelt so bequem wie möglich und bereiteten sich für die Nacht vor. Bei wütendem Sturm kämpfte sich die Trägermannschaft unter der glänzenden Führung von Longland hinab zum Lager 5. Dabei stieß sie plötzlich hinter einem Felsen auf grüne zerfetzte Teile einer Zelthaut. Hier hatten 1924 Mallory und Irvine zum letztenmal genächtigt. Man zog eine Laterne und eine Fackel unter den Zeltresten hervor — das war alles. —

Am nächsten Tag, dem 30. Mai, wagten Harris und Wager den ersten Angriff auf den Gipfel. Nach einer schlechten, kalten Nacht machten sie sich gegen 6 Uhr morgens auf und kämpften sich gegen den Nordostgrat vor. Plötzlich stießen sie auf einen Zeugen der Vergangenheit: Zwanzig Meter unter dem Kamm und etwa 200 Meter östlich der ‚Ersten Stufe' fanden sie einen Waliser Eispickel. Dieser Pickel konnte nur Irvine oder Mallory gehört haben, denn kein anderer war bisher so nahe an den Kamm des Grates herangekommen. Harris nahm den Pickel und ließ seinen eigenen zurück. Trotz aller Abgestumpftheit, die der Sauerstoffmangel in großer Höhe mit sich bringt, waren beide von dem außergewöhnlichen Fund hier auf 8500 Metern stark beeindruckt.

Nun wollten sie versuchen, auf jener Route über den Grat zu dem Gipfelaufbau zu gelangen, die vor ihnen bereits Mallory und Irvine versucht hatten. Die erste Steilstufe ließ sich leicht umgehen. Als sie dann aber am Fuß der ‚Second Step' ankamen, zeigte es sich, daß man von hier aus die Felswand, die zum Grat hinaufführt, unmöglich erklimmen kann. Auch eine kleine Eisrinne, die sich von dem schwarzen, vielartig geschichteten Gestein deutlich abhob, führte nicht ganz bis nach oben durch. Es blieb ihnen also nichts anderes übrig, als doch auf die „Norton-Traverse" zurückzugreifen. So stiegen sie also auf den Bändern der Nordwestflanke gipfelwärts und erreichten den Rand eines breiten Couloirs, das sich vom Ostfuß der Gipfelpyramide ziemlich senkrecht herabzieht. Sie querten die Schlucht etwas höher, als es Norton getan hatte. Die Traverse war nicht ganz leicht, aber sie schafften es und gelangten nach etwa 15 Metern jenseits des Couloirs zu einer steilen Schneerinne. Wyn Harris wagte es in die Schneerinne einzusteigen, unter ihm stürzte die Wand Tausende von Metern zum Rongphu-Gletscher ab. Er mußte bald einsehen, daß er sich ohne Sicherung nicht auf ein derartiges Wagnis einlassen durfte. Die besondere Schichtung des Gesteins machte das Hochsteigen derart gefährlich, daß man sich um 12.30 Uhr zum Rückzug entschloß. Aus 8570 m Höhe stiegen alle jetzt auf der eigentlichen Norton-Traverse abwärts.

32

Um 4 Uhr nachmittags kamen sie in das Lager 6 (8350 m) zurück, wo der zweite Stoßtrupp (Smythe und Shipton) bereits eingetroffen war. Um das Lager nicht unnötig zu belegen, stiegen sie nach kurzer Rast zum Lager 5 ab, wo Birnie sie bereits erwartete. — Am nächsten Morgen, auf ihrem Abstieg zum Nordsattel, wäre Wyn Harris bald das nächste Opfer des Berges geworden. Um Kräfte zu sparen, wollte er über ein Schneefeld abfahren, kam aber so sehr in Schwung, daß er sich nur mit Hilfe seiner letzten Kraft — geistesgegenwärtig den Eispickel in den Schnee stemmend — vor dem tödlichen Absturz retten konnte. —

Der zweite Angriff: Smythe und Shipton, auf denen nun die Hoffnungen Englands ruhten, lagen in Lager 6 und warteten auf besseres Wetter. Am 1. Juni klarte es auf, und kurz vor 7 Uhr konnten sie das Lager verlassen. Draußen vor dem Zelt herrschte strenge Kälte, aber die beiden waren infolge des langen Aufenthalts in großer Höhe so weit abgestumpft, daß sie sich wenig Gedanken darüber machten. Shipton bekam nach geraumer Zeit Magenkrämpfe, wohl infolge der Höheneinwirkung. Smythe konnte es zunächst gar nicht glauben, als Shipton erklärte, daß er nicht mehr weiter mit hochsteigen könne. Smythe setzte nun den Aufstieg allein fort. Damit war natürlich die Aussicht auf einen Gipfelerfolg auf ein Minimum zusammengeschrumpft. Es war vormittags 10 Uhr, als Smythe jene Stelle erreichte, wo Wyn Harris und Wager (und im Jahre 1924 bereits Norton) schon vor ihm gestanden hatten. Durch den Neuschnee vom Vortag war das Begehen der glatten Felsplatten äußerst gefährlich. Jeder Schritt verlangte größte Konzentration. Von den schräg abfallenden Platten mußte der Schnee zum Teil entfernt werden, um eine sichere Trittfläche zu erhalten. Smythe setzte seinen Weg zunächst in der eingeschlagenen Richtung mit der Absicht fort, möglichst weit oben erst an das große Couloir zu gelangen. Er hielt sich daher dicht an das schwarze Felsband, welches das Gelände nach oben hin abgrenzt. Bald mußte er aber einsehen, daß es günstiger gewesen wäre, auf dem gelben Kalksandstein aufwärts zu steigen, denn dieses Band hatte eine andere Gesteinsschichtung, größere Griffigkeit und war frei von Schnee.

Endlich erreichte Smythe etwa jene Stelle, wo vor ihm bereits Harris und Wager umkehren mußten. Vielleicht befand er sich ein wenig tiefer. Er versuchte nun möglichst an Höhe zu gewinnen, um recht dicht unterhalb jener Bresche, die sich in dem schwarzen Gestein zeigte, in die Nebenschlucht zu gelangen. Aber an dieser Stelle war auch ihm eine Grenze gesetzt.

Smythe ging ohne Sauerstoff und hatte trotz bester Akklimatisation stark unter der Höhe zu leiden. Der Sauerstoffmangel führte zu Wahnvorstellungen, er glaubte mit einem Kameraden durch ein Seil verbunden zu sein, teilte mit diesem unsichtbaren Gefährten seinen Mundvorrat und war immer wieder erstaunt, daß sich niemand hinter ihm befand, wenn er zurückblickte. Einmal beobachtete er am Nordostgrat zwei drachenförmige Flugkörper, die rhythmisch zu pulsieren schienen. Er verglich den eigenen Puls mit der optischen Erscheinung, konnte aber keine Übereinstimmung feststellen. Um sich selbst zu prüfen, identifizierte er eine Anzahl von Gipfeln und Gletschern mit Namen. Nach einer kurzen Rast blickte er abermals zum Nordostgrat hinauf, da waren zu seiner Überraschung die Flugobjekte verschwunden. Smythe glaubte zunächst an eine Fata Morgana — in

Wirklichkeit waren es wohl doch nur Halluzinationen, wie sie viele in den Himalayabergen inzwischen erlebt haben. So hatte Felix Kuen am Nanga Parbat mit Japanern Kontakt, die auf Felsen hockten, Hermann Buhl sah mehrmals Freunde ihm entgegenkommen und Tee bringen. Diese Wachträume stehen immer mit Realitäten in Verbindung. So hatten wir z. B. am Nanga Parbat 1970 vorher von einer Japanerinnen-Expedition an der Rakiotseite des Berges gesprochen — und Smythe war sicher nicht frei von Erinnerungen an Mallory und Irvine, die bereits vor neun Jahren diesen Weg aufgestiegen waren, bevor sie der Berg für immer behalten hatte. —

Inzwischen war es 10 Uhr geworden. Als er die Westwand der Schlucht erreichte, hatte er in der letzten Stunde ganze zehn Höhenmeter geschafft. In diesem Tempo konnte er natürlich unmöglich den Gipfel erreichen, von dem ihn nach seiner Meinung noch mindestens vier Stunden trennten. Ohne Sauerstoff hätte diese Zeit aber bei weitem nicht ausgereicht, denn der Gipfel war noch dreihundert Meter über ihm! Da plötzlich brach hinter ihm eine Granitplatte ab, auf der er sich gerade zu einer kurzen Rast niedergelassen hatte. Geistesgegenwärtig schlug er seinen Pickel in eine Felsspalte und konnte sich so vor dem sicheren Absturz retten. Unwillkürlich stieg er danach einige Meter weiter nach oben, bis ihm schließlich das Ausmaß seiner Erschöpfung bewußt wurde und er sich zur Umkehr entschloß. Mit jedem Meter, den er abwärts ging, fühlte er sich besser. Er wollte nun zum Lager 6 zurückkehren, wo Shipton auf ihn wartete.

Kurz vor 2 Uhr nachmittags war Smythe in das einsame Zelt zurückgekehrt. Nach einem kurzen Gedankenaustausch stieg Shipton in das nächst tiefer gelegene Lager hinab. Das Wetter war gut, aber bald veränderte sich die Situation, und es kamen wieder starke Weststürme auf, die für diese Tageszeit typisch waren. Nach einer verhältnismäßig ruhigen Nacht machte sich Smythe am nächsten Morgen auf den Weg zurück zum Nordsattel. Dort brach wieder ein wilder Schneesturm los, so daß er auf Händen und Füßen über den Sattel kriechen mußte, um nicht in die Tiefe hinabgeschleudert zu werden. Bart, Brille und Gesicht waren im Nu vereist — der Schnee peitschte über den Grat. Gerade als er unter sich die Zelte von Lager 5 auftauchen sah, trat Shipton mit Birnie heraus, um zum Sattel abzusteigen. Er rief hinab, aber sie konnten ihn nicht hören. Smythe war sehr enttäuscht, als er an das leere Zelt kam und nichts Trinkbares vorfand. In Wirklichkeit hatte Birnie für ihn eine Thermosflasche mit heißem Tee zurückgelassen, doch er hatte sie nicht gefunden. —

Am 7. Juni waren alle im Hauptlager. Der Doktor stellte einen großen Gewichtsverlust bei allen Mitgliedern fest. Die Gesunden konnten hier das gemütliche Lagerleben genießen nach den harten Tagen in Eis und Schnee, die Kranken wurden in die Niederungen des Landes zurückgeschickt.

Nach etwa einer Woche — am 13. Juni — war man zu einem neuen Angriff bereit. Crawford und Brocklebank wurden vorausgeschickt, um die Verhältnisse am Nordsattel zu erkunden. Zwei Tage später folgte Ruttledge mit dem größten Teil der Bergsteiger und zahlreichen Trägern zum 3. Hochlager. Der Vortrupp des dritten Versuchs brachte aber keine ermutigende Nachricht. Größte Mühe hatte man am Eishang. Die Niederschläge der letzten Tage hatten die Seile tief unter dem Schnee begraben und machten einen zügigen Aufstieg zum Nordsattel hinauf von vornherein unmöglich. Die Lawinengefahr wuchs von Tag zu Tag, der Monsun war da, und unter diesen Umständen war an einen Erfolg in diesem Jahr nicht mehr zu denken.

Ruttledge, der Leiter der Expedition, der es immer noch nicht glauben wollte, daß seine Expedition erfolglos abgebrochen werden mußte, setzte sich noch einmal mit meteorologischen Stationen in Verbindung — die ihm aber auch nichts anderes als den bereits eingetroffenen Monsun melden konnten — und sorgte für eine Rückversicherung, indem er die letzte Entscheidung über den Abbruch des Unternehmens dem Everest-Komitee überließ. Somit war auch die vierte britische Mt.-Everest-Expedition gescheitert.

1934: Der Versuch eines Enthusiasten

Maurice Wilson, ehemals Hauptmann der britischen Armee, glaubte durch wochenlanges Fasten eine Steigerung der physischen und psychischen Kräfte erreichen zu können. Um die Welt davon zu überzeugen, daß zeitweiliges Kasteien Wunder vollbringen könne, wollte er etwas Außergewöhnliches leisten. Er lernte fliegen, kaufte sich dann ein kleines Flugzeug, mit dem er Ende des Jahres 1933 nach Indien flog. Dort wurde seine Maschine von den Behörden beschlagnahmt. Dies hielt den romantischen Einzelgänger aber nicht davon ab, sein Ziel, den Everest zu besteigen, weiterzuverfolgen. Als Tibeter verkleidet, von drei Sherpa begleitet und einem Pony, das seine dürftige Ausrüstung trug, verließ er Ende März 1934 Darjeeling. Nach einem Gewaltmarsch erreichte er bereits am 18. April das Rongphu-Kloster.

Zunächst ließ er seine Sherpa im Kloster zurück und versuchte allein den Rongphu-Shar-Gletscher hochzusteigen. Dabei drang er bis auf eine Höhe von 5940 Metern vor. Aufkommende Äquinoktialstürme trieben ihn dann wieder zum Ausgangslager zurück. Nachdem sich die Wetterlage beruhigt hatte, versuchte er es abermals. Diesmal aber ließ er sich von seinen drei Sherpa begleiten. Nach wenigen Tagen bereits gelangten sie in das Firnbecken des Rongphu-Shar-Gletschers. Dort fand Wilson von der vorjährigen Expedition noch eine Menge Lebensmittel vor. So konnte er hier oben auf Lager 3 (6400 m) auf eigenen Nachschub verzichten.

Wilson versuchte nun den Nordsattel zu erreichen. Die Sherpa verweigerten ihm ihre Unterstützung, denn sie hatten keine zweckmäßige Ausrüstung. Wie es seinem Tagebuch zu entnehmen war, versuchte er noch mehrmals einen Aufstieg über den Eishang zum Nordsattel, aber vergebens. Als er nicht mehr ins Lager zurückkam, setzten sich die Sherpa nach unten ab. 1935 fand man den von einer wahnwitzigen Idee getriebenen Phantasten in seinem Zelt in der Nähe von Lager 3. An Lebensmitteln mangelte es ihm nicht — aber Sturm, Kälte und Erschöpfung hatten schließlich seinen eisernen Willen bezwungen.

1935: Fünfte britische Mount-Everest-Expedition

Die Expeditionserlaubnis kam diesmal so spät, daß die Zeit — so glaubte man damals — für eine Vormonsun-Expedition nicht mehr ausreichen würde. Die Bewilligung galt vom Juni 1935 an für ein volles Jahr. Man beschloß daher, sofort noch eine Kundfahrt durchzuführen und die große Expedition im Frühjahr 1936 zu starten.

In Anbetracht der mehrmaligen Niederlagen stand das Everest-Komitee vor der schwierigen Frage, was zweckmäßiger sei, die Expedition in der Vor- oder in der Nachmonsunzeit durchzuführen. Da sich die alpintechnischen Schwierigkeiten auf der Nordroute doch als größer erwiesen hatten, als man ursprünglich glaubte, wollte man sich während dieser Kundfahrt auch darüber klarwerden, ob nicht eventuell eine Besteigung des Gipfels über den Westgrat erfolgversprechender wäre. Vor allem Hazard, Mitglied der Expedition von 1924, plädierte sehr für einen Aufstieg über diese Route.

Aber man stellte sich für die Kundfahrt noch weitere Aufgaben: Man wollte die Schnee- und Eisverhältnisse am Nordgrat in der Vor- und Nachmonsunzeit vergleichend beobachten — es sollten Versuche mit einer neuartigen Ausrüstung und spezieller Höhennahrung gemacht werden — weiter sollte die Übersichts-Kartierung aus dem Jahre 1921 durch photogrammetrische Aufnahmen ergänzt werden — und schließlich wollte man bei diesem Unternehmen die Bergsteiger im Hinblick auf die Expedition im Frühjahr 1936 auf ihre Eignung testen. Man wußte auch damals schon, daß ein Bergsteiger in den Alpen eventuell glänzende Erfolge aufzuweisen hatte, sich aber auf großen Höhen im Himalaya durchaus nicht bewähren mußte. Das lange Zusammenleben auf großer Höhe unter ungünstigen klimatischen Verhältnissen ist eine harte Charakterprobe. Was die Höhenanpassung betrifft, so läßt sich dieselbe — wie ich mehrmals feststellen konnte — nicht ohne weiteres aus den Prüfungsergebnissen in der Unterdruckkammer ableiten. Erst während der Expedition und in großer Höhe stellt sich meist heraus, ob ein Alpinist den physisch-psychischen Belastungen und den besonderen Anforderungen an Willen, menschlichem Takt und Selbstbeherrschung gewachsen ist und gesteigerte Aggressionslust zu zügeln vermag.

Eric Shipton wurde mit der Leitung des Unternehmens betraut. Weitere Mitglieder der Expedition waren: H. W. Tilman, Dr. Charles Warren, E. G. H. Kempson, E. H. L. Wigram, L. V. Bryant und der Geograph Michael Spender.

Zusammen mit fünfzehn Sherpa verließ die Expedition am 24. Mai das freundliche Darjeeling. Aufgrund der vorgerückten Jahreszeit konnte sich die Karawane den Umweg durch das Chumbi-Tal sparen und gelangte über den Kongra La (5200 m) nach Tibet.

Als Erkundungsexpedition ausgezeichnet, glaubte Shipton zunächst, einige Wochen zu einem Besuch des Nyönno Ri (6748 m) — einer Berggruppe zwischen Everest und Kangchendzönga — verwenden zu können.

Dieses Unternehmen war von wenig Nutzen, es blieb erfolglos. —

Daher traf die Expedition erst am 4. Juli im Rongphu-Tal ein. Der Abt des Klo-

Der Everest von Westen her: Links Changtse (7557 m), Nordsattel
= Chang La (6990 m) und anschließend seine Nordflanke. Parallel zum
rechten Bildrand der Westgrat, rechts davon die Südwest-Wand.

Flugbild vom Chomolungma-Massiv (Everest — Lhotse — Nuptse) —
Position etwa über dem Pumori.

Flugaufnahme vom Westgrat des Everest — links Nordflanke — rechts
Südwestflanke.

Die 2300 m hohe Südwest-Wand von Süden — rechts der Genfer Sporn —
Südsattel (7986 m) — Südostgrat, die klassische Aufstiegsroute. Im
Vordergrund die Nuptse-Mauer (7879 m).

sters war bei bester Laune. Er segnete die Everest-Fahrer und sprach voller Achtung von Maurice Wilson.

Ohne auf dem früheren Hauptlagerplatz zu verweilen, wurden die Vorräte fünf Wochen lang von vierzig Tibetern gleich zum Lager 2 hinaufgeschleppt.

Am 8. Juli wurde ohne besondere vorherige Schwierigkeiten das Lager 3 auf dem Rongphu-Shar-Firnbecken errichtet. Dort hatten sie die Eiswand, die zum Nordsattel emporführt, ständig vor Augen. Während dreier Tage, die der Akklimatisation dienten, beschäftigten sie sich mit dem Eishang über ihnen, denn er hatte einen üblen Ruf. — Dann war es soweit. Am 12. Juli, also eine knappe Woche nach dem Abmarsch aus Rongphu, errichteten Shipton, Kempson und Warren zusammen mit neun Sherpa ein Lager auf dem Nordsattel (6990 m). Man hatte auch besonderes Glück mit dem Wetter, denn der Monsun war diesmal einen Monat später in den Himalaya gekommen. Ungeachtet des späten Aufbruchs in Darjeeling hatte man andererseits wertvolle Wochen unnötigerweise verschwendet (Nyönno Ri), und nun war es für einen ernsthaften Vorstoß zum Gipfel zu spät.

Shipton plante zunächst ein Lager auf 7900 m, um von dort aus die Verhältnisse auf den dachziegelartig geschichteten Felsplatten der Nordroute prüfen zu können. Aber er kam nicht dazu, das Gelände lag tief unter Schnee, und bald brach der Monsun mit aller Gewalt herein. Zunächst hoffte man noch auf Wetterbesserung, aber vergebens. Man unternahm zwar noch einen kurzen Vorstoß auf den Nordgrat, doch unter den gegebenen Verhältnissen schien es ratsam, ein tiefergelegenes Lager aufzusuchen.

Am 16. Juli stieg man von Lager 4 ab. Shipton und Kempson gingen mit fünf Sherpa, Warren mit vier Sherpa am Seil. Etwa 60 Meter unterhalb des Sattels — in der steilen Nordost-Flanke — gelangten sie zu einem etwa 2 Meter hohen Abbruch im Hang. Eine gewaltige Schneebrett-Lawine hatte sich hier gelöst und alle Aufstiegsspuren verwischt. Dies war kein sehr beruhigender Anblick. Shipton entschied nun, daß man in der Lawinenbahn direkt ins Lager 3 absteigen sollte, denn mit neuen Lawinen war auf dieser Strecke kaum zu rechnen. So erreichte man unbeschadet das Lager 3 (6400 m).

Nun mußten neue Pläne gefaßt werden. Auf das Expeditionsgut, das oben im Lager 4 nahe dem Nordsattel lagerte, mußte verzichtet werden. Ein Angriff auf den Gipfel schien bei der gegenwärtigen Wetterlage im Monsun zu gefährlich. Die im Juni verschenkte Zeit konnte nicht mehr eingebracht werden. Man hatte seinerzeit geglaubt, daß der Monsun wie gewöhnlich, so etwa Anfang Juni, eintreffen würde. Daß er vier Wochen später kam, hatte Shipton nicht einkalkuliert. Aber als er am 12. Juli im Rongphu-Kloster eintraf und die schneefreie Nordflanke des Everest sah, mußte ihm doch bewußt geworden sein, daß er wertvolle Zeit versäumt hatte.

Man wollte nun die Schlechtwetter-Periode für die Besteigung kleinerer Himalaya-Gipfel in der Umgebung nutzen. So wurden im Laufe der nächsten beiden Monate 26 Gipfel über 6000 und einige sogar über 7000 Meter erstmals bestiegen. — Am 18. Juli gelang Shipton, Kempson und Warren die Erstbesteigung des 7221 m hohen Karthaphu, der sich nordöstlich von Lager 3 über dem Firnbecken erhebt. Am 29. August bestiegen Kempson und Warren den 7032 m hohen Kharta

Changri, um nur einige zu nennen. Man versuchte auch den Changtse (7537 m) zu besteigen, der sich nördlich als höchster Siebentausender vom Nordsattel aus aufbaut, und von dem aus man einen herrlichen Überblick über die Gesamtaufstiegs-Route an der Nordflanke haben müßte. —

Anfang August standen Tilman und Wigram auf dem Lho La (6006 m), jenem Sattel am Fuße des Westgrats, von dem aus man direkt zum Khumbu-Eisfall hinabblicken kann. Über Lho La und Westgrat verläuft die Grenze zwischen Tibet und Nepal. Sie ahnten seinerzeit noch nicht, daß dort unten auf diesen Gletschermoränen rund 16 Jahre später die Hauptlagerzelte der meisten Everest-Expeditionen stehen würden.

Während ihrer Exkursion bestiegen sie auch einen Gipfel der Lingtren-Gruppe, von dem aus sie einen Blick auf das Western-Cwm werfen konnten, ohne aber die eventuellen Aufstiegsmöglichkeiten zum Südsattel überblicken zu können. Erneut waren sie von dem wildzerklüfteten Eisfall des Khumbu-Gletschers beeindruckt, der sich zum West-Becken hinaufzieht. Doch dieser Gletscherbruch erschien ihnen als unzugänglich.

Schließlich nächtigten sie in der Scharte nordöstlich des Pumori. Aber selbst von dort aus konnten sie weder den oberen Teil des West-Beckens noch den Südsattel sehen. Da ihnen der Aufstieg zum Khumbu-Gletscher als unmöglich erschien, kehrten sie ohne die Erkenntnis, einen neuen Aufstieg auf der Südseite entdeckt zu haben, zu ihrem Standlager zurück. Aber es war ihnen klar, daß man diese Khumbu-Seite einmal genau erkunden müßte.

Neben der quantitativ beachtlichen Gipfelernte von Sechs- und Siebentausendern, den wertvollen Beobachtungen der klimatischen Verhältnisse in der Monsunzeit und den Erkenntnissen, die man durch Erkundungsvorstöße nach Westen hin gewonnen hatte, waren sicher die stereo-photogrammetrischen Fotos, die Michael Spender während der Expedition aufnahm, eines der wertvollsten Ergebnisse dieses Unternehmens von 1935.

1936: Sechste britische Mount-Everest-Expedition

Hugh Ruttledge, der Expeditionsleiter von 1933, sollte auch dieses Unternehmen führen. Von seinen alten Kameraden waren wieder dabei: Smythe, Shipton, Wyn Harris und Smijth-Windham. Dazu kamen mit Everest-Erfahrung: Wigram, Morris, Warren und Kempson. Die Neulinge der Expedition waren: P. R. Oliver, J. M. L. Gavin und der Expeditionsarzt Dr. G. Noel Humphreys. Insgesamt waren es also zwölf Engländer.

Als die Expedition am 25. April ins Rongphu-Tal einbog, war der Everest von oben bis unten noch schwarz, also ohne Schnee. Lediglich am Gipfel zog sich eine lange Fahne in den azurblauen Himmel — dort oben herrschte Sturm! — Zwei Tage später erreichte man den Platz des früheren Hauptlagers. Ruttledge hatte aber aus seinen Erfahrungen gelernt und diesmal das Lager 1 zum Hauptlagerplatz gemacht.

Am 30. April konnte Smijth-Windham über Funk aus Indien die Meldung abhören, daß mit starken Störungen der Wetterlage zu rechnen sei. Noch am selben Nachmittag setzten die Schneefälle ein, und als der Everest wieder sichtbar wurde, lag die ganze Flanke unter einer kompakten Schneedecke. Trotzdem wurde am 7. und 8. Mai das 3. Hochlager in 6400 Meter Höhe besetzt. Abermals kam es vorübergehend zu heftigem Schneefall. Dann bezogen Smythe und Shipton mit fünfzig Sherpa das Lager 4 (6990 m) auf dem Nordsattel. Sechsunddreißig Träger blieben in diesem Hochlager zurück und hofften auf einen baldigen weiteren Aufstieg. Aber zwei Fuß tiefer Schnee verhinderte jegliches Handeln. Noch drei Tage lang harrte die Mannschaft oben in Lager 4 aus und wartete auf besseres Wetter. Inzwischen lag dort bereits ein halber Meter Neuschnee. Der Auftrieb der einzelnen Teilnehmer sank auf den Nullpunkt, und so beschloß Smythe am 19. Mai das Lager zu räumen.

Anschließend erklärte Ruttledge den allgemeinen Rückzug ins Lager 1 hinab, um dort günstigere Verhältnisse abzuwarten. Bei der Ankunft empfing man dort gerade die Funknachricht, daß der Monsun unvermutet früh den Meerbusen von Bengalen erreicht habe. Normalerweise war er dann in zwei bis drei Wochen am Everest zu erwarten. Aber er kam diesmal bereits nach vier Tagen. Seit Menschengedenken war es nicht bekannt, daß der Monsun in Windeseile gegen den Himalaya prallte.

Den Witterungsverhältnissen zum Trotz stieg eine Gruppe Bergsteiger am 24. Mai abermals zum Lager 3 auf. Doch die ungewohnte Wärme, die hier oben herrschte, steigerte die Lawinengefahr, und es war recht bedenklich, zum Nordsattel aufzusteigen. Nach dreitägiger Zwangsrast gingen daher alle wieder ins Lager 1 zurück. Dies war der zweite Rückzug. Tags darauf kam ein gewaltiger Nordweststurm auf. Das bedeutete, daß der Schnee von den Flanken des Berges weggefegt wurde und man nach zwei bis drei Tagen wieder mit günstigen Verhältnissen rechnen konnte.

Das Wetter hielt die Bergsteiger jedoch zum Narren. Am 3. Juni stieg man zum drittenmal bei schönem Wetter ins Lager 3 hoch. Wieder begann es heftig zu schneien. Beim nächsten schönen Tag versuchte Smythe mit einigen Kameraden und Trägern von Absatz zu Absatz die Eiswand hinaufzuspuren. Aber die Schneeverhältnisse waren zu lawinengefährlich, und so mußte man wieder umkehren.

Am 6. Juni wagten Shipton und Wyn Harris einen neuen Vorstoß zum Nordsattel. Vorsichtig stiegen sie hoch. Sie gingen angeseilt und Shipton führte. Als sie etwa 150 Höhenmeter gewonnen hatten, wurde plötzlich die Schneedecke lebendig, löste sich vom Hang und glitt mit zunehmendem Tempo abwärts. Shipton wurde mit hinabgerissen, Wyn Harris rammte mit aller Gewalt seinen Pickel ins Eis und versuchte den Kameraden zu halten. So kam Shipton mit viel Glück aus dieser Schneebrett-Lawine heraus. Wyn Harris wurde aber durch die Gewalt der Schneemassen hinabgeschleudert. Doch wie durch ein Wunder kam die Lawine plötzlich zum Halten. Es war nichts passiert. Aber die beiden Bergsteiger hatten genug, und wie im Delirium stiegen sie hinab ins Lager 1. Damit war die letzte Hoffnung zunichte gemacht. Man kehrte ins Hauptlager zurück, der Versuch von 1936, mit einer gutausgerüsteten Expedition den Gipfel zu erreichen, war endgültig gescheitert.

Während sich das Gros der Expedition auf den Rückmarsch vorbereitete, stiegen Ruttledge und Wyn Harris den Rongphu-Gletscher hoch. Drei Tage lang zogen sie den Gletscher entlang. Der Aufstieg war wesentlich leichter als der auf den Rongphu-Shar-Gletscher. Als man endlich Chang La, den Nordsattel, vor sich hatte, erschien den beiden die Westseite für eine Besteigung recht günstig. Hier war die Flanke weniger steil, war von Felsen durchsetzt, und die Lawinengefahr erschien geringer als auf der Ostseite. Wyn Harris stieg allein noch ein Stück gegen den Sattel hoch. Dann kehrte man gemeinsam zurück mit dem Ergebnis, daß man zum Nordsattel auch über seine Westflanke gelangen könne.

Für Ruttledge kam die Entdeckung des Westaufstiegs zum Chang La zu spät. Diese Erkundung brachte den einzigen, wirklich positiven Erfolg dieser Expedition, die mit so viel Sorgfalt vorbereitet wurde, die eine so lange Anlaufzeit besaß und auch durch die Erkundungs-Expedition im Jahr zuvor die Möglichkeit hatte, die einzelnen Teilnehmer auf ihre Expeditionstauglichkeit hin zu studieren und das Zusammenwirken der einzelnen Kräfte zu erproben.

1938: Siebte britische Mount-Everest-Expedition

Trotz des Fehlschlags der Doppelexpedition von 1935 und 1936 gaben die Briten die Hoffnung auf einen baldigen Gipfelsieg nicht auf. Sechsmal hatte man bisher den Berg von Norden her berannt, hatte Erfahrungen gesammelt und in den Sherpa tüchtige Helfer und Freunde gefunden. Jede Erlaubnis, die der Dalai-Lama den Engländern gab, wurde aufgegriffen — ein Unternehmen nach dem anderen wurde ausgerüstet.

1938 bot sich die nächste Gelegenheit für eine Expedition zum Everest. Die Leitung sollte diesmal Harold William Tilman übertragen werden. Er suchte sich folgende Mitglieder für sein Unternehmen aus: F. S. Smythe, W. E. Shipton, N. E. Odell, Peter Lloyd, P. R. Oliver und Dr. T. B. M. Warren als Expeditionsarzt. Lloyd war zwar noch expeditionsunerfahren, aber ein ausgezeichneter Bergsteiger.

Man hoffte bei der geringen Teilnehmerzahl von sieben auf eine größere Beweglichkeit des Unternehmens, wesentlich geringere Kosten und durch gezielten Einsatz der Sherpa dennoch auf einen Erfolg. Man war der Meinung, daß am Everest für den Gipfel ohnehin nur wenige Bergsteiger in Betracht kommen könnten. Den Aufbau der Gletscherlager wollte man diesmal den Sherpa überlassen.

Tilman hielt die Expedition spartanisch knapp, lehnte alle Konserven ab und schwor auf seinen Pemmikan. Zwar mußten die Bergsteiger nicht gerade von Baumrinden und Wurzeln leben, aber es sickerte allmählich durch, daß die Teilnehmer dieser Expedition noch nie in ihrem Leben so gehungert hatten und von den Sparmaßnahmen durchaus nicht begeistert waren.

Obgleich man vom Wert der Sauerstoffgeräte in großen Höhen immer noch nicht recht überzeugt war, entschloß sich Tilman doch für einen Gipfelvorstoß unter Zuhilfenahme von Sauerstoff. Dagegen hielt er es für unnötig, eine Funkausrüstung mitzunehmen.

Am 6. April — früher als je zuvor — wurde Rongphu erreicht. Der Everest zeigte sich ohne Schnee, die Nordflanke war schwarz und aper, die Verhältnisse schienen erfolgversprechend zu sein.

Sirdar Angtharkai hatte die Aufgabe, zusammen mit einunddreißig Sherpa die Gletscherlager aufzubauen. Am 26. April wurde Lager 3 auf dem Rongphu-Shar-Firnfeld bezogen. Der Expeditionsleiter wollte günstiges Wetter abwarten, um einen vorzeitigen Kräfteverschleiß zu verhindern. Aber der tibetische Winter war noch nicht vorüber. Bei Sturm und Kälte war an einen Aufstieg zum Nordsattel nicht zu denken. Aus diesem Grund entschloß sich Tilman, alle Ausrüstung und Proviant in Lager 3 zu belassen und die ganze Expedition für kurze Zeit in das Kharta-Tal hinabzuschicken. Am 27. April machten sich Shipton, Smythe und Oliver mit neun Trägern auf den Marsch, zwei Tage später folgte der Rest der Expedition über den schwierigen Lhakpa La. Von hier aus hatte vor fünfzehn Jahren Mallory zum erstenmal den Nordsattel als die Schlüsselstellung im Aufstieg zum Gipfel des Everest erkannt. Im Kharta-Tal, inmitten von Birkenwäldern und Rhododendron-Sträuchern auf grünen Wiesen, wurden die Zelte in 3350 m Höhe aufgeschlagen, und man konnte sich richtig erholen. Mit großer Freude wurde festgestellt, daß der spartanische Küchenzettel durch Eier und Hühner, die in den umliegenden Dörfern eingekauft wurden, doch wesentlich verbessert werden konnte. Man nützte die Zeit, um Einlauf-Touren zu machen. Gleichzeitig aber auch wissenschaftliche Forschungsarbeit zu betreiben, lag dem Expeditionsleiter fern. Er war ein „notorischer anti-wissenschaftlicher Leiter"! Und so war es auch Odell nicht möglich, sich in entsprechender Weise geologisch und gletscherkundlich zu betätigen.

Anfang Mai, wo man gewöhnlich mit schönem Wetter am Everest rechnen kann, kam es eine volle Woche lang zu schweren Schneefällen. Als die Mannschaft am 14. Mai wieder in Rongphu eintraf, sah sie ihren Berg von oben bis unten in gleißendem Weiß. Die Aufstiegsmöglichkeiten hatten sich wesentlich verschlechtert. Aber man hoffte auf den Nordweststurm, der den Berg wieder freifegen würde.

Trotz der Schlechtwetterperiode war am 18. Mai wieder alles in Lager 3 versammelt. Das Lager war gut ausgerüstet, das einzig Bedrückende war die uferlose Schneedecke.

Am 20. Mai wurde die Eiswand im Aufstieg zum Nordsattel in Angriff genommen. Oliver, der von zwei Trägern unterstützt wurde, bildete die Vorhut. Er versuchte eine gut gangbare Route ausfindig zu machen. Odell, Tilman und Warren folgten nach geraumer Zeit. Oliver kam zunächst zügig voran. Hundert Meter unter dem Sattel war das Gelände jedoch so von Eistürmen durchsetzt, daß er auf die ihm nachfolgende Gruppe wartete, um mit Unterstützung von Odell und Tilman den Grat nach oben weiter auszuhacken. Um 3 Uhr nachmittags hatte man die Sattelhöhe immer noch nicht erreicht und mußte umkehren. Kaum hatte die Gruppe die Zelte von Lager 3 erreicht, als ein wütender Schneesturm losbrach. Wiederum hieß es ausharren. —

Zwei Tage später hatte sich die Wetterlage gebessert, und man wollte das begonnene Werk fortsetzen. Doch erst am 24. Mai konnte der Nordsattel tatsächlich erreicht werden. Der Quergang in der Eiswand war immer noch reichlich schwierig, aber man hatte Seile im Eis fixiert, um somit den Trägern mit ihren schweren

Lasten den Aufstieg zu ermöglichen. Sechs Bergsteiger und sechsundzwanzig Träger hatten sich an diesem Tag zum Lagerplatz 4 hinaufgekämpft. Die Lasten wurden abgeworfen, dann stieg man sofort wieder ab. Auch am nächsten Tag wurde weiter am Ausbau des Gipfel-Ausgangslagers gearbeitet. Bereits um 10 Uhr morgens waren Tilman und Smythe dort eingetroffen. Fünfzehn Hochträger begleiteten sie. Da aber für einen Gipfelvorstoß die Schneeverhältnisse ausgesprochen ungünstig waren — der Schnee war viel zu tief und zu weich —, wurden die für den Gipfelangriff vorgesehenen Bergsteiger Smythe und Shipton vom Expeditionsleiter zum Rongphu-Gletscher hinabgeschickt, um sich dort zu erholen.

Lager 4 war nun besetzt, aber der Schneefall hörte nicht auf. Man war allmählich zu der Überzeugung gelangt, daß der Monsun bereits da war. Schneeschauer wechselten mit kurzen Aufhellungen — dann brannte die Sonne stechend heiß auf die Gletscher herab. Aber man wollte dennoch den Angriff fortsetzen.

Am 30. Mai stiegen Tilman, Warren und Odell vom Nordgrat aus bis auf 7467 Meter hoch. Ohne den Lagerplatz 5 erreicht zu haben, mußten sie umkehren. Bei dieser Gelegenheit wurden die Sauerstoffgeräte erprobt. — Am Abend begann es zu schneien. Der Schneefall hielt auch am nächsten Tag an, und so entschloß man sich, abermals in das erste Hochlager zurückzukehren.

Lager 1 lag unterhalb des Rongphu-Shar-Gletschers. Man versuchte nun als nächstes, den Rongphu-Gletscher hochzusteigen, um auf diese Weise an die Westseite des Chang La zu gelangen. Auch hier benötigte man zwei Lager — das sogenannte Seelager und das Nordseitenlager wurden errichtet. Letzteres, das dritte Hochlager, lag etwa in der gleichen Höhe wie das auf dem Rongphu-Shar-Gletscher. — Auf den Höhen, die beim Aufstieg überschritten werden mußten, lagen Eisbrocken von alten Lawinen. Doch die größte Schwierigkeit bildete ein Eishang, den auch die Träger zu queren hatten. Anschließend an diesen 150 Meter hohen Blankeishang folgte ein etwa 300 Meter hoher steiler Schneehang. Vier Bergsteiger und sechzehn Sherpa erreichten gegen Mittag des 5. Juni den Chang La und richteten sich abermals im Lager 4 ein.

Am 6. Juni stiegen Tilman, Lloyd, Smythe und Shipton zusammen mit dem Sirdar und sechs Sherpa den Nordgrat hoch. Über die Schneeverhältnisse war man überrascht, der Schnee war jetzt nicht mehr weich, sondern hart gefroren, so daß man gut vorwärts kam. Bei stürmischem Wetter kämpfte man sich bis auf 7863 Meter hoch, dort war das 5. Hochlager geplant. Man stellte zwei kleine Zelte auf, das große Zelt war unten zurückgeblieben. Unter diesen Umständen mußten Tilman und Lloyd sich mit ihren sechs Trägern wieder nach unten absetzen.

Kaum war die absteigende Gruppe verschwunden, da erklärten sich zwei Sherpa mit den später so berühmt gewordenen Namen Pasang und Tensing bereit, die restlichen beiden 12-Kilo-Lasten und somit das große Zelt noch heraufzuschleppen.

Die Expedition hatte auch jetzt kein Glück mit dem Wetter. Immer wieder fegten Sturmböen über den Grat, immer wieder fiel Neuschnee. Andererseits erhoffte man sich von dem starken Wind, daß er die schräggeschichteten Platten in der Nordflanke vom Schnee freiwehte.

Am 8. Juni setzten Smythe und Shipton zusammen mit sieben Sherpa ihren Aufstieg fort. Die Himalaya-Tiger hatten während dieser Expedition Ungeheures geleistet. Gegen Mittag erreichte die Gruppe jenen Platz, auf dem einst Norton und Somervell ihr Zelt aufgestellt hatten. Man stieg aber weiter. Drei Stunden später wurde unterhalb des Gelben Bandes ein kleines Geröllfeld erreicht. Dort baute man in 8290 Meter Höhe Lager 6 auf. Während die Träger ihre Lasten abwarfen und wieder zum Lager 5 zurückkehrten, blieben zwei Bergsteiger ganz allein auf sich gestellt zurück — in einer Höhe, die sie geistig und körperlich spürbar lähmte — in der sie sogar Mühe hatten, sich ihr Essen zu bereiten. Am 9. Juni trat man zum ersten Gipfelvorstoß an. Smythe und Shipton wollten schon ganz früh aufbrechen. Um 4 Uhr verließen sie das Zelt. Nach einem bescheidenen Frühstück stapften sie bei großer Kälte los, dem Gelben Band entgegen. Doch bald mußten sie erkennen, daß zu dieser frühen Morgenstunde auch in der Monsunzeit die Kälte immer noch so groß ist, daß man sich gerade in dieser Höhe sehr leicht gefährliche Erfrierungen zuziehen kann. Sie kehrten daher in ihr kleines Zelt zurück. Als die Sonnenwärme bereits spürbar belebend auf das Zelt strahlte, brachen sie wieder auf. Aber sie kamen nicht weit, blieben im Schnee stecken und beschlossen wieder abzusteigen. Bei der gegebenen Schneelage war vor allem das Hochklettern auf den schrägabfallenden Felsplatten viel zu gefährlich. Smythe und Shipton kehrten ins Lager 5 zurück, wo sie auf Tilman und Lloyd trafen.

Am 10. Juni stiegen jetzt Tilman und Lloyd in aller Frühe zum Lager 6 empor. Tilman ging ohne, Lloyd mit Sauerstoff und übernahm die Spitze. Da im Lager 6 alles zurückgeblieben war, hatten ihre beiden Träger nur leichte Lasten — Lebensmittel und Sauerstoff-Flaschen für Lloyd. — Bereits kurz nach Mittag wurde Lager 6 erreicht. Die beiden Sherpa wurden zurückgeschickt, und man machte es sich in den Schlafsäcken bequem.

Am 11. Juni traten die beiden um 8 Uhr früh vors Zelt, um einen Gipfelvorstoß zu versuchen. Aber bald machten sie die gleiche Erfahrung wie vor ihnen Smythe und Shipton. Die Kälte war noch so groß, daß ihre Hände bald gefühllos wurden und sie sich veranlaßt sahen, noch für einige Stunden ins Lager zurückzukehren. Drei Stunden später, nach einem zweiten Frühstück, schälten sie sich aus ihren Schlafsäcken und wagten es ein zweites Mal. Die Sonne kam über dem Grat hervor, und man konnte es im Freien bereits gut aushalten. Lloyd ging voraus und folgte nun der Route, die Shipton und Smythe wenige Tage vorher bereits eingeschlagen hatten. Der Schnee war tief, und man brach bis zu den Oberschenkeln ein. Das veranlaßte die beiden die Route zu wechseln: Sie versuchten nun ihr Glück in dem felsigen Teil der Wand. Hier waren aber die technischen Schwierigkeiten so groß, daß sich ein weiteres Vordringen als unmöglich erwies. So fiel es Tilman schließlich auch nicht schwer, dem Ruf eines Trägers, der gerade in Lager 6 angekommen war, zu folgen und mit seinem Kameraden wieder ins Lager zurückzusteigen. —

Diese Expedition hatte die erreichte Höhe der vorhergehenden Unternehmungen nicht erreicht. Neu bei dieser Expedition war lediglich, daß der Nordsattel erstmals von Westen her bezwungen und überschritten wurde. Das war kein überwältigendes Ergebnis. Die siebente britische Mount-Everest-Expedition, die mit so viel Hoffnungen ausgezogen war und sich gerühmt hatte, die erste Klein-Expedition und eine der billigsten zu sein, hatte zu keinem Erfolg geführt. Der letzte britische Versuch, den Everest von Norden her zu bezwingen, war gescheitert.

Ein Jahr später brach der Zweite Weltkrieg aus. Das verbissene Ringen der englischen Bergsteiger um den höchsten Gipfel der Erde wurde dadurch auf Jahre hinaus unterbrochen.

Russisch-chinesische Besteigungsversuche

1952: Die Russen

Im Herbst 1952 wurde eine von den Sowjets später dementierte Meldung verbreitet, daß eine russische Mount-Everest-Expedition über die „alte" Nord-Route bis 8220 m vorgedrungen sei. Funksprüche seien dann plötzlich ausgeblieben, und alle Nachforschungen von der Luft aus hätten keine Ergebnisse über den Verbleib der Spitzengruppe dieser sowjetischen Expedition gebracht. Als Teilnehmer der Spitzengruppe wurden genannt: Wladimir Kaschinski, Alexandrowitsch Metzdarow, Iwan Lenitzow, Dr. Pawel Datschnolian, der Geologe Antonij Jindomnaow und Expeditionsarzt Dr. Josef Dengumarow. —

Im Gegensatz zu den unbelegten und widersprüchlichen Nachrichten über Everest-Expeditionen seitens russischer wie auch chinesischer Bergsteiger erscheint mir die chinesische Expedition von 1960 als glaubwürdig. Aus diesem Grunde habe ich sie chronologisch erfaßt und den anderen Everest-Unternehmungen zugeordnet.

Zwölfte — erste chinesische — Mount-Everest-Expedition

Im Jahre 1960 wurde gemeldet, daß es einer chinesischen Expedition gelungen sei, den Gipfel des Everest über die Nordroute erreicht zu haben. Die Meldungen besagten seinerzeit, daß die Chinesen Wang Fu-Chu, Chu-Ying-Hua und der Tibeter Gongpa vom 24. zum 25. Mai, also um Mitternacht, den Gipfel des Everest von der Nordseite her als erste erreicht hätten. Da es Nacht war, konnten keine Gipfelaufnahmen vorgelegt werden. Die Chinesen gaben an, daß sie die letzten 300 m bei Dunkelheit geklettert seien und am 25. Mai etwa um 1 Uhr nachts am Gipfel standen. Erst während des Abstiegs auf 8700 m Höhe wurde es dann so hell, daß die ersten Fotos geschossen werden konnten. Diese zeigten Spuren, die zum Gipfel führen, und solche, die von dort herabkommen.

Das achte Hochlager dieser Unternehmung soll auf 8500 m gestanden haben. Die Spitzengruppe erreichte es erst am Nachmittag. Es ist bedauerlich, daß diese Meldungen aus Rußland und China so spärlich zu uns durchgedrungen sind und man sich daher kein klares Bild von den wirklichen Erfolgen oder Mißerfolgen dieser Unternehmungen machen kann. Sollten diese Versuche in der überlieferten Weise erfolgt sein, so waren sie immerhin für die Russen wie für die Chinesen schon beachtliche Ergebnisse, auch wenn sie „nur" bis 8220 m beziehungsweise 8700 m an der Nordflanke des Everest vorgestoßen wären.

Die „Gipfel"-Besteigung der Chinesen jedoch war keinesfalls überzeugend, wenngleich man keinen greifbaren Grund vorbringen kann, an ihrem Erfolg zu zweifeln. Gegenbeweis ist auch nicht die Tatsache, daß die Inder bei ihrem Vorstoß über die Normalroute — d. h. über Khumbu-Eisfall — West-Becken — Südsattel, wobei sie am Südostgrat bis 8626 m hoch vorgestoßen waren — von den Chinesen nichts bemerkten. Die Angriffe sollen nämlich auf den Tag genau von beiden Seiten gestartet worden sein. — Dieser Umstand ist meines Erachtens keinesfalls ein Beweis, daß man an der Nachricht aus Peking zweifeln darf. Jeder Himalaya-Kenner weiß, wie außerordentlich schwer es ist, auf große Entfernung, vor allem in felsigem Gelände, Personen auszumachen. Die dünne Luft läßt zwar alles sehr nah erscheinen, so daß man sich gerade bei großen Distanzen sehr leicht verschätzt. Trotz klarer Sicht sind jedoch bei der Weite des Geländes Einzelheiten oft sehr schwer zu erkennen, so daß man nur zufällig und bei langer und genauester Betrachtung mit dem Glas Bewegungen und damit auch Personen ausmachen kann. Ganz abgesehen davon, daß die Inder von ihrem höchsten Standort am Südostgrat noch gar keinen Einblick in die Nordflanke des Everest gehabt hatten — sie konnten lediglich in die östliche Steilflanke des Nordostgrats hinabblicken.

Das Rätselraten um den Erfolg oder Mißerfolg der chinesischen Expedition von 1960 ist noch nicht verstummt. So ist es zum Beispiel Hugh Merrick gelungen, die Aufnahme aus 8700 m Höhe, wie sie im Film gezeigt wurde, eindeutig zu identifizieren. Er stellte fest, daß sie in der Nähe der „Ersten Steilstufe", also auf etwa 8500 m, gemacht wurde. Im übrigen war es keine Fotoaufnahme, sondern ein Ausschnitt aus dem chinesischen Schmalfilm, der am 9. Oktober 1962 im Alpine-Club in London vorgeführt wurde. Durch Vergleich mit einem berühmten Foto aus früherer Zeit konnte man sich davon überzeugen, daß die entsprechende Stelle in 8500 m Höhe damit identisch war. — Der unmittelbar anschließende weitere Filmstreifen zeigte, daß der Kameramann nicht höher gestiegen war, sondern zum Basislager zurückkehrte. Dies aber ist kein Beweis dafür, daß die chinesischen Bergsteiger nicht weiter als bis zur Ersten Steilstufe gelangt sind, denn sie berichteten ja selbst, daß sie während der Nacht zum Gipfel auf- und wieder abgestiegen seien und es erst ab 8700 m so hell war, daß man Fotoaufnahmen machen konnte. Trotz vieler Widersprüchlichkeiten, wie z. B. das Fehlen topographischer Einzelheiten in der Routenbeschreibung der Chinesen, beziehungsweise daß kein Gleichklang zwischen dem indischen und dem chinesischen Wetterbericht bestand, kann man nicht behaupten, die Chinesen hätten den Gipfel nicht erreicht. Die sowjetischen Alpinisten Alexandrew Borowikow und Jakob Arkin, die als Ausbilder in China tätig waren, erklärten jedenfalls, daß von russischer Seite aus kein Zweifel darüber bestünde, daß Wang Fu-Chu und Chu-Ying-Hua und der Tibeter Gongpa den Gipfel des Everest erreicht hätten. Nach Meinung der beiden Russen handle es sich bei den drei Chinesen um außerordentlich harte und hochqualifizierte Bergsteiger.

Mit großer Wahrscheinlichkeit haben die Chinesen 1966 abermals einen Besteigungsversuch über die Nordflanke des Everest gewagt. Das Fehlschlagen dieses Unternehmens, das im Mai endete, wurde allerdings von offizieller Seite nie bestätigt. —

Im April 1968 starteten die Chinesen ihren dritten Angriff auf den Mount Everest, wieder auf der klassischen Nordroute, die vor ihnen bereits siebenmal von

49

den Engländern versucht wurde. Beobachter auf dem Pumori-Grat konnten keinerlei Bewegung an der Everest-Nordflanke entdecken. Zudem war das Wetter Anfang Mai sehr unbeständig und schlecht. — Die Beobachtung eines Sherpa, der am 9. Mai bergabwärts fahrende leere Lastautos sah, läßt darauf schließen, daß die Chinesen ihre Expedition 1968 vorzeitig abgebrochen haben. —

Lediglich der Vollständigkeit halber möchte ich erwähnen, daß im Jahre 1947 der Kanadier Earl L. Denman von Darjeeling aus zum Rongphu-Kloster marschierte, um einen Angriff auf den Nordsattel des Everest zu wagen. Da er illegal die Grenze überschritt, ging er als Tibeter verkleidet. Zusammen mit zwei Sherpa, Ang Dawa und Tensing Norkey — den späteren ersten Gipfelbezwinger des Everest —, erreichte er im April das Ausgangslager im Rongphu-Tal. Sein Unternehmen war schlecht ausgerüstet: Wenig Proviant — keine Schlafsäcke. Man erreichte nicht einmal den Nordsattel (6990 m). Bereits nach fünf Wochen war die kleine Gruppe wieder in Darjeeling — für An- und Rückmarsch ein Geschwindigkeitsrekord! — Ansonsten sind derlei Eskapaden von Leuten, deren Bergromantik sie zu ehrgeizigen Spontanleistungen treibt, für die Besteigungsgeschichte des höchsten Berges der Erde fast bedeutungslos.

1962: Vier Amerikaner am Nordsattel

Mit einem Traum hat es begonnen. „Die Phantasie des Menschen wird von verschiedenen Quellen gespeist. Ort und Zeit, Lektüre, Freundschaften und viele andere Dinge spielen eine Rolle. Im Menschen muß eine gewisse Aufnahmebereitschaft für einen bestimmten Traum vorhanden sein ... Sicher ist, daß ich schon als Student vom Everest träumte. Da ich diesen Traum hegte und pflegte, wuchs er sich aus."

Diese traumhafte Vorstellung von einer Expedition zum höchsten Berg der Erde hatte der amerikanische, 43 Jahre alte Philosophieassistent Woodrow Wilson Sayre. Er verstand es, Norman C. Hansen, den 36jährigen Rechtsanwalt, Roger Alan Hart, den 21jährigen Geologiestudenten, und Hanspeter Duttle, einen Schweizer Schullehrer, von seinen Traumvorstellungen zu begeistern.

Am 20. März 1962 erhielt die Gruppe von der Kgl. Nepalesischen Regierung die Bewilligung für eine Expedition zum Gyachung Kang (7922 m). Am 3. April brach die Klein-Expedition von Kathmandu auf und erreichte nach 16 Tagen Namche Bazar (3440 m). Nach weiteren fünf Tagen wurde nach Überquerung des Dudh Kosi und des Ngozumpa-Gletschers auf ungefähr 5000 m Höhe das Hauptlager errichtet.

Vierzehn Tage lang dauerte der Kampf um den Aufstieg durch den Eisbruch, der zum 5985 m hohen Nup La hinaufleitet. Dort befindet sich der Übergang zum Rongphu-Nup-Gletscher. Da sie das Ziel hatten, nicht den Gyachung Kang, sondern den Everest anzugreifen, und zwar von seiner Nordseite her, waren sie bedacht, den Begleitoffizier und die Sherpa möglichst bald loszuwerden. Da bot sich nach der Rückkunft aus dem Eisbruch eine günstige Gelegenheit. W. Sayre berichtete darüber später in seinem Buch: „Ich habe ihm gesagt, daß wir nach Erklimmen des Eisbruchs für etwa 30 Tage fernbleiben würden. Die Sherpa aber sollten für den Fall, daß wir ihre Hilfe benötigten, im Basislager verbleiben. Den Versuch zur Besteigung des Gyachung Kang würden wir von der Rückseite eines vom Lager aus nicht sichtbaren Sattels unternehmen. All die Zeit über war ich besorgt gewesen, daß der Begleitoffizier darauf beharren würde, so weit mit uns aufzusteigen, daß er die Unmöglichkeit, den Gyachung Kang von dort aus anzugehen, hätte erkennen können. So war ich dann hoch erfreut, daß er schließlich von selbst mit diesem Vorschlag zu mir kam, sich während unserer Abwesenheit nach Khumjung zurückziehen zu dürfen."

Auf diese Weise gelang es den vier Amerikanern, die nepalesischen Behörden zu täuschen und in tibetisches Gebiet vorzudringen. Nach etwa zwei Wochen Anmarsch über den Rongphu-Nup-Gletscher zum Rongphu-Gletscher, wo sie überall Depots errichteten, erreichten sie das Zungenende des Rongphu-Shar-Gletschers. Von hier aus folgten sie nun der klassischen Aufstiegsroute der britischen Expeditionen aus den Zwanziger Jahren. Nach einem 40-Kilometer-Marsch über die Gletscher standen sie am 28. Mai im Firnbecken unter dem Nordsattel. Dies war ihr zehntes Lager. Am Morgen des 29. Mai stießen sie gemeinsam zum Nordsattel vor. Sie bewältigten die 500 Meter hohe Wand in vier Stunden. Auf ihrem Weg dorthin fanden sie ein altes zerschlissenes Zelt von früheren Expeditionen. Innerhalb von drei Tagen schafften sie Ausrüstung und Verpflegung zum Sattel empor. Zwischen dem 2. und 5. Juni gelang ihnen noch ein Vorstoß bis auf 7300 m, wo sie ihr dreizehntes Lager errichteten. Die höchste Höhe, die sie erreichten, war etwa 7550 m.

Am 6. Juni kehrte die kleine Expedition vom Nordsattel zum Hauptlagerplatz zurück, den sie nach zwölf Tagen erreichte. Am 20. Juni traf man in Khumjung und wenige Stunden später in Namche Bazar ein. Auf ihrem Rückmarsch hatten die vier Amerikaner nur noch einen Eispickel, kein Seil, kaum Nahrung und stiegen in stark reduziertem Zustand das Ngozumpa-Tal abwärts. Norman G. Dyhrenfurth organisierte für seine amerikanischen Landsleute einen Hubschrauber, der sie schließlich von Namche Bazar nach Kathmandu flog.

Erkundung der nepalesischen Seite des Mount Everest

Der Zweite Weltkrieg bedeutete auch für die Himalaya-Forschung eine Zwangsunterbrechung. Im Jahr 1950 wurde Tibet von den Chinesen besetzt und somit den Bergsteigern der nördliche Zugang zum Everest versperrt. Man wandte sich daher an die Kgl. Nepalesische Regierung, um eine Expeditionserlaubnis zu erhalten. Nepal war jetzt den Fremden gegenüber aufgeschlossener als ehedem.

1949 wurde erstmals ein Permit für eine kleine Kundfahrt erteilt. H. W. Tilman wurde mit der Durchführung dieser Kundfahrt auf der nepalesischen Seite des

Everest beauftragt. Aber erst im Herbst 1950 hatte Tilman, der gerade aus dem Annapurna-Gebiet nach Kathmandu zurückgekehrt war, die Möglichkeit, sich einer amerikanischen Gruppe anzuschließen.

1950 erhielten auch die Franzosen die Erlaubnis zur Durchführung einer Expedition an der Annapurna. Und sie hatten Erfolg. Am 3. Juni 1950 standen Herzog und Lachenal als erste Bergsteiger auf dem Gipfel eines Achttausenders.

Im Herbst desselben Jahres zogen die Amerikaner unter der Leitung von Dr. Oscar R. Hauston zum Everest. Zu diesem fünfköpfigen Team gehörte außerdem Dr. Charles S. Hauston[1], A. Bakewell, S. J. und Elizabeth S. Cowles. Am 29. Oktober startete man in Jogbani, der letzten indischen Bahnstation an der südöstlichen nepalesischen Grenze. Dieser Gruppe hatte sich nun auch Tilman angeschlossen. Von Tengpoche Gonda aus gingen Tilman und Hauston nordwärts zum Khumbu-Gletscher. Man erkundete aber nicht gründlich. Tilman stand den Aufstiegsmöglichkeiten zum Everest über den Khumbu-Eisfall sehr skeptisch gegenüber, Hauston dagegen war optimistischer, wenngleich auch er in die wirkliche Problematik der Schlüsselstellung, die nun einmal der Eisfall ist, nicht weiter vorgedrungen war. Nach sechs Tagen, die man in der Nähe des Berges verbrachte, kehrte man nach dieser Blitzerkundung von 34 Tagen wieder nach Biratnagar zurück. —

Das Jahr 1951

Der Versuch eines Einzelgängers

Im Frühjahr 1951 verließ der Däne Klaus Becker-Larsen Darjeeling. Zusammen mit vier Sherpa marschierte er über Sandakphu in dreiundzwanzig Tagen nach Namche Bazar. Er träumte von einer Besteigung des Mt. Everest. Als er den wild zerklüfteten Khumbu-Eisfall sah, erkannte er das Sinnlose seines Beginnens. Aber er gab nicht auf, sondern versuchte durch das Bhote-Kosi-Tal und über den Nangpa La (5716 m) nach Tibet zu gelangen. Bereits in sechs Tagen erreichte er nach einem Gewaltmarsch das Kloster im Rongphu-Tal. In kühnem Zugriff stieg er, begleitet von seinen vier Trägern, den Rongphu-Gletscher bis zum Rongphu-Shar-Firnbecken empor. Dort, wo früher die britischen Expeditionen ihr Lager 3 hatten — unter der Eiswand des Nordsattels, in 6400 m Höhe —, endete auch dieser vermessene Versuch eines Einzelgängers. Da er nicht einmal eine entsprechende Ausrüstung bei sich hatte, streikten die Träger und kehrten umgehend zum Rongphu-Kloster zurück. — Es war dies der zweite Phantast, der in diese Gletscher-Einöde vorgedrungen war, aber er bezahlte sein Abenteuer wenigstens nicht mit dem Leben.

Britische Kundfahrt zur Südwestseite des Everest

Im Herbst 1951 bereitete der Himalaya-Ausschuß, der sich aus Mitgliedern des Alpine Club und der Royal Geographical Society gebildet hatte, eine neue britische

---

[1] Der Sohn des Expeditionsleiters war 1938 der Leiter der K-2-Expedition im Karakorum.

52

Kundfahrt vor. Man wollte das immer noch ungenügend bekannte West-Becken an der Südseite des Everest erforschen und die Möglichkeit einer Besteigung von dieser Seite aus prüfen. Michael Ward war einer der wenigen, die an eine Möglichkeit des Aufstiegs über die Südwestflanke des Berges glaubten, und er war es auch, der den Ausschuß von der Dringlichkeit einer solchen Rekognoszierung zu überzeugen wußte.

Die Leitung der Kundfahrt wurde Erik E. Shipton übertragen. Die übrigen Teilnehmer waren: Dr. Michael P. Ward, Tom D. Bourdillon und W. H. Murray. Alfred Tissières mußte im letzten Augenblick seine Teilnahme absagen. In Nepal stießen noch die beiden jungen Neuseeländer E. P. Hillary und H. E. Riddiford zum englischen Team.

Um einen Aufstieg zum Everestgipfel vom West-Becken aus beurteilen zu können, mußten erst folgende Fragen geklärt sein: Läßt sich der Eisbruch überwinden? — Kann man vom Western Cwm zum Südsattel hochsteigen? — Ist der Südostgrat so leicht begehbar, wie er sich auf Lichtbildern darstellt? —

Am 23. August 1951 versammelten sich die Teilnehmer und Sherpa in Jogbani im südöstlichen Nepal. Bis Namche Bazar hatten sie einen Marsch von rund 200 km vor sich. Unter normalen Verhältnissen braucht man für diese Strecke vierzehn Tage. Aber der Monsun machte ihnen sehr zu schaffen. Bäche waren zu reißenden Flüssen angeschwollen, und Überschwemmungen zwangen sie immer wieder zu großen Umwegen.

Die ersten 45 km legten sie in sechs Stunden im Lastwagen zurück. Am Straßenende bei Dharan mieteten sie sich 25 Tamung-Träger und erreichten nach zwei Tagen die kleine Stadt Dhankuta. Die Flucht einiger Träger, denen der dauernde Monsunregen mißfiel, veranlaßte das Team, zwei Tage in diesem Städtchen zu verbleiben, bis er Ersatz gefunden hatte. Nach Überschreitung einiger etwa 1800 m hoher Kämme stiegen sie schließlich in das Arun-Tal ab. Sie nächtigten in den Häusern der Einheimischen, und so blieb ihnen das ständige Aufstellen der eigenen Zelte erspart, die ohnehin dem Monsunregen auf die Dauer nicht standgehalten hätten.

Drei Tage lang wanderten sie durchs Arun-Tal und stiegen hinauf nach Komaltar. Dort sahen sie in der Ferne die Spitzen der höchsten Eisgipfel, die sich um das Everest-Lhotse-Massiv gruppieren. Dann erreichten sie Dingla (1500 m). Dort wurden die Träger ausgewechselt, und man traf mit den beiden Neuseeländern zusammen. Gemeinsam marschierte man nun vom Arun-Tal in nordwestlicher Richtung auf den Dudh-Kosi-Fluß zu, um über Ghat nach Namche Bazar zu gelangen.

Shipton und seine Leute mußten drei 3000 m hohe Pässe überqueren. Die Blutegel wurden den Bergsteigern zur Plage, sie krochen durch die kleinsten Öffnungen, sogar durch die Ösen der Schuhe; ihre Bißwunden verschmutzten und vereiterten und machten ihnen wochenlang zu schaffen. — Die Flüsse führten immer noch Hochwasser. Als sie den Inukhu Khola, einen Zufluß des Dudh Kosi, auf einer Holzbrücke querten, überfiel sie am anderen Ufer ein Hornissenschwarm. Man sagt, daß fünf Stiche einen Menschen töten können. Aber die Tamung-Träger brachen bereits zusammen, nachdem sie zwei- oder dreimal gestochen waren. Doch man hatte auch Glück: Die Holzbrücke, über die sie den reißenden Fluß gequert hatten, wurde eine Stunde später weggespült.

Nach über drei Wochen, am 20. September, erreichte die Mannschaft den Dudh Kosi in Solu Khumbu, der Heimat der Sherpa. Die Einwohner waren sehr freundlich. In den engen Straßen dieser Dörfer säumten die Menschen ihren Weg und boten ihnen selbstgebrauten Chang (Bier) und Rakhsi (Reisschnaps = Arrak) an.

Man wanderte durch duftende Nadelwälder, dann durch eine Felsschlucht und kam schließlich nach Namche Bazar (3440 m). Dieses Dorf mit etwa 60 Häusern wird wie das höher gelegene Khumjung (3790 m) das ganze Jahr über von den Sherpa bewohnt.

Nach zweitägiger Rast ging die Gruppe am 25. September auf fast horizontalem Pfad hinüber zum Kloster Tengpoche (3867 m). Die folgenden Etappen hießen Pheriche (4342 m) — Lobuche (4930 m) — Gorak Shep (5160 m). Am 29. September bezog die Mannschaft ihr Standlager auf 5480 m am Fuß des Pumori.

In den nächsten Tagen erkundete man die Lage. Riddiford, Ward und Bourdillon gingen auf den Eisbruch, während Shipton, Hillary und Murray die Ostflanke des Pumori erkletterten. Man erhoffte sich einen guten Überblick von den Verhältnissen am Südsattel. Auf einer Höhe von 6000 m sahen Shipton und Hillary, daß der Khumbu-Gletscher vom Eisfall aus in breiten Stufen zum West-Becken emporsteigt. Zweck der Erkundung war es, die beste Aufstiegsroute zum Südsattel ausfindig zu machen. Die Hauptaufgabe im Augenblick lag jedoch in der Bezwingung des Eisbruchs. Sie versuchten einen möglichst günstigen Einstieg zu finden.

Es war Ende September, als sich dann Riddiford, von einem Sherpa begleitet, mühsam emporarbeitete. Er ging den Bruch links an und entdeckte einen günstigen Durchstieg. Da der Weg relativ spaltenfrei war, gelang es den beiden, die halbe Höhe des Eisbruchs zu überwinden. Sie sahen aber auch, daß der schwierigere Teil in der oberen Hälfte lag. Bei der abendlichen Lagerbesprechung beschloß man daher, das Standlager nach oben zu verschieben.

Mit Ausnahme der beiden Neuseeländer war noch keiner ausreichend akklimatisiert. Es schien daher richtig, sich zuerst die Berge in der Umgebung einmal genauer anzuschauen. Man hoffte auch, daß sich die Schneeverhältnisse inzwischen bessern würden.

Shipton und Hillary zogen nach Westen, um über eine Felsrippe in Richtung Pumori hochzusteigen. Sie erhofften sich dort einen guten Einblick in das gesamte West-Becken. Shipton faßte seine Beobachtungen später etwa in folgenden Worten zusammen: Der obere Teil des Gletschers lag wesentlich höher, als man bisher angenommen hatte. Man konnte seine Höhe auf etwa 7000 m schätzen, was eine günstige Ausgangsposition für einen Aufstieg zum Südsattel bedeutete. Außerdem ließ sich erkennen, daß man zunächst im oberen Western Cwm gegen den Lhotse hochsteigen müsse, um dann in etwa 7600 m hinüber gegen den Südsattel zu traversieren.

Diese Erkenntnisse waren sehr ermutigend. Was man zunächst aber feststellen mußte, war die Begehbarkeit des Eisfalls und die Frage, ob er sich so weit präparieren ließe, daß die Hochträger mit ihren schweren Lasten selbst bei einem Wet-

54

tersturz noch ohne allzu große Gefahr vom Hauptlager zu den Gletscherlagern hochsteigen könnten.

Am 2. Oktober zogen vier Bergsteiger und drei Sherpa in den Bruch, um dieses Problem zu lösen. In den frühen Morgenstunden machte ihnen die Kälte sehr zu schaffen — später, als die Sonne höher am Himmel stand, lähmte die Hitze auf dem Gletscher die Bergsteiger bei ihrem Vordringen. Mühsam suchte man sich eine Aufstiegs-Trasse durch das Labyrinth zwischen den Séracs und den kreuz und quer verlaufenden Gletscherspalten. Irrwege zwangen immer wieder zur Umkehr, und nur sehr langsam gewann man an Höhe. Es war bereits 4 Uhr nachmittags, als man endlich den letzten Abbruch vor dem West-Becken am Horizont auftauchen sah. Nun befand man sich auf einer Höhe von über 6000 m.

Dann brach plötzlich eine Lawine los. Murray berichtete darüber folgendes: „Sie überschritten eine tiefe Spalte, über der sich eine 12 m hohe Steilwand erhebt, die sich nach einer Stufe wieder als niedrige Wand fortsetzt. Die Gesamthöhe dieses Hindernisses betrug etwa 30 m. Sie hatten sich zu der Stufe hinaufgearbeitet, und Pasang war im Begriff, der oberen Wand durch einen Quergang auszuweichen, als der Schnee abrutschte. Shipton und Pasang an den Enden des Seiles sprangen aus der abgleitenden Schneedecke in den festen Schnee. Riddiford, der in der Mitte ging, wurde mitgeschleift, Pasang hatte jedoch die Geistesgegenwart, den Pickel einzurammen und ihn mit dem Seil zu umwickeln. Shipton stand fest, und mit vereinten Kräften brachten sie Riddiford zum Halten." — Das Rettungsmanöver hatte viel Zeit erfordert. Nun mußte man schleunigst umkehren, um vor Einbruch der Dunkelheit noch das Lager zu erreichen.

Die gegenwärtige Situation veranlaßte den Expeditionsleiter, zwei Wochen abzuwarten, bis sich der Schnee etwas gesetzt hatte. Dann wollte man den Eisfall erneut angreifen.

Um die Zeit zu nutzen, sollte jetzt die Umgebung näher erforscht werden. Man teilte sich in zwei Gruppen. Shipton und Hillary wollten die Berge südlich des Everest erforschen. Zunächst machten Ward und Murray einen Vorstoß gegen den Pumori und drangen bis auf 6100 m vor. Zurückgekehrt, verabredeten die beiden Gruppen ein Treffen auf dem Khumbu-Eisbruch nach dem 16. Oktober.

Am 11. Oktober erkundeten und überstiegen Riddiford, Ward und Murray den Changri La (5790 m) und suchten nach einem günstigen Weg für den Abstieg. Die ungenauen Karten leisteten ihnen keine Hilfe. So wählten sie eine lange Rippe, stiegen über harten Schnee und brüchiges Gestein ins Lager hinunter. Es herrschte schneidende Kälte. Am nächsten Vormittag schleppten Sherpa und Sahib schwere Lasten über den Paß. Wieder hatten sie eine kalte Nacht. Sie wußten nicht, wohin der Guanara-Gletscher führte, dem sie am nächsten Tag auf der Seitenmoräne westwärts folgten. Am Abend lagerten sie am Zusammenfluß von Guanara- und Ngojumba-Gletscher. Als die Morgennebel sich lichteten, erkannten sie voll Erstaunen, daß sie sich dicht unter der östlichen Eisflanke des Cho Oyu (8153 m) befanden.

Nach einem vergeblichen Versuch, den Nup La (5985 m) zu besteigen, kehrten sie am 16. Oktober von ihrer Exkursion wieder in das Khumbu-Tal zurück.

Shipton und Hillary machten in dieser Zeit eine Kundfahrt in das Imja-Becken.

Da sie südlich der Lhotse-Wand keinen brauchbaren Übergang vom Lhotse-Shar- zum Barun-Gletscher fanden, wandten sie sich südwärts dem Amphu-Labtsa-Gletscher zu. Nach einem schwierigen Aufstieg zum Amphu-Labtsa (5780 m) gelangten sie in die oberste Hongu Khola. Dann stiegen sie im Anblick der gewaltigen Westflanke des Makalu (8481 m) auf einen Sattel zwischen Hongu- und Barun-Tal ostwärts. Aber die Zeit drängte, und so konnten sie nicht mehr bis zur Barun-Kangchung-Wasserscheide vorstoßen, die noch 20 km entfernt lag. — Man mußte sich zum Rückmarsch in das Khumbu-Tal entschließen.

Daher wandten sich am 16. Oktober Shipton und Hillary westwärts, überschritten einen Paß von etwa 6000 m Höhe und gelangten so aus dem Hongu-Becken über den Südgrat des Amai Dablang (6856 m) — in einem schwierigen, zum Teil dramatischen Abstieg — über steilen Firn und durch einen bösen Gletscherbruch ins Tal hinab. Am nächsten Tag erreichte man Dingpoche und schließlich wieder über Lobuche das Standlager im oberen Khumbu-Tal.

Shipton und Hillary kamen als erste an. Um den Gletscherbruch in aller Ruhe studieren zu können, bauten sie direkt am Fuß des Eisfalls ein kleines Lager auf. In den nächsten Tagen wurden die ersten 300 m gangbar gemacht. Am 23. Oktober wollten sie weiter nach oben vordringen, aber während der Nacht hatte sich der Gletscherbruch völlig verändert. Sie hofften, daß sich der Gletscher in wenigen Tagen einigermaßen beruhigt haben würde.

Die Westgruppe war inzwischen wieder im Standlager eingetroffen, so konnte man nun gemeinsam die harte Arbeit im Bruch wiederaufnehmen. Am 28. Oktober rückte die ganze Mannschaft, sechs Bergsteiger und drei Sherpa, noch einmal zur Trümmerzone des Eisfalls vor. Zwar hatte die Verschiebung des Gletschers für eine Aufstiegsroute keine Vorteile gebracht, aber man erkannte, daß ein Gletscher in seinen Bewegungen sehr rasch und daher unberechenbar ist. Diesmal ging alles nach Wunsch, die Eismassen waren einigermaßen zur Ruhe gekommen, und man bahnte sich bald eine Trasse durch das Ruinenfeld der Séracs. Am Nachmittag standen sie alle unterhalb jenes Steilhangs, an dem sie bei ihrem ersten Versuch eine Lawine abgetreten hatten. Auch dieser Hang war jetzt leicht zu überwinden, man glaubte schon, das größte Bollwerk auf dem Weg zum Gipfel des Mt. Everest überwunden zu haben. Vor ihnen lag ein sanft ansteigender Gletscher, das Western Cwm, das gegen die Westwand des Lhotse und zum Fuß des Südsattels emporführt. Aber sie hatten sich zu früh gefreut. Als sie das Ende des Eisfalls erreicht hatten, tat sich vor ihnen eine gewaltige, sehr breite Gletscherspalte auf. Jeglicher Versuch, rechts oder links diese mindestens 20 Meter breite Querspalte umgehen zu können, mißlang. Damit war für diese Fahrt der höchste Punkt erreicht. Am 30. Oktober wurde das Standlager geräumt, und die Expedition kehrte mit der Erkenntnis in die Heimat, daß sie die Schlüsselstellung, den Eisfall, für einen Aufstieg zum Gipfel des Mount Everest über seine Südflanke gefunden und ausreichend erkundet hatte. Man war sich im klaren darüber, daß für die Lastenträger die Route durch den Eisbruch allenfalls mit Seilen, Strickleitern und Leitern versichert und gangbar gemacht werden mußte, und hatte auch schon eine Vorstellung, wie die gewaltige Querspalte am Ende des Eisfalls zu überwinden wäre. Alles in allem war es eine recht erfolgreiche Kundfahrt. Neben dem neuen Everest-

Die kleine Zeltstadt am Knie des Khumbu-Gletschers auf 5450 m Höhe.
Über dem Hauptlager flattern die an einer Reepschnur befestigten
Gebetsfähnchen. Im Hintergrund der 600 m hohe Eisfall, der zum
West-Becken hinaufführt.

Aufstieg hatte man auch Möglichkeiten für eine Gipfelbesteigung des Cho Oyu ausfindig machen können. Dies waren neben den positiven Forschungsergebnissen in den südlich und westlich vom Everest gelegenen Gebirgszügen doch recht handfeste Erfolge.

Die Khumbu-Expeditionen

1952: Die achte — aber erste Schweizer Mount-Everest-Expedition

Der britische Himalaya-Ausschuß hatte für 1952 den Gipfelangriff über das West-Becken geplant. Die Genehmigung für eine Everest-Expedition war aber bereits an ein Team der Schweizerischen Stiftung für Alpine Forschungen vergeben worden. So war das englische Everest-Monopol nach 31 Jahren erstmals durchbrochen worden.

Man dachte zunächst an ein schweizerisch-britisches Gemeinschaftsunternehmen, doch man konnte sich über die Leitung der Expedition nicht einig werden. Dies führte dazu, daß die Schweizer im Jahre 1952, die Engländer ein Jahr später zum Everest gingen.

Die Gesamtleitung der Vor-Monsun-Expedition 1952 wurde dem Mediziner Dr. Wyss-Dunant aus Genf zugesprochen. Bergsteigerischer Leiter wurde René Dittert. Die übrigen Genfer Bergsteiger waren Jean-Jacques Asper, René Aubert, Dr. Gabriel Chevalley, Léon Flory, Ernst Hofstetter, Raymond Lambert und André Roch. Der Wissenschaftlergruppe gehörten noch an der Geologe Prof. Dr. Augustin Lombard, der Botaniker Albert Zimmermann und die Ethnographin Marguerite Lobsiger-Dellenbach.

Am 29. März 1952 brach die Zwölf-Mann-Expedition in Kathmandu auf — mit 165 Trägern und 20 Sherpa, die dem Sirdar Tensing Norkay unterstanden.

Am selben Tag erreichten sie Banepa. Die folgenden Tagesziele hießen: Dolulghat — Chyaubas Deorali — Lichunga (1. April) — Manga Deorali — Namdu — Yaksa — Those — Chyanguala — Setha — Jumbese — Taksindhu — Khari Khola — Pugan — Ghat — Namche Bazar im Dudh-Kosi-Tal, das sie am 13. April erreichten. In Namche Bazar (3440 m) wurden die Kathmandu-Kulis gegen Sherpa-Träger ausgetauscht.

Am 16. April zog die Karawane weiter zum Kloster Tengpoche (3867 m), stieg hinab zum Fluß und dann zur Yak-Hochweide Pheriche (4243 m). Anderntags wurde der Weg bis Chukpula erkundet und noch einmal in Lobuche (4930 m) kampiert. Abermals wurden einige Teilnehmer vorausgeschickt, um den günstigsten Weg zum geplanten Hauptlagerplatz zu finden.

Am 20. April wurde das Hauptlager in 5050 m Höhe am westlichen Ufer des Khumbu-Gletschers aufgebaut. Einige Tage später errichteten Dittert, Aubert und Hofstetter Lager 1 in 5300 m Höhe. Die Zelte standen auf dem Schutt der ausapernden Mittelmoräne zwischen dem Pumori und dem großen Eisfall.

59

Am 26. April wurde von Dittert, Lambert, Chevalley und Aubert erstmals der Eisfall erkundet. Zwei Tage später konnten daraufhin Roch, Flory, Asper, Hofstetter und Dr. Wyss-Dunant Lager 2 auf etwa 5600 m Höhe in der Mitte des Khumbu-Eisfalls auf einer Terrasse aufbauen. Da der Weg durch die Trümmer der Sércacs sehr gefährlich war, entschloß man sich an der nördlichen Seite des Gletschers aufzusteigen. Diese Route führte zwar gefährlich unter den Hängegletschern hindurch, aber andererseits waren die Spalten durch die herabstürzenden Lawinen so weit verstopft und die einzelnen Eistrümmer miteinander verkittet, daß man hier rascher durch das Spaltengewirr nach oben vordringen konnte.

Die meiste Mühe erforderte die riesige Querspalte, an der die Shipton-Expedition im Vorjahr gescheitert war. Sie hatte diesmal eine Breite von fünf Metern, und da man in der Ausrüstung keine Alu-Leitern mitführte, bildete sie zunächst ein recht zeitraubendes Hindernis. Die Spalte ließ sich nicht umgehen, und so mußte man versuchen, ein Seil darüber zu spannen. Asper versuchte zweimal durch ein Pendel-Manöver auf den oberen Eisabbruch der Spalte zu gelangen. Aber vergeblich. So ließ sich der Benjamin der Expedition anderntags 15 Meter tief in die Spalte abseilen, querte sie auf einer unsicheren Schneebrücke und erklomm schließlich in harter Eiskletterei den anderen Spaltenrand. Nun wurde in aller Eile eine luftige Seilbrücke gebaut. Flory kroch als erster über die fünf Meter breite Eiskluft. Von dieser Stunde an war der Weg für einen regelmäßigen Lastentransport durch den Eisbruch frei.

Am 4. Mai stießen Dittert, Aubert, Lambert und Chevalley zusammen mit neun Trägern, von denen jeder eine Last von 20 kg trug, über die große Querspalte ins West-Becken bis 5900 m Höhe vor. Dort wurde das 3. Hochlager aufgebaut. Von hier aus erkundeten Dittert und Chevalley den weiteren Aufstieg in das West-Becken — drangen erstmals in bislang unberührte Zonen vor und fanden am 9. Mai in 6450 m Höhe einen geeigneten Platz für ihr 4. Hochlager. Dieses Lager stand nun inmitten des West-Beckens, das von der großen Querspalte bis hin zur Lhotse-Nordwestwand eine Ausdehnung von etwa vier Kilometern hat. Das ganze Hochkar wird umrahmt von der abweisenden Südwestflanke des Everest, von der Lhotse-Wand im Südosten und dem Nuptse-Kamm (7879 m) im Südwesten; es öffnet sich gegen Nordwesten hin, dort wo der Eisfall ins Khumbu-Tal hinabstürzt.

Der Lastentransport verlief nun reibungslos, wenngleich die Trasse durch den Khumbu-Eisbruch ständig ausgebessert werden mußte. Flory, Asper, Lambert und Aubert besetzten Lager 4, um möglichst bald einen Vorstoß zum Südsattel zu wagen. Am 10. Mai stießen Asper und Flory bis zum Fuß des Lhotse-West-Gletschers vor. Sie betraten als erste das obere Ende des West-Beckens. Starke Windböen verhinderten aber ein weiteres Vordringen. Mit über 100 Stundenkilometern fegte der Sturm die Flanke zwischen Lhotse und Nuptse entlang und verwandelte das Western Cwm in einen Hexenkessel, durch den der Schneesturm jagte.

Am 11. Mai stiegen Sherpa mit ihren schweren Lasten zum Lager 4 auf. Dieses Lager sollte für den Gipfelsturm besser ausgebaut werden. Bereits am selben Tag wurde das fünfte Hochlager am Ende des Hochkars in etwa 6900 m Höhe aufge-

60

baut. Damit hatte man das Ende des West-Beckens erreicht, der Kampf um den Südsattel konnte beginnen.

In der Nacht zum 13. Mai jagte abermals ein Schneesturm über den Hochfirn, die aufsteigende Trägergruppe mußte sich durch 30 cm tiefen Neuschnee zum nächsten Hochlager hinaufkämpfen. Man hatte die ganze Route durch Stangen markiert, und so konnte man auch bei schlechten Wetterverhältnissen von der Aufstiegs-Trasse nicht abkommen.

Vom West-Becken leitet ein Felssporn zum Südsattel hinauf, der in 8020 m Höhe endet. Dieser „Genfer Sporn" wird zu beiden Seiten von steilen Eiscouloirs flankiert und bietet sich für den Aufstieg zum Südsattel geradezu an.

Bei 20 Grad Kälte wurde Mitte Mai Lager 5 weiterausgebaut und besser verproviantiert. Es war geplant, daß sich ein Teil der Mannschaft hier festsetzte und für die Dauer der Expedition oben bliebe. Lambert, Dittert, Roch und der Sirdar Tensing wurden dafür bestimmt. Da dieses Lager 5 als Ausgangslager für den Vorstoß zum Südsattel galt, mußte es reichlich mit Ausrüstung und Verpflegung versorgt werden. Eine beachtliche Menge an Material, das für zwanzig Männer für eine Zeitdauer von drei Wochen veranschlagt war, mußte dorthin geschafft werden.

Lager 5, das Akklimatisations- und Ausgangslager für den Vorstoß zum Südsattel und weiter zum Gipfel des Everest, war den Höhenstürmen stark ausgesetzt. Es lag am Ende des West-Beckens, auf das die Fallwinde von der Nuptse-Wand, vom Lhotse und der Südwestflanke des Everest ungehindert herabstürzen können und dadurch das Hochkar zu einem recht ungemütlichen und „windigen" Aufenthalt machen.

Am 13. Mai fand die große Umsiedlung nach Lager 4 statt. Chevalley und Hofstetter spurten voraus, die anderen folgten mit den Sherpa. Der Schneesturm vom Vortag hatte das ganze Hochkar mit tiefem Schnee bedeckt. Alle waren froh, daß die Route mit Stangen markiert war, so mußten wenigstens keine kräfteraubenden Irrwege gegangen werden.

Die Temperatur war auf minus 20 Grad gesunken. Das war nicht gerade angenehm, aber tagsüber brannte die Sonne auf das Gletscherbecken, so daß man alle Kleidungsstücke sowie den Schlafsack, der während der Nacht im Atembereich mit einer zentimeterdicken Eisschicht überkrustet wurde, über das Zelt legen und in der Sonne trocknen konnte.

Asper und Flory, die tags zuvor das südliche Couloir näher betrachtet hatten, glaubten, daß dort eine lange Stufenarbeit erforderlich wäre, um den Weg für die Sherpa gangbar und sicher zu machen. Die beiden stiegen zusammen mit Aubert nach Lager 4 ab, während Lambert, Roch, Dittert und Tensing in Lager 5 zurückblieben. Das 5. Hochlager mußte nun gut ausgebaut werden. Dorthin wurde reichlich Verpflegung geschleppt und in diesem Lager für die darüber zu liegenden weiteren Hochlager deponiert. Was die Männer in diesem Gletscherlager jetzt beschäftigte, war die Eisflanke, die zum Südsattel emporführt. Der Felssporn, ‚Genfer Sporn' genannt, wies die Richtung. Welches Couloir aber das günstigste sein würde, das südliche oder nördliche, d. h. das rechte oder linke, mußte sich erst erweisen.

61

Durch einen Erkundungsvorstoß sollte der günstigste Aufstieg zum Südsattel ausfindig gemacht werden. Es war der 15. Mai. Vor den Zelten fegte der Flugschnee aus der Lhotse-Wand herab. In dieser Höhe bedeutet das Anziehen von Höhenstiefeln, Steigeisen und der Windbekleidung ohnehin schon eine beachtliche körperliche Anstrengung — und dies dann erst im engen Zelt! Gegen 7 Uhr waren alle zum Aufbruch bereit. Zunächst querten sie eine breite Terrasse, um an das Lhotse-Couloir zu gelangen. Lambert und Tensing hielten sich nahe an den darüber hängenden Séracs und stießen bald auf blankes Eis. Roch und Dittert dagegen stiegen etwas weiter davon entfernt in der Mitte des Couloirs hoch. Die Schneeverhältnisse waren nicht gerade die besten: unter einer Harschschicht befand sich etwa 30 cm Pulverschnee — locker, ohne auf dem Eis zu haften. — Keuchend stiegen die Männer das steile Couloir aufwärts. Als vorläufiges Ziel hatte man sich eine Felsinsel gewählt, die etwa in der Mitte des Trichters aus dem Eis hervorschaute. Nur langsam rückte sie näher. Stufe für Stufe mußte in das harte Eis geschlagen werden. Die Höhe machte sich immer mehr bemerkbar, jeder Schritt kostete mehrere Atemzüge und viel Energie. Sie waren nun bereits mehrere Stunden unterwegs. Eine Rast war fällig — man stand jetzt auf 7400 m Höhe.

Der Südsattel thronte immer noch hoch über den Männern. Also kämpfte man sich weiter hoch bis zu jenem Couloir, das direkt vom Südsattel zum Khumbu-Gletscher hin abstürzt. Es war vereist und steinschlaggefährlich.

Um 2 Uhr nachmittags stiegen alle wieder ins Lager ab, das sie drei Stunden später in ziemlich erschöpftem Zustand erreichten.

Am Abend wurde per Funk dem Lager 4 von den Verhältnissen oben in der Eismauer, die zum Südsattel führt, berichtet — und man bat um Verstärkung für den nächsten Tag.

Grausame Kälte, ein eisiger Wind und peitschende Graupelschauer weckten die Bergsteiger am 17. Mai in Lager 5. Das Thermometer zeigte wieder 20 Grad unter Null. Es war hart, so früh den warmen Schlafsack verlassen zu müssen. Roch hatte sich beim ersten Erkundungsvorstoß erkältet und fieberte. Er blieb im Lager zurück. In zwei Seilschaften — Lambert, Tensing und Aubert, Chevalley, Dittert — wurde das Couloir angegangen. Die Arbeit, die vor zwei Tagen hier geleistet wurde, erleichterte den Aufstieg wesentlich. Frost und Sauerstoffmangel lähmten den Auftrieb. Dennoch gelangten sie endlich zu jener Felsinsel, wo sie vor zwei Tagen umgekehrt waren. Jeder war kurzatmig und starr vor Kälte, aber der Durchstieg zum Südsattel mußte gefunden werden. Von jener Plattform aus, die sie bei ihrem ersten Vorstoß erreicht hatten, versuchten sie nun die Sattelrippe rechts zu umgehen, um schließlich über Schnee- und Felsbänder den Südsattel zu erreichen. Über das Gelbe Band gelangte die Gruppe schließlich zu dachziegelartig gelagerten Steinformationen, die für den Everest typisch sind. Um 3 Uhr nachmittags hatten sie eine Höhe von 7600 m erreicht — zu spät, um noch einen weiteren Vorstoß bis zum Südsattel in Erwägung ziehen zu können. Was den bisher geschafften Aufstieg beträfe, erklärte Tensing, so würden ihn seine Sherpa bis zum Südsattel sicher auch noch meistern. Allerdings müßten einige Passagen mit fixen Seilen versehen werden.

Nach großer körperlicher Anstrengung sollte in großen Höhen stets ein Rasttag folgen. So versuchten am 19. Mai Chevalley, Asper und der Sherpa-Träger Da Namgyal abermals zum Südsattel vorzudringen. Sie kämpften sich bis auf 7800 m hoch — aber sie schafften es nicht und mußten sich um 5 Uhr nachmittags zur Umkehr entschließen. Um zum Südsattel aufsteigen zu können, hätten sie noch den Kamm der Sattelrippe auf 8020 m Höhe überschreiten müssen. Dazu war es aber bereits zu spät. Beim Abstieg folgten sie diesmal nicht dem Sporn, sondern querten in die West-Wand des Lhotse hinein, um schließlich durch das große Couloir zum Lager 5 abzusteigen.

Am nächsten Tag stieg Asper ins Lager 4 ab. Er hatte sich tags zuvor übernommen. Zur gleichen Zeit erkundeten seine Kameraden Aubert und Flory einen Aufstieg durch die Séracs des Lhotse-Gletschers. Das Ergebnis war negativ, und somit war allen klar, daß im Augenblick der einzige Weg zum Südsattel über die Sattelrippe führte. Man schrieb bereits den 20. Mai — noch zwei Wochen, dann konnte der Monsun das Lager auf dem oberen Gletscherbecken zu einer Mausefalle machen. Man rechnete also bereits mit Tagen, und aus dieser Zeitnot heraus wurde auf ein Zwischenlager in 7400 m Höhe verzichtet, man beschränkte sich dort auf ein Materialdepot. Somit mußten die 1100 Höhenmeter zwischen Lager 5 und Südsattel in einem Zuge hochgeklettert werden.

Lambert, Roch, Flory und Tensing stiegen mit zwei Sherpa zum Südsattel hoch, um auf der Sattelrippe (8020 m) eine Plattform auszubauen, da dort Proviant und Ausrüstung deponiert werden sollten.

Am 24. Mai versuchte man den Südsattel zu erreichen. Drei Tage lang hatte es gestürmt und geschneit — auch jetzt wurde der Vorstoß nach einigen Stunden der Wetterbesserung bereits wieder zurückgeworfen.

Am nächsten Tag war der Himmel endlich vollkommen klar — die Atmosphäre hatte sich wieder beruhigt, selbst der Everestgipfel hatte keine weiße Fahne. An diesem herrlichen Morgen brachen Aubert, Flory, Lambert und Tensing mit sechs Sherpa auf, um den Aufstieg zum Südsattel zu erzwingen. Eine Stunde später mußte bereits ein Sherpa umkehren. Die übrige Gruppe erreichte den Sporn (7490 m) gegen Mittag. Bis zu diesem Zeitpunkt hatten sie stündlich nahezu 200 Höhenmeter zurückgelegt. Nach einer kurzen Rast ging es weiter. Die Lasten auf dem Rücken wurden mit zunehmender Höhe als immer störender empfunden, und so kam man nur sehr langsam voran. In etwa 7700 m Höhe hatten sich die angefrorenen Glieder bei Mingma Dorje und Ang Norbu derartig verschlimmert, daß beide umkehren mußten. Ihre Lasten mußten auf die anderen verteilt werden. Flory und Lambert beluden sich daher mit je einem Zelt und Aubert mit einem Schlafsack, den ihm aber bald der Wind vom Rucksack riß. An diesem Abend konnten sie den Südsattel nicht mehr erreichen. Völlig erschöpft wurden um 7 Uhr abends noch schnell zwei kleine Zelte in eine flache Firnmulde hineingestellt. Angeseilt, mit den Steigeisen an den Füßen, dicht aneinander gedrängt, um sich gegenseitig zu wärmen, erlebten sie eine eisige Nacht. Die Schlafsäcke auszubreiten, war auf diesem Platz nicht möglich. Tensing braute schnell noch Tee, damit jeder noch etwas Warmes bekam, bevor es Nacht wurde. Sie lagen auf 7800 m Höhe.

Am nächsten Tag spürten sie erst gegen 9 Uhr die belebenden Sonnenstrahlen auf ihrem Zelt und verließen die wärmende Hülle ihrer Schlafsäcke. Die Sherpa blieben im Notlager zurück. Ambert, Flory, Lambert und Tensing dagegen stiegen schwer beladen zum Südsattel auf. Um 10 Uhr hatten sie die 8000-Meter-Grenze überschritten. Ein herrlicher Rundblick nach Tibet ließ Mühen und Anstrengungen für eine Weile vergessen.

Der Genfer Sporn setzt sich ostwärts in einen Firnrücken (8020 m) fort, der beim Aufstieg zum Südsattel überschritten werden muß, bevor man zum Sattel absteigen kann. Am Vormittag des 26. Mai war man auf dem Südsattel, einem mit Eis und Schotter bedeckten, ziemlich ebenen Platz, der den Höhenstürmen stark ausgesetzt ist. Es war das erste Mal, daß Zelte und Menschen dort oben auf dem Südsattel in 7986 m Höhe standen. Es war ein großer Triumph des Willens. Nordwärts sah man in das Kama- und Kharta-Tal hinab und auf die tibetische Hochebene hinaus.

Ziel dieses Vorstoßes war, einmal den Südsattel zu erreichen und zum anderen Lager 7 am Südostgrat auf etwa 8400 m aufzustellen. Am 27. Mai mußten drei kranke Sherpa zum Lager 5 absteigen. Nur Tensing blieb bei den drei Sahib. In Zweierseilschaften stieg man nun über die Senke des Südsattels zum Fuß des Südostgrats hoch. Für Aubert, Flory, Lambert und Tensing begann nun ein anstrengender Aufstieg. Mit schwerer Last — Zelt, Lebensmitteln und Sauerstoffgeräten — stapften sie langsam gegen den Fuß des Everest-Südostgrats hinauf. Jeder Schritt machte mehrere Atemzüge erforderlich. Über einen kleinen Schneesattel näherten sie sich den Felsen. Durch einen Erkundungsvorstoß von Aubert und Flory gewannen sie die Überzeugung, daß der Felsgrat zu steil und die tibetische Flanke zu gefährlich wären. So kehrten sie wieder um und stiegen nun die erste felsige Gratstufe hoch. Bei etwa 8300 m mußten sie das windgeschützte Couloir verlassen und in die Felsen einsteigen. Das Klettern im Fels beanspruchte mehr Kräfte, und so benützten Tensing und Lambert ihre Sauerstoffapparate, die aber keinesfalls den gewünschten Anforderungen entsprachen. Gegen 4 Uhr nachmittags erreichten sie eine Stelle im Grataufschwung, wo sich ein Platz zum Aufstellen eines Zelts anbot. Dieses Lager 7 bestand nur aus einem einzigen Zelt — ohne Luftmatratzen, ohne Schlafsack, ohne Kocher —, es war nichts anderes als ein Biwak. Tief unten am Südsattel sah man die kleinen Zelte von Lager 6 stehen. Das Wetter war schön, relativ warm und windstill. Trotz der großen Höhe, die jeden Schritt zur Anstrengung machte, fühlte sich die gesamte Spitzengruppe in guter Verfassung.

Tensing schlug vor, daß man die erreichte Höhe halten, hier nächtigen und am nächsten Tag einen Angriff zum Gipfel wagen sollte. Dies bedeutete, daß zwei aus dem Quartett zurück ins Lager 6 absteigen mußten. Aubert und Flory erklärten sich dazu bereit; sie wollten am Südsattel auf ihre Kameraden warten.

Die beiden Zurückgebliebenen, Lambert und Tensing, krochen sofort in ihr Zelt (8230 m), schmolzen über der Flamme einer Kerze Schnee, um Wasser für ein Getränk zu haben, und wärmten sich gleichzeitig an ihr die Hände. Nachdem die Sonne hinter dem Everest versunken war, wurde es bitterkalt. Es war eine schreckliche Nacht. Die beiden hatten fast nichts zu essen, wenn man von etwas Käse und Wurst absah. Um sich vor Erfrierungen zu schützen, klopften sie sich

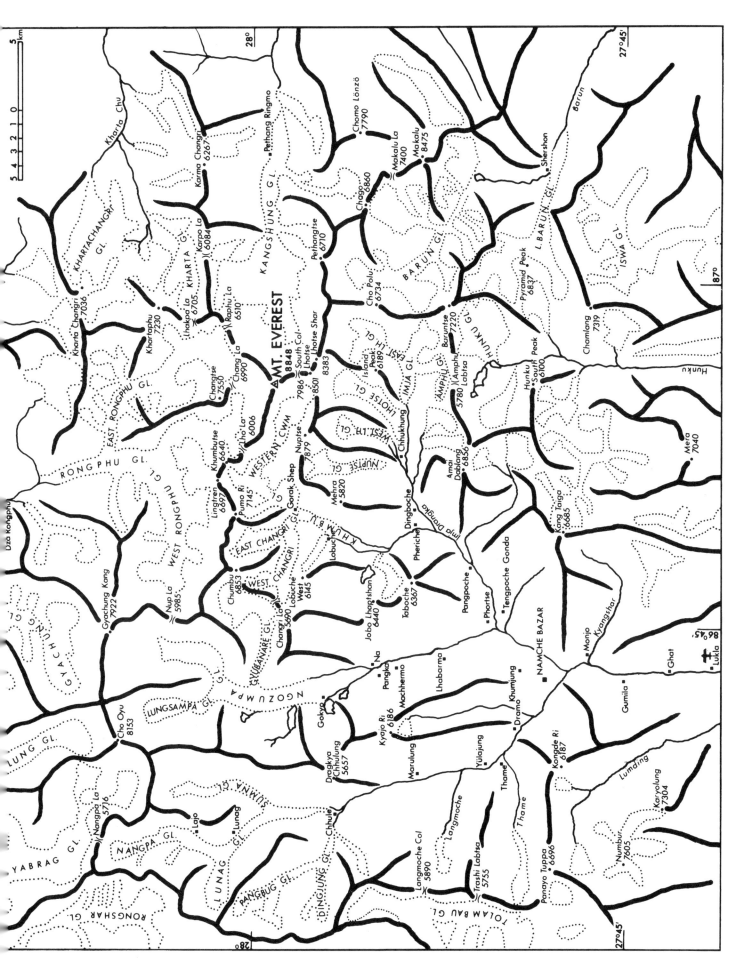

gegenseitig die ganze Nacht und massierten ihre Glieder. An Schlaf war nicht zu denken. Endlich begann es zu dämmern — ein herrlicher Morgen lugte durch den Zelteingang. Bald aber schob sich am fernen Horizont eine dunkle Wolkenbank gegen die Nuptse-Mauer vor, und es dauerte nicht lange, bis auch der Lhotse hinter den Wolken verschwand.

Der 28. Mai brachte die Entscheidung. Um 6 Uhr morgens waren die beiden bereits im Aufstieg. Der Südostgrat war technisch nicht sehr schwierig, die Spurarbeit aber so anstrengend, daß sie immer wieder stehenblieben, Luft schöpfen und sich laufend gegenseitig ablösen mußten. Auch die Atemgeräte entsprachen nicht den Erwartungen, die man in sie gesetzt hatte. Das offene Umlaufsystem machte ein Atemholen beim Steigen fast unmöglich.

Nebel spielten um die Grate, und bald begann es zu schneien. Mit bleischweren Gliedern und abgestumpften Gedanken näherten sie sich dem letzten Gratstück, das sich zum Everest-Südgipfel emporschwingt. Der Wind peitschte ihnen Schnee ins Gesicht. Die belebende Wirkung des Sauerstoffs war nicht von Dauer. Als sie sich 260 m unter dem Südgipfel (8760 m) befanden, zwang sie der aufkommende Sturm zum Aufgeben. Um 11.30 Uhr stiegen die Erschöpften mit letzter Kraft zum 200 m tiefer gelegenen Stützpunkt hinab. Zelt und Sauerstoffgeräte wurden zurückgelassen.

Die beiden waren vollkommen erschöpft. Über die kleine Paßmulde kamen sie aus eigener Kraft nicht mehr hinweg. Aubert und Flory mußten sie zu den Zelten hinabbringen. Sie hatten das Menschenmöglichste geleistet und nur noch 350 m unter dem Gipfel des Everest gestanden! Aber Lager 7 (8230 m) war kein richtig ausgerüstetes Gipfelausgangslager, und somit war eine unausgeschlafene, hungrige und durstige Seilschaft zum Gipfelvorstoß angetreten — noch dazu mit schlecht funktionierenden Sauerstoffgeräten! Unter diesen Umständen konnte ein erfolgreicher Vorstoß bis zum Gipfel des Everest nicht erwartet werden.

Am nächsten Tag ging die Spitzengruppe zum Lager 5 hinab. Während des Abstiegs trafen sie auf Asper, Roch, Chevalley, Dittert und Hofstetter, die sich im Aufstieg zum Südsattel befanden. Die zweite Gipfelgruppe fühlte sich zunächst noch sehr kräftig, alle hatten sich ausgezeichnet akklimatisiert und waren voller Optimismus. Mit zunehmender Höhe aber erlahmten auch ihre Kräfte mehr und mehr. Man war froh, als man nach einem langen, mühsamen Aufstieg endlich die Firnkuppe kurz vor dem Südsattel erreichte.

Vor ihnen lag der Südsattel, eine breite Mulde mit blankgefegtem Eis, zum Teil von feinem Geröll bedeckt. Der Anblick der beiden Zelte hatte etwas Tröstliches für die ankommende Mannschaft. Es war bereits 6 Uhr abends, und man freute sich, in die Zelte und Schlafsäcke verschwinden zu können. Der tibetische Wind blies heftig über den Sattel, auf dem die Ausrüstungsgegenstände ziemlich verstreut herumlagen. Drei Sherpa waren höhenkrank und mußten zurück. Auch die beiden anderen Sherpa waren nicht aktionsfähig. Die Bergsteiger hofften am nächsten Tag nach Lager 7 aufbrechen zu können. Da kam in der Nacht zum 30. Mai Sturm auf, die Zelte knatterten die ganze Nacht — an Schlaf war nicht zu denken, die menschliche Widerstandskraft war zermürbt, der Auftrieb gebrochen. Das Wetter war zwar klar, aber der Wind wehte so heftig, daß im Augenblick jeglicher Gipfelversuch der zweiten Seilschaft unmöglich erschien. Dabei sah man das einsame Zelt von Lager 7 am Südostgrat zum Greifen nahe. Da der Flüssigkeitsbedarf in großer Höhe um das Mehrfache gesteigert wird, ist man doch auf flüssige Nahrung sehr angewiesen. Aber gerade das Zubereiten von Suppen, Kakao oder Tee machte es dem Trägerkoch bei dem heftigen Wind nicht leicht, die Mannschaft ausreichend zu versorgen.

Es war nun geplant, daß die beiden Sherpa die erforderlichen Lasten nach Lager 7 schleppen sollten, um den Bergsteigern diese zusätzliche körperliche Belastung abzunehmen. Man wollte auf alle Fälle einen Gipfelvorstoß wagen, wenngleich die Erfolgsaussichten recht gering waren.

Am 31. Mai, nach einer relativ guten Nacht, sollte um 10 Uhr morgens der Aufbruch sein. Aber der Wind hatte nur für kurze Zeit pausiert, und so mußte man einsehen, daß unter den gegebenen Umständen die Leistungsfähigkeit jedes einzelnen bereits so weit reduziert war, daß der Aufstieg ein sehr großes Risiko bedeutet hätte.

Um 2 Uhr mittags entschlossen sich Roch und Hofstetter, endgültig abzusteigen. Aber bereits eine Stunde später, als sie die Firnkuppe erreicht hatten, erkannte Hofstetter, daß sie zeitlich zu spät dran waren, um Lager 5 an diesem Tag noch erreichen zu können. Sie kehrten daher wieder zu den Zelten am Südsattel zurück.

Als man sich am nächsten Tag, dem 1. Juni, endgültig entschlossen hatte, den Versuch eines Gipfelaufstiegs fallenzulassen, schaute man noch einmal hinauf zum Lager 7 — aber das einsame Zelt am Südostgrat leuchtete nicht mehr herab — der Wind hatte es über die Flanken hinabgerissen. Nun bereitete sich alles auf den Abmarsch vor. Man brauchte gute zwei Stunden, um startbereit zu sein, den Rucksack gepackt, die Stiefel und die Steigeisen angezogen zu haben. Sherpaträger Sarki war höhenkrank. Halb euphorisch, halb apathisch lag er im Schlafsack und wollte nicht mehr absteigen. Man mußte ihn gewaltsam hochreißen. Aber schon nach wenigen Schritten brach er wieder erschöpft zusammen. Nur unter größter Anstrengung schaffte er die Gegensteigung zur Firnkuppe. Dort begann der eigentliche Abstieg, aber auch dieser war anstrengend, gefährlich und sehr lang. 1100 Höhenmeter brauchten sie noch vom Lager 5 — diese Strecke konnte an diesem Tag nicht mehr geschafft werden. Es begann bereits zu dämmern, als das Materialdepot in 7400 m erreicht wurde. Man war zu einem Notbiwak gezwungen. Der Zustand des Trägers verschlechterte sich zusehends. Dittert, Asper und Chevalley beschlossen, mit Sarki im Materialdepot zu biwakieren. Die Nacht war ausnehmend mild, so daß die Gruppe sogar einige Stunden schlafen konnte. Am Morgen schneite es ein wenig, aber bald kam die Sonne wieder durch, und um 1 Uhr erreichten alle schließlich das rettende Lager im oberen Firnbecken.

So war also auch der zweite Gipfelvorstoß gescheitert. Die Mannschaft war am Ende ihrer Kräfte. An einen neuerlichen Angriff konnte nicht gedacht werden; es waren keine Ersatzleute mehr vorhanden. Bei zunehmend schlechtem Wetter bauten die Schweizer ihre Lager ab. Eisiger Schneesturm und dichter Nebel begleiteten sie auf ihrem Weg zum Lager 1 hinunter. Der Khumbu-Eisfall hatte sich in den letzten Wochen stark verändert. So mußten während des Abstiegs neue Durchstiegsmöglichkeiten gesucht werden.

Am 5. Juni waren schließlich alle Bergsteiger und Träger wieder im Hauptlager vereint und wurden vom Expeditionsleiter Dr. Wyss-Dunant aufs herzlichste begrüßt. Man hatte zwar keinen Gipfelerfolg erzielt, aber die Mannschaft war vollzählig, und das war eine große Genugtuung. — Am 9. Juni wurde Namche Bazar erreicht, und zu diesem Zeitpunkt begannen die Regengüsse der Monsunzeit.

Gabriel Chevalley faßte die Ergebnisse der Expedition in folgenden Worten zusammen:

„Der Mißerfolg unseres zweiten Versuches war meteorologisch und physiologisch begründet: durch Wind und unsere physische Schwäche. Eine der beiden Ursachen hätte allein schon den Mißerfolg ausgeschaltet. Die erste brauchte kaum kommentiert zu werden, denn bekanntlich ist der häufige starke Wind am Everest ein Faktor, der die Erfolgsaussichten stark beeinträchtigt. Die physiologische Eignung erweist sich als individuell sehr verschieden. Während der Kräftezerfall in Lager 5 noch kaum spürbar und langsam eingesetzt hatte, zum mindesten für die besser Angepaßten, intensivierte er sich oben im Südsattel für alle und kann für jeden, der sich übernommen hat, zur Katastrophe führen. Der Appetit läßt nach; man könnte ihn wohl anregen, aber man vermag kaum noch zu kochen und die Verpflegung in den Zelten, zumal bei Sturm, ist sehr behindert."

Die Sauerstoffgeräte mit offenem Umlaufsystem, wie sie die Schweizer benutzten, waren für ihre Zwecke nicht sehr geeignet, denn man konnte sie beim Steigen nicht einsetzen, weil der Atmungswiderstand zu groß war. Sie waren also eigentlich nur während einer Rastpause sinnvoll verwendbar. Allein in dieser Zeit der körperlichen Ruhe vermochten die Bergsteiger wirklichen Nutzen aus der Zufuhr von künstlichem Sauerstoff zu ziehen, den sie in schweren Flaschen hochgeschleppt hatten. Auf diese Weise konnte der höhenbedingte Kräfteverfall gebremst und für eine befristete Dauer beim weiteren Aufstieg eine gewisse Energiereserve geschaffen werden.

Diese erste Schweizer Mt.-Everest-Expedition in der Vor-Monsunzeit 1952 war bahnbrechend für alle künftigen Everest-Expeditionen, die durch den Khumbu-Eisfall ins West-Becken aufstiegen. Sie hat wertvollste Pionierarbeit geleistet, die richtige Aufstiegsroute erschlossen und aufgrund der Mängel, die während der Expedition aufgetreten sind, wichtige Hinweise auf künftige Ausrüstung und Verbesserungen der Sauerstoffgeräte erbracht. — Sie hat weiterhin spätere Unternehmungen veranlaßt, ihre Lager an geeigneteren Stellen aufzubauen, die Distanz zwischen den Hochlagern zweckmäßig einzurichten und das letzte Lager vor dem Gipfel möglichst weit an denselben heranzuschieben und so weit auszubauen, daß es auch wirklich ein Ausgangslager für den Gipfelvorstoß sein kann.

Die Pionierarbeit der Schweizer hat ferner gezeigt, daß nach heutigen Erfahrungen die Expedition ihre Mannschaft ruhig hätte etwas stärker machen dürfen, da man mit Ausfällen von Bergsteigern infolge Höhen- und anderen Erkrankungen immer rechnen mußte, und daß man die Zahl der Sherpa wesentlich vergrößern sollte. Man sollte pro Bergsteiger, die ab dem Akklimatisationslager eingesetzt werden, mindestens zwei Sherpa rechnen und eine gleich große Anzahl für den Marsch vom Hauptlager bis zum Akklimatisationslager.

Die Pionierarbeit der Schweizer hat weiterhin gezeigt, daß man versuchen sollte, zwischen dem Lager 5 im hintersten West-Becken und dem Südsattel noch ein Zwischenlager zu errichten, da die Distanz von fast 1100 Höhenmetern in dieser großen Höhe im Aufstieg unzumutbar ist — für Bergsteiger wie für die Sherpa mit ihren schweren Lasten.

Die erste Schweizer Expedition am Khumbu-Gletscher war keinesfalls umsonst. Das Ergebnis war über Erwarten gut, man erreichte eine Höhe von 8500 m, aber es fehlte an der entsprechenden Rückendeckung der Spitzengruppe. Der Aufstieg von Lambert und Tensing war praktisch nur ein kühner Versuch, im Handstreich noch eine beachtliche Höhe zu erreichen, aber ein ernsthafter Gipfelvorstoß war es keinesfalls.

Die neunte Mount-Everest-Expedition — der zweite Schweizer Versuch im Herbst 1952

Die Schweizerische Stiftung für Alpine Forschungen in Zürich entschied sich noch im Herbst 1952 für einen zweiten Angriff auf den Everest über die bereits bekannte Route. Leiter dieses Unternehmens war Dr. Gabriel Chevalley. Er hatte wenige Monate zuvor bereits ausgiebig Erfahrungen am Everest gesammelt. — Weitere Mitglieder dieser Nachmonsun-Expedition waren Raymond Lambert als bergsteigerischer Leiter, Jean Buziu, Ernst Reis, Gustav Groß, Arthur Spöhel. Sirdar der Sherpa war wiederum Tensing Norkay. — Ende Oktober 1952 kam noch Norman Dyhrenfurth als Lichtbildner und Kameramann zu diesem Team.

Am 10. Oktober verließ man Kathmandu. 251 Kulis schleppten die 7,5 Tonnen Ausrüstung und Verpflegung zum Dudh Kosi und weiter nach Namche Bazar, das man nach 19 Tagen erreichte. Auf den Höhen waren durch den Spätmonsunregen die Flüsse teils so angeschwollen, daß man hohe Pässe queren mußte, um zum Dudh Kosi zu gelangen. Bei diesem Anmarsch erlagen bereits zwei Träger den Strapazen.

Am 2. Oktober startete man von Namche Bazar zum Khumbu-Gletscher. Mit nahezu 300 Trägern wurde auf 5250 m Höhe das Hauptlager errichtet — am Fuß des Eisbruchs auf einer Schuttinsel der Mittelmoräne, an derselben Stelle, wo die Schweizer Frühjahrsexpedition ihr erstes Hochlager hatte.

Groß und Tensing fanden bald eine Trasse durch den oberen Teil des Eisfalls. Der Eisbruch hatte sich im Lauf der letzten Monate so günstig verändert, daß die neue Aufstiegsroute leichter und auch weniger gefährlich war. Über die große Querspalte wurde diesmal eine Brücke aus Baumstämmen gebaut. Diesmal sollte das Lager 4 auf 6400 m inmitten des Western Cwm zu einem starken Stützpunkt ausgebaut werden. Das Lager 5 am Fuß der Lhotse-Westwand konnte am 26. Oktober besetzt werden. Das Wetter war gut, und alle befanden sich in guter Verfassung. Überhaupt ließ sich das Oktoberwetter recht günstig an, es war wärmer als im Mai, was das Leben in dieser Höhe von fast 7000 Metern wesentlich angenehmer gestaltete. Der Genfer Sporn war im Schnee vergraben, und bei näherer Betrachtung lag blankes Eis darauf. Die Verhältnisse am Felssporn waren also jetzt wesentlich schlechter. Trotzdem aber hielt Lambert an der ihm bereits bekannten Route fest und legte die Aufstiegstrasse zusammen mit Groß, Buziu und Tensing durch die große Eisrinne zwischen Genfer Sporn und Lhotse-Gletscher.

Lager 5 stand diesmal in 6700 m Höhe, also 200 m tiefer als im Frühjahr. Die Verhältnisse vom Lager 5 zum Genfer Sporn waren ebenfalls ungünstig, auch dort stieß man auf Blankeis und mußte viele Stufen schlagen. Zusätzlich wurden Seile an Eishaken fixiert und die Strecke bis zum Genfer Sporn für Träger gesichert und gangbar gemacht. Auf diese Weise konnte die steile lawinengefährliche Eisflanke rasch durchstiegen werden. Trotz dieser Vorsichtsmaßnahmen kam es am 31. Oktober zu einem schweren Unfall. Um 10 Uhr vormittags stürzte ein Eisblock die Flanke herab. Spöhel und zwei Sherpa waren schon so nahe am Sporn, daß ihnen nichts mehr geschehen konnte. Aber drei weitere Seilschaften standen oberhalb und unterhalb des Bergschrunds, direkt in der Fall-Linie der aus dem Lhotse-Trichter herabschwirrenden Eisbrocken. Dr. Chevalley und zwei Sherpa, die unter dem Bergschrund standen, duckten sich in den Hang, aber das Eis traf sie dennoch. Chevalley trug zur Probe ein Sauerstoffgerät — das schützte ihn! Mingma Dorje jedoch bekam Treffer ins Gesicht und auf die Brust, die ihn töteten. Die anderen Sherpa in der Nähe kamen mit blauen Flecken davon. Eine Sherpa-Dreierseilschaft geriet plötzlich ins Rutschen und sauste etwa 200 m tief in eine Mulde hinab ins West-Becken. Dieser Abrutscher verlief zum Glück harmlos.

Das Unglück an der Lhotseflanke war ein schwerer Schlag für die Expedition. Es dezimierte die Trägermannschaft, brachte Unsicherheit und raubte den Trägern das Selbstvertrauen. Von dem Eisschlag aus dem Lhotsetrichter stark beeindruckt, wählte man nun eine andere Aufstiegsroute. Lager 6 erhielt seinen Platz inmitten des Lhotse-West-Gletschers (7100 m), und Lager 7 (7400 m) wurde ganz oben auf den Gletscher gestellt, so daß man den Südsattel erst über eine lange Querung erreichen konnte. Anfang November wurden sämtliche Vorräte, die man später am Südsattel und höher zu benötigen glaubte, zum siebten Hochlagerplatz hinaufgeschafft. Die Höhenstürme hemmten den Tatendrang. Der Berg verteidigte sich mit furchtbaren Stürmen und grimmiger Winterkälte. Das machte sich vor allen Dingen in den Lagern 6 und 7 stark bemerkbar. Erst am 19. November gelang es Lambert, Tensing und Reis zusammen mit sieben Sherpa den Südsattel zu erreichen. Hier, auf der Nordseite des Sattels, errichtete man das Hochlager 8 (7986 m). Es war eine Leistung, die alles forderte, um bei diesen Wetterverhältnissen den Südsattel überhaupt zu erreichen.

Am nächsten Tag stiegen die drei Bergsteiger gegen den Südsattel auf. Nachdem sie 100 Höhenmeter über das achte Hochlager vorgestoßen waren, überfiel sie ein orkanartiger Sturm und brachte polare Kälte von minus 40 Grad. Bei diesen Verhältnissen ist das Wirken des Menschen praktisch nur noch Abwehrreaktion gegen Kälte und Sturm, eine produktive Leistung ist nicht mehr zu erwarten. Der Monsun ist zwar Ende September meist schon beendet, aber die Mannschaft dieser Expedition war zu diesem Zeitpunkt bereits so ausgepumpt, daß selbst bei bestem Wetter an einen erneuten Vorstoß zum Gipfel nicht mehr zu denken war.

Noch am selben Tag stiegen Lambert, Reis, Tensing und sieben Sherpa zum Lager 7 hinab. Die Gegensteigung zur Firnkuppe machte ihnen schon sehr zu schaffen. Dies war kein Rückzug allein vor Wind und Kälte, sondern die einzig richtige Entscheidung, um sich selbst zu retten. Es war ihnen klar, daß — wären sie nicht umgekehrt — der Berg neue Opfer gefordert hätte.

An einen abermaligen Aufstieg zu einem späteren Zeitpunkt war nicht zu denken, denn der Winter hielt hier oben am Everest bereits seinen Einzug. Am nächsten Tag räumte die Besatzung das Lager 5 und kehrte ins Lager 4 zurück. Am 22. November war alles wieder im Hauptlager vereint. Der ganze Rückzug durch das West-Becken und den Eisfall erfolgte bei furchtbarem Sturm und wolkenlosem Himmel.

Der Rückmarsch nach Kathmandu verlief planmäßig, und am 31. Dezember traf die geschlagene Mannschaft wieder in der Heimat ein.

1953: Zehnte — achte britische — Mount-Everest-Expedition

Der Kampf um den Everest trat in eine entscheidende Phase. Nach der glänzenden Pionierarbeit der ersten Schweizer Everest-Expedition im Frühjahr 1952 konnte die englische Mannschaft ein Jahr später in aller Ruhe ihr Unternehmen vorbereiten. Man erkannte die einmalige Chance für die Erstbesteigung jenes Berges, der von ihnen Menschenleben und im Lauf ihrer Everest-Geschichte beachtliche finanzielle Opfer gefordert hatte.

Für das Jahr 1954 hatten bereits die vor drei Jahren erfolgreichen Franzosen um ein Permit für den Everest eingereicht. Um so mehr mußte daher das Jahr 1953 das Jahr der Entscheidung werden.

Die Bergsteigerwelt war überrascht, als man davon erfuhr, daß nicht der berühmte Himalaya-Pionier Eric Shipton, der bereits sechsmal am Everest war, sondern ein fast unbekannter Generalstabsoffizier — Oberst John Hunt — zum Expeditionsleiter bestimmt wurde. Die sorgfältig ausgewählte Mannschaft bestand aus drei Männern, die bereits mit Shipton 1951 das Khumbu-Tal erkundeten: Tom D. Bourdillon, E. P. Hillary, der Neuseeländer, und der Expeditionsarzt Dr. M. P. Ward. Die weiteren Teilnehmer waren: George Lowe (Neuseeland), George C. Band, Dr. R. Charles Evans, Alfred Gregory, C. Wilfried, F. Noyce und Michael H. Westmacott. Tom Stobart begleitete die Expedition als Kameramann, der Physiologe Dr. Griffith Pugh war für das Akklimatisationsprogramm verantwortlich, Major Charles G. Wylie, der fließend Nepalesisch sprach, fungierte als Transportoffizier, und James Moris war als Korrespondent der „Times" tätig. Zu diesem dreizehnköpfigen Team kam noch der Sherpa-Sirdar Tensing Norkay als bester Everest-Kenner und glänzender Bergsteiger hinzu. Es war also eine große, kampfstarke Mannschaft, die sich zu einer erfolgversprechenden Fahrt zusammengefunden hatte.

Ausgangspunkt war auch diesmal wieder Kathmandu. In zwei Gruppen startete man von dort aus am 10. und 11. März mit 350 Lastenträgern. 17 Tage später wurde das fast 4000 m hoch, idyllisch gelegene tibetische Kloster Tengpoche erreicht. An diesem traumhaft schön gelegenen Ort erholte man sich zunächst von den bisherigen Strapazen und versuchte sich zu akklimatisieren. Man führte in kleinen Gruppen Trainingsfahrten in der näheren Umgebung durch. Auf diesen Touren wurden ungeübte Sherpa in der Eistechnik unterwiesen und mit den Sauerstoffgeräten vertraut gemacht. Auch die Bergsteiger befaßten sich mit dem Sauerstoffproblem: Es standen zweierlei Apparate zur Verfügung, eines mit einem offenen Umlaufsystem und ein zweites mit einem geschlossenen. Bei ersterem atmet man den Flaschen-Sauerstoff zusammen mit Frischluft durch eine Maske ein. Beim geschlossenen Umlaufsystem dagegen stehen die Atemwege mit der Außenluft nicht mehr in Verbindung; das bei der Ausatmung abgegebene Luftgemisch, in dem immer noch etwas Sauerstoff enthalten ist, wird mit neuem Flaschensauerstoff zusammen dann wieder eingeatmet. Dieses System ist zwar sehr sparsam, aber das Atmen ist anstrengender als beim offenen System.

Nachdem der letzte größere Sauerstofftransport eingetroffen war, begann man am 17. April mit der Übersiedlung in das Hauptlager (5300 m). Hillary, Lowe, Band und Westmacott bildeten die Vorhut. Begleitet von fünf Sherpa und einigen Kulis suchten sie jene Mittelmoräne, die auch den Schweizern schon als Hauptlagerplatz gedient hatte. Während das Gros der Expedition erst am 17. April zum Hauptlager aufstieg, war der Vortrupp bereits fünf Tage vorher darum bemüht, einen günstigen Durchstieg durch den Eisfall zu erkunden. Mit Hilfe der 34 Sherpa, die man für die Arbeit am Berg angeworben hatte, gelang es — trotz tiefen, weichen Schnees und einer starken Zerklüftung des Firnbruches — relativ bald, das Lager 2 zu errichten.

Am 22. April konnte man die engste, etwa 5 m breite Stelle an der bereits bekannten riesigen Querspalte am oberen Ende des Khumbu-Eisbruchs erkunden. Sie lag zwischen Lager 2 und 3. Durch Einsatz von Aluminiumleitern bereitete dieses Bollwerk im Aufstieg zum West-Becken keine besonderen Schwierigkeiten mehr. Lager 3 (5900 m) und Lager 4 (6400 m) standen bereits im Western Cwm. Letzteres wurde zu einem vorgeschobenen Basislager ausgebaut.

Inzwischen waren alle Lasten im Hauptlager eingetroffen und dieses vollständig eingerichtet. Zum West-Becken hinauf lief pausenlos der Paternoster der Lastenträger. Zeitlich war man früh genug dran. Es kam jetzt nur noch auf eine reibungslose Abwicklung des Angriffs und eine günstige Wetterlage an. Das Wetter war während dieser Expedition insgesamt sehr gut, meistens strahlte morgens die Sonne, nachmittags trübte es sich leicht ein, und manchmal schneite es sogar, aber am nächsten Tag war wieder klarer Himmel.

Nun folgten Wochen härtester Arbeit im Eis. Aber das schöne Wetter ermöglichte es, daß Lager für Lager nach dem ausgearbeiteten Plan errichtet werden konnte. Zum Südsattel wählte man die gleiche Route, die die Schweizer Nach-Monsun-Expedition erstmals gegangen war: über den West-Gletscher des Lhotse, wo im Lauf der Expedition die Lager 5, 6 und 7 entstanden. Die von den Schweizern bereits verwendeten Pflöcke konnte man neu verankern und Seile daran befestigen. Durch zusätzliche eigene Seilversicherungen konnte somit ein Seilgeländer geschaffen werden, das Trägern wie Mannschaft den Auf- und Abstieg wesentlich erleichterte.

Unendlich mühsam war das Lastenschleppen auf dem oberen West-Becken — einmal aufgrund der Höhe, zum anderen aufgrund der Gluthitze, die sich auf dem

Hochfirn dieses überdimensionalen Amphitheaters entwickelte. Wie ein Hohlspiegel wirkten die Eisflanken rings um das Becken und erzeugten tagsüber oft eine Strahlungshitze von 50 Grad und mehr. Die Sherpa leisteten während dieser Zeit Außerordentliches. Vorbei an drohenden Eistürmen stiegen sie Tag für Tag mit den schwersten Lasten über Alu-Brücken, Strickleitern und an Seilgeländern über gähnende Tiefen der Gletscherspalten und unter gefährlich überhängenden Eistürmen hoch, um das Ausgangslager mit dem erforderlichen Material zu versorgen.

Beim Aufbau der Hochlager in der Lhotse-Wand machten sich der Neuseeländer Lowe und sein Sherpa Ang Nyima besonders verdient.

Am 21. Mai standen schließlich neun Briten mit einem Sherpa auf dem Südsattel. Sie hatten sich als erste durch die Eishänge des Lhotse-West-Gletschers emporgekämpft. Am 22. Mai folgten Hillary, Wylie und Tensing zusammen mit 14 Sherpa und errichteten auf dem Südsattel Lager 8 (7986 m). Damit war der Stützpunkt für den Gipfelvorstoß so weit versorgt, daß man an den entscheidenden Aufstieg über den Südostgrat denken konnte. Die für den Gipfel vorgesehenen Seilschaften warteten nun hier auf dem Südsattel auf den Tag X.

Am 26. Mai stiegen Hunt und der Sherpa Da Namgyal schwer beladen die Eisrinne zum Südostgrat hoch. Sie gingen mit ‚offenen‘ Sauerstoff-Geräten. Hunt war für einige Hochträger, die durch Krankheit ausgefallen waren, eingesprungen. Sie kämpften sich unter Aufbietung ihrer letzten Willenskräfte bis über das letzte Lager der Schweizer hoch und warfen dort ihre Lasten ab. Ohne Sauerstoff, der inzwischen ausgegangen war, kehrten sie so rasch wie möglich zum Südsattel zurück. Sie erreichten ihn bei leichtem Schneefall völlig erschöpft.

Am selben Tag hatten Evans und Bourdillon, als erster Stoßtrupp, eine halbe Stunde nach Aufbruch ihres Leiters das Lager 8 am Südsattel verlassen. Sie überholten Hunt und seinen Sherpa. Für sie war der Aufstieg mit Hilfe eines Sauerstoff-Apparates mit geschlossenem Umlaufsystem wesentlich leichter. Abgesehen davon besaßen sie auch eine stärkere Kondition. Spielend gewannen sie an Höhe und erreichten ohne Schwierigkeit gegen 1 Uhr mittags den Südgipfel, den bisher höchst erreichten Punkt der Erde. Der Sauerstoff erhöhte sichtlich ihre Leistungsfähigkeit, wenngleich Evans' Apparat zeitweise nicht voll funktionsfähig war. Zwar trennten sie vom Wunschziel, dem Hauptgipfel, nur noch 100 Höhenmeter, aber unter diesen Umständen wollten sie nichts riskieren. Bis zum Südgipfel waren sie in der Lage, 130 Höhenmeter pro Stunde im Aufstieg zu schaffen. Schneller war bislang noch nie ein Bergsteiger in dieser Höhe aufgestiegen.

Der Wind wurde nun heftiger, es war inzwischen spät geworden, und sie mußten an ihren Rückweg zum Südsattel denken. Total entkräftet erreichten sie schließlich gegen 5 Uhr abends die Zelte von Lager 8. Sofort wurde den Kameraden berichtet, die mit großer Spannung auf ihre Rückkunft gewartet hatten. Sie sprachen von den Schwierigkeiten am Grat zum Hauptgipfel, den sie nun als erste aus der Nähe betrachtet hatten, und meinten, daß er zwar nicht gerade leicht, aber doch begehbar sei. Dies war eine sehr beruhigende Nachricht für die nächst aufsteigende Gruppe.

Am nächsten Tag war an einen Gipfelvorstoß nicht zu denken. Der berüchtigte Westwind vereitelte jegliches Vordringen. Man mußte im engen Zelt auf Wetterbesserung warten. Trotz dieser Situation stiegen Hunt, Evans und Bourdillon zusammen mit einem kranken Sherpa ins Lager 7 hinab. So fieberten die sechs Mann auf dem Südsattel — Hillary, Tensing, Lowe, Gregory und zwei Sherpa — dem nächsten Tag entgegen.

Die Nacht war unruhig und stürmisch, und erst gegen Morgen legte sich der Wind. Ein strahlender Tag lockte alle früh aus ihren Zelten. Bereits um 9 Uhr stiegen Lowe, Gregory und Sherpa Ang Nyima mit je 20 Kilo auf dem Rücken den Südost-Grat empor. Der zweite Sherpa war krank geworden.

Eine Stunde später folgten Hillary und Tensing, ebenfalls schwer bepackt. Dank des künstlichen Sauerstoffs hatte ihre Kondition die Nacht über nicht gelitten, und sie waren in bester Form. Der Aufstieg verlief glatt. Gegen Mittag überholten Hillary und Tensing die erste Gruppe etwa in der Höhe des ehemaligen Schweizer Lagers (8250 m). Gemeinsam stiegen sie nun bis zu jener Stelle empor, wo Hunt und sein Sherpa in 8300 m Höhe ihre Last niedergeworfen hatten. Hier wurde einiges umgepackt. Spielend luden sie von dieser Ausrüstung zusätzlich zu ihrer eigenen Last noch etliches hinzu und stapften nun mit nahezu 27 kg auf dem Rücken weiter hoch. Der Grat war sehr steil, gewährte aber sichere Tritte. Das schwarze Gestein war günstig geschichtet. — Allmählich wurde es Zeit, nach einem geeigneten Zeltplatz Ausschau zu halten. Der Grat selbst eignete sich nicht, er war zu steil, zu scharf und zu sehr dem Wind ausgesetzt. In der Nähe des von Lambert und Tensing 1952 erreichten höchsten Punkts, also auf etwa 8530 m Höhe, fand man in der linken Flanke des Berges einen geeigneten Biwakplatz. Lowe, Gregory und Ang Nyima verabschiedeten sich kurz darauf mit einem festen Händedruck von Hillary und Tensing und stiegen wieder zum Südsattel ab.

Für Hillary und Tensing begannen nun zwei Stunden härtester Arbeit. Sie mußten sich erst einmal einen Zeltplatz in den hartgefrorenen felsigen Boden pickeln. Es gelang aber nur, einen gestuften Lagerplatz zu schlagen, jeder lag innerhalb des Zeltes auf einer anderen Höhe, aber sie konnten sich wenigstens ausstrecken. Das Abendessen war karg: Sardinen, Aprikosen, Datteln, Marmelade und Kekse. Mit sinkender Sonne ließ auch der Wind nach. Dann hüllte die Nacht sie ein. Hillary hatte den Sauerstoffverbrauch genau berechnet. Während der Nacht war ein schwacher Sauerstoffstrom von 1 Liter pro Minute gestattet. Man genehmigte sich aber nur zweimal zwei Stunden lang diese Kraftquelle. Solange sie den Sauerstoff einatmeten, konnten die beiden sogar leichten Schlaf finden oder dösten entspannt vor sich hin. Sobald sie aber die Zufuhr drosselten, empfanden sie die Kälte von minus 27 Grad besonders unangenehm und fühlten sich gleich elend.

Gegen 4 Uhr morgens wagte Hillary einen neugierigen Blick durch den Zeltschlitz. Es bot sich ihm ein faszinierender Anblick. Die Himalaya-Gipfel rundherum standen im ersten Morgenlicht.

Draußen vor dem Zelt war kaum Wind zu spüren, es schien ein strahlend schöner Tag zu werden.

Vor dem Aufbruch kämpfte Hillary noch mit dem hartgefrorenen Leder seiner Höhenstiefel. Er hatte sie im Gegensatz zu Tensing nicht mit in den Schlafsack genommen und mußte nun über der wärmenden Flamme des Kochers das Leder erst so weit geschmeidig machen, daß er hineinschlupfen konnte. Alles ging sehr

Lukla: Am Rande der Flugpiste warten Männer, Frauen und Kinder auf die Verteilung der Expeditionslasten — 25 bis 30 kg schwere Kisten, Tonnen und Säcke, die sie in einem siebentägigen Marsch zum Hauptlager hinaufbefördern sollen.

Unten: Lukla (etwa 3000 m) liegt hoch über dem Dudh-Kosi-Fluß. Hier landen auf einer geneigten Graspiste die kleinen Versorgungs- und Transportflugzeuge aus Kathmandu.

Links oben: Der Weg nach Namche Bazar führt durch einen Märchenwald.
Links unten: Namche Bazar (3440 m) ist die größte Sherpa-Siedlung in Solu-Khumbu. — Die Expedition hat ihr Lager auf einem über dem Dorf gelegenen Hügel errichtet. Dort hinauf schleppen die Träger ihre Lasten.

Rechts: Das Expeditionslager weckt die Neugier der Dorfbewohner — eine Sherpani steigt daher mit ihrem Kind den Hügel hoch.
Unten: „Om mani padme hum." — O Kleinod in der Lotosblume! Amen. Dies ist die meist gemurmelte und oft geschriebene mystische Bannformel der buddhistischen Welt. Mit erstaunlich seltsamen Mitteln — Gebetsmühlen, Gebetsfahnen — wird eine dauernde Wiederholung dieses Gebetes erreicht.

Zwischen Namche Bazar und dem Everest liegt in 3867 m Höhe Tengpoche Gonda, ein buddhistisches Kloster, das durch die vielen Expeditionen, die hier durchkamen, weltbekannt wurde.

Vom Kloster aus steigt man etwa 150 m tief ins Dudh-
Kosi-Tal hinab. Rechts im Bild der 6856 Meter hohe
Amai Dablang — in der Bildmitte der Lhotse (8501 m)
und links davon hinter der Nuptse-Wand (7879 m)
spitzt der Gipfel des Everest hervor.

Eine Sherpani mit ihrem Kind vor dem Eingang ihres „Hotels" — nichts weiter als ein dunkler Raum mit einer Teeküche und einer Liege.

Rechts: Im Aufstieg nach Lobuche (4930 m). Im Hintergrund Amai Dablang (6856 m) — Kang Taiga (6779 m) und Tramserku (6608 m).

Unten: Pheriche (4243 m), eine dem Höhenwind stark ausgesetzte Hochweide, an deren Hängen Jak-Herden weiden. Im Hintergrund der Jobo Lhaptshan (6440 m). — Am Ende der Hochweide führt der Pfad rechts zum Khumbu-Gletscher hoch.

Oben links: Der Weg zum Hauptlager führt zwischen gewaltigen Eispfeilern hindurch.

Oben rechts: Sechs kleine Gedenksäulen am Eingang in das Khumbu-Tal erinnern an jene Sherpa, die während der japanischen Expedition 1970 im Khumbu-Eisfall ums Leben kamen.

Vom 6150 m hohen Paß zwischen Lingtren und Pumori fegt ein Lawinengruß gegen das Hauptlager hinab.

langsam und brauchte unendlich viel Zeit. Noch einmal wurden die Sauerstoffgeräte überprüft und eine letzte Mahlzeit eingenommen: eine Dose Ölsardinen, einige Kekse und dazu Limonade.

Um 6.30 Uhr war es dann soweit. Sie schulterten die fast 14 Kilo schweren Sauerstoffgeräte, machten ein paar tiefe Atemzüge und stiegen los. Zunächst durch weichen Schnee auf dem ständig schmaler werdenden Grat. Jeder Schritt mußte gezielt gesetzt werden, dies erforderte volle Konzentration. Rechts und links vom Grat stürzten die Flanken einige Tausend Meter tief ab.

Es war 9 Uhr vormittags, als sie den Südgipfel erreichten. Von hier ab lag Neuland vor ihnen, das noch keines Menschen Fuß zuvor betreten hatte. Sie wußten zwar von Bourdillon und Evans, die drei Tage vor ihnen auf dem 8760 m hohen Südgipfel des Everest gestanden hatten, was ihnen in etwa bei ihrem weiteren Aufstieg über den 800 m langen Grat zum Hauptgipfel bevorstand. Sie wußten also von den Schwierigkeiten, die sie an dem überwächteten Grat, den sie jetzt erstmals in Augenschein nehmen konnten, erwarten würde. Immer wieder mußte Stufe für Stufe ins blanke Eis geschlagen werden, die Steigeisen allein genügten nicht mehr, der Hang war zu steil, und die Trittsicherheit nahm mit zunehmender Höhe ab.

Das Wetter war einmalig schön — ein richtiges Gipfelwetter für einen Achttausender! Ein Blick auf das Manometer zeigte, daß der Sauerstoff noch etwa 4 1/2 Stunden reichen würde. Dies war die Zeit, die also noch zur Verfügung stand. Das Sauerstoffgerät wog jetzt nur noch 8 Kilo, die Last wurde von Stunde zu Stunde geringer. Abwechselnd spurend kamen sie ihrem Ziel immer näher. Eine Wegstunde nach dem Südgipfel standen sie plötzlich einer 12 bis 15 m hohen senkrechten Felsstufe gegenüber. Ein Ausweichen war nicht möglich. Zwischen den Felsen und einer Eiswächte zeigte sich ein kleiner Riß. Mit großer Mühe überkletterte Hillary dieses Hindernis, indem er immer einen Fuß in dem schmalen Riß verspreizte. Das kostete ihn viel Kraft, und Tensing beobachtete ihn aufmerksam. Endlich hatte er es geschafft und schwang sich atemlos über die Kante der Felsplatte. Nun konnte Tensing folgen. Bei dieser verhältnismäßig geringen Anstrengung machte sich die Höhe schon stark bemerkbar, sie brachte sie völlig außer Atem.

Abermals galt es, mühsam Stufe für Stufe in den Aufstiegsgrat zu schlagen — eine zeitraubende Kleinarbeit. Hinter einer Felsecke fiel dann plötzlich der Grat vor ihnen steil ab — sie hatten den höchsten Punkt erreicht — sie standen auf dem Gipfel!

Unfaßbar — ein jahrzehntealter Bergsteigertraum war verwirklicht! Gerührt schüttelten sich Hillary und Tensing die Hände, umarmten sich und waren überglücklich. Der flache Schneekegel, auf dem sie standen, ist der höchste Punkt dieser Erde. Es war der 29. Mai 1953, mittags 11.30 Uhr. Für die letzten 800 m vom Südgipfel herüber hatten sie zweieinhalb Stunden gebraucht.

Der Fernblick war sagenhaft: tief unter ihnen das Rongphu-Tal, dahinter die Hochebene von Tibet, der Nordgrat, der Changtse und dazwischen der Nordsattel, von dem aus ihre Vorkämpfer verzweifelt um einen Aufstieg gekämpft hatten — im Osten Lhotse und Makalu, im Süden die Heimat der Sherpa. Aber das Genießen dieses Panoramas ist mit jenem von Bergsteigern auf normalen Höhen nicht zu vergleichen. Sie nehmen die Landschaft wohl auf, aber sie wirkt nicht begeisternd und beflügelnd. — Um das Gesehene aber im Bild festzuhalten, zückte Hillary die Kamera und schoß nach allen Richtungen — schaffte Dokumente und Beweise ihres Erfolgs.

Bei diesen Arbeiten nahm Hillary für einen Augenblick die Sauerstoffmaske ab, und schon nach 10 Minuten spürte er eine spontane Verlangsamung seiner Bewegungen. Schnell nahm er wieder Sauerstoff. In der Zwischenzeit grub Tensing sein Opfer für die Götter, Schokolade, Kekse, Bonbons, in den Schnee. Dann stieß er seinen Pickel in den Gipfel und befestigte die Fahnen von Nepal, Indien, den Vereinten Nationen und den Union Jack. Ein buntes Bild, die im Wind flatternden Wimpel!

Von Mallory und Irvine, von denen manche glaubten, daß sie 1924 den Gipfel des Everest erreicht haben könnten, fanden sie kein Zeichen. So war es ziemlich gewiß, daß diese Männer vor 29 Jahren den Gipfel nicht mehr erreicht hatten.

Nach 15 Minuten Aufenthalt auf dem Thron der Götter stiegen die beiden wieder ab. Das Schicksal hatte sie zu untrennbaren Kameraden gemacht — reich an gemeinsamen Erinnerungen und voller Dankbarkeit ob ihres Sieges!

Sich gegenseitig sichernd, stiegen beide nun mit größter Vorsicht eine Stunde lang zum Südgipfel ab. Der Sauerstoff in ihren Flaschen reichte noch für eine weitere Stunde. Aus der steilen Schneewand unter dem Südgipfel hackte Hillary fast jeden Tritt mit großer Sorgfalt aus. Dann erreichten sie die von ihren Kameraden deponierten Sauerstoff-Flaschen, schnallten sie an ihre Geräte und kamen gegen 14 Uhr zu dem kleinen Zelt am Grat, in dem sie genächtigt hatten. Dieses Zelt schaute nicht sehr einladend aus, der scharfe Gratwind hatte es in den wenigen Stunden bereits böse zugerichtet.

„Unsere Kräfte schienen gelähmt", schrieb Hillary in seinem Bericht über seine Gipfelbesteigung . . . „Die Zeit verging wie in einem Traum, doch schließlich erreichten wir den Platz des Schweizer Kammlagers und zweigten zum großen Couloir ab, der letzten Etappe des Abstiegs. Dort erwartete uns eine unangenehme Überraschung. Der Wind, der während des zweiten Teils unserer Klettertour heftig blies, hatte alle unsere Stufen vollständig verweht, und nur ein schwieriger, steiler, verharschter Hang lag vor uns. Da blieb uns keine andere Wahl, als von neuem Stufen zu schlagen. Mit allerhand Lauten des Mißvergnügens schlug ich mühsam 60 Meter hinunter Stufen. Heftige Windstöße vom Grat herab rissen uns beinahe von unseren Stufen. Tensing übernahm die Führung und hackte weitere 30 Meter Stufen; dann kamen wir in weicheren Schnee, und er stampfte eine Spur über die leichteren Böschungen am Ende des Couloirs. Müde stiegen wir mit Steigeisen die langen Hänge über dem Südsattel hinab.

Eine Gestalt kam uns entgegen. Etwa hundert Meter über dem Lager begegneten wir einander. Es war Lowe, beladen mit heißer Suppe und Sauerstoff für den Notfall.

Wir waren zu erschöpft, um noch ein Wort zu sagen, als Lowe unsere Kunde mit enthusiastischer Freude beantwortete. Wir schleppten uns zum Sattel hinunter und kamen mit Mühe den kleinen Anstieg zum Lager hinauf. Knapp vor den Zelten war mein Sauerstoff zu Ende. Es war uns schwergeworden, doch wir hatten es geschafft. Wir krochen in das Zelt, und erst in den Schlafsäcken brachen wir mit einem Seufzer der hellsten Freude zusammen, während die Zelte unter dem dauernden Südsattelsturm schwankten und bebten. In dieser Nacht, unserer letzten auf dem Sattel, fanden wir tatsächlich keine Ruhe. Wieder verhinderte die bittere Kälte jeden tiefen Schlaf, und die stimulierende Wirkung unseres Erfolgs machte uns geistig so rege, daß wir die halbe Nacht wach lagen, mit klappernden Zähnen miteinander flüsterten und alle aufregenden Vorfälle des Tages noch einmal durchlebten. Am nächsten Morgen waren wir alle sehr schwach. Langsam, aber entschlossen trafen wir die Vorbereitungen für den Abstieg.

Der 40 Meter hohe Anstieg über dem Südsattel strengte uns sehr an, und selbst während der langen Querung zum Lager 7 hinunter mußten wir ganz langsam gehen und häufig rasten . . .

Als wir uns dem Lager 4 näherten, tauchten kleine Gestalten vor den Zelten auf; sie kamen langsam in der Spur herauf. Wir gaben ihnen kein Zeichen, sondern stiegen müde die Spur entlang abwärts auf sie zu. Als sie nur mehr 50 Meter weit von uns weg waren, gab Lowe mit dem ihm eigenen Enthusiasmus das „Daumen hoch"-Signal und winkte mit seinem Pickel zum Gipfel hin. Mit einem Schlag belebte sich nun die Szene; unsere Gefährten vergaßen ihre Müdigkeit und rannten wie elektrisiert durch den Schnee auf uns zu. Als wir sie alle, vielleicht ein wenig bewegt, begrüßten, empfand ich das sehr starke Gefühl der Freundschaft und Zusammengehörigkeit, das der entscheidende Faktor bei der ganzen Expedition war, stärker denn je zuvor.

Es war ein erschütterndes Gefühl, ihnen nun sagen zu können, daß alle ihre Mühsale in dem wankenden Chaos des Eisbruchs, das Emporklimmen durch das entmutigende Schnee-Inferno des Western Cwm, die technisch so schwierige Bewältigung des Lhotse-Eishangs und die furchtbare, nervenaufreibende Anstrengung über dem Südsattel ihren Lohn gefunden: daß wir den Gipfel erreicht hatten.

Die unverhohlene Freude, die das ermüdete, überanstrengte Gesicht unseres tapferen und entschlossenen Führers erhellte, war mir Lohn genug." —

Zu der Zeit des englischen Erfolgs am Everest waren wir als deutsch-österreichische Willy-Merkl-Gedächtnis-Expedition am Nanga Parbat. Ich selbst befand mich im Lager 3 (6200 m), und am 17. Juni brachte mein Freund Bitterling die Nachricht mit herauf, daß der Everest am 29. Mai von Hillary und Tensing bezwungen wurde.

2000 Kilometer östlich von uns hatte man um ein gleiches Ziel gekämpft. Der zweite Achttausender war gefallen. Für uns bedeutete damals dieser Sieg einen Ansporn, und wir sahen darin die doppelte Verpflichtung für einen erfolgreichen Abschluß unserer eigenen Expedition. —

Nach Rückkehr der Briten in die Heimat wurden sie gefeiert und hoch ausgezeichnet. Der Sherpa-Sirdar Tensing und der Neuseeländer Edmund Hillary hatten den Gipfel für die englische Mannschaft bezwungen. — Acht britische Expeditionen hatten um den höchsten Berg der Erde gekämpft, aber noch keinem Engländer war es vergönnt gewesen, auf seiner höchsten Erhebung zu stehen. So schwelt im geheimen unter den englischen Bergsteigern heute immer noch ein gewisser Rivalitätsgedanke: Wer wird der erste Brite auf dem Everest-Gipfel sein? —

Nachdenklich stimmte es Hans Albert Förster, als er 1953 über den großen Sieg am Everest berichtete:

> Die Fairneß der Engländer in sportlichen Dingen war einst weltbekannt. Aber auch in diesem Punkte des Ansehens verlieren die Engländer mehr und mehr an Gesicht. Bei den Feierlichkeiten in Kathmandu und New-Delhi gab es peinliche Überraschungen. Es wurde behauptet, Hillary hätte seinen Fuß als erster auf den Gipfel des Everest gesetzt. Tensing widersprach heftig, fügte aber hinzu, daß diese Frage überhaupt nicht aufgeworfen werden sollte. Er sei mit Hillary durch das Seil verbunden oben angekommen, das allein sei wichtig. Der einfache Bergführer aus Nepal beschämte die Engländer tief. Auch den Expeditionsleiter John Hunt, der ihn zu der Aussage überreden wollte, er sei als zweiter oben angekommen. Tensing blieb fest! Hatte nun Hunt den Auftrag, so zu handeln oder kannte er seine Landsleute in New-Delhi, ihre Arroganz in Rassefragen, ihre Sturheit in nationalen Dingen — kurzum, er hatte einen der sehr rechtlich denkenden Sherpas tief gekränkt und mißachtet. Später bekannte sich Hunt zu der einzig anständigen Betrachtungsweise, daß es nicht entscheidend sei, wer von zwei am Seil gehenden Gefährten zuerst oben anlangt, sondern daß es allein auf die auf Leben und Tod verbundene Leistung und Kameradschaft beider ankommt. Das aber war der moralische Sieg eines einfachen Bergbewohners über die überhebliche Oberschicht der Kolonialmacht. Denn Tensing hatte gleich zu Anfang der Streitereien diese Auffassung vertreten. Er, der seinen Fuß als erster auf den Gipfel setzte, verzichtete aus höherer Einsicht auf das Primat des Gipfelsieges. Er hatte seinen Gefährten in fast neuntausend Meter Höhe umarmt, und nun konnte nichts mehr diesen Glanzpunkt in seinem Leben trüben. Hillary übrigens beteiligte sich nicht an diesen Peinlichkeiten. Er hielt sich an das, was ihm der Anstand vorschrieb.

1954: Eine Everest-Karte entsteht — Ernst Senn in der Lhotse-Flanke

Ernst Senn, mein Expeditionsfreund vom Broad Peak 1954, sandte mir als Beitrag folgenden Bericht:

„1955 bekam Norman G. Dyhrenfurth, der bereits 1952 mit den Schweizern am Everest war, von der nepalesischen Regierung die Genehmigung, im Gebiet des Mount Everest kartographische Aufnahmen zu machen und dabei einen Ersteigungsversuch auf den Lhotse zu unternehmen. Der Expedition Dyhrenfurths gehörten Amerikaner, Schweizer und Österreicher an. Der Zielsetzung entsprechend reiste sie in zwei Gruppen nach Nepal.

Die erste Gruppe: Norman Dyhrenfurth, der Kartograph Erwin Schneider und ich, befand sich bereits Anfang Mai am Fuß des Everest und begann mit den Vermessungsarbeiten für die Karte „Khumbu-Himal" 1:50 000. Neben dieser kartographischen Arbeit wurden in der Vormonsunzeit mehrere Gipfel über 6000 Meter erstiegen. Unter anderem gelang mir mit meinem Sherpa Pemba Sundar die erste Ersteigung der Südwand des Lho La (6006 m) vom Khumbu-Gletscher aus und mit Erwin Schneider die Ersteigung des Palung Ri (7012 m).

Bereits in der Monsunzeit errichteten wir das Hauptlager am Fuß des Khumbu-Eisfalls in einer Höhe von 5250 Metern. Es war dies derselbe Platz, von dem aus vor uns bereits die Engländer und Schweizer ihre Angriffe auf den Everest starteten." —

Am 16. Dezember traf die zweite Gruppe dort ein: Arthur Spöhel aus **Bern, Dr.** Bruno Spirig, der Expeditionsarzt, und die drei Amerikaner George I. Bell, Fred Beckey und Richard McGowen. Sie wurden von dem nepalesischen Begleitoffizier V. G. Nanda Vaigya begleitet.

Die Verhältnisse an der großen Querspalte waren diesmal günstig, und man kam mit einer einfachen Aluminiumleiter aus. Somit war der Weg ins West-Becken offen, das erste Bollwerk zum Lhotse war genommen.

Am 22. September leistete sich Erwin Schneider, dem wir heute die beste Everest-Karte verdanken, zusammen mit Spirig etwas ganz Besonderes: Er fuhr mit Kurz-Schiern durch den gefürchteten Khumbu-Eisbruch ab. Mit Ausnahme des obersten Steilhangs und einiger Zwischenstrecken durchfuhren die beiden in einer knappen Stunde die 600 Meter hohe Strecke. Ähnliches hatte Erwin Schneider 1934 am Nanga Parbat schon gewagt. Damals fuhr er vom Rakiot-Firn aus 6200 m Höhe bis zum Lagersporn auf dem Rakiot-Gletscher hinab. —

Das frühere vierte Everest-Lager auf dieser Route lag auf 6400 m Höhe und wurde jetzt zum Lager 2. — Das Wetter war in diesem Jahr äußerst schlecht, und so konnte man erst am 4. September in den Khumbu-Eisbruch vordringen. —

Ernst Senn: „Mit 4 Sherpa verließen Spöhel und ich das Lager 4. Der Sturm der letzten Tage hatte die Schneeoberfläche so gepreßt, daß wir nicht einsanken und mit den Steigeisen gut vorwärts kamen. Knapp unterhalb der Lhotse-Terrasse stellten wir im Schutz einer Eiswand unsere Zelte auf, das Barometer zeigte fast 7800 Meter. Zwei Sherpa gingen nach Lager 4 zurück, im Lager blieben Spöhel und ich sowie unsere besten Sherpa Pemba und Chowang.

Wieder war es bitter kalt in der Nacht, doch am Morgen war das Wetter wolkenlos und fast windstill. Voller Zuversicht verließen wir das Lager, und nach kurzer Zeit erreichten wir die oberste Lhotse-Terrasse, wo wir vor fünf Tagen acht Sauerstoff-Flaschen deponiert hatten, die für den zweiten Gipfelangriff vorgesehen waren. Doch welche Enttäuschung! Der tagelange Schneesturm hatte die Flaschen vollkommen zugeweht. Die Gegend sah völlig anders aus, meterhohe Schneewächten waren da, wo vor fünf Tagen noch eine glatte Fläche war. Wir begannen mit unseren Sherpa fieberhaft zu suchen, doch ohne Erfolg, der Sauerstoff blieb verschwunden! Ich war wie vom Schlag gerührt, bedeutete doch dieser Verlust die Aufgabe des Gipfelangriffs und das bei einem klaren und fast windstillen Wetter. Nach einer kurzen Beratung gab mir Spöhel seinen noch verbliebenen vollen Sauerstoffzylinder, so daß ich zusammen mit meinen zwei Flaschen meinen Apparat wieder komplett hatte. Ich wollte allein den Versuch machen, soweit als möglich, vielleicht sogar auf den Gipfel zu kommen. Spöhel, der sich an diesem Tag nicht wohl fühlte, wollte mit Chowang zum Lager 4 absteigen, um am nächsten Tag mit frischem Sauerstoff wieder heraufzukommen.

So begann ich allein den weiteren Aufstieg. Die ersten 50 Höhenmeter war der Schnee hart, und die Steigeisen griffen gut, auch die Randkluft zur Eiswand bereitete mir kaum Schwierigkeiten, doch dann begann wieder ein tückischer Bruchharsch. Schritt für Schritt arbeitete ich mich in die Höhe. Bei einer Neigung von über 40 Grad mußte ich jedesmal das Knie bis an die Brust anziehen und mit demselben die Harschdecke durchdrücken, um meinen Fuß etwas höher aufsetzen zu können.

Mit dem Sauerstoff mußte ich sparsam umgehen, um weiter oben noch Reserven zu haben. Daß ich den Gipfel an diesem Tag nicht mehr erreichen würde, wurde mir bald klar, trotzdem setzte ich meinen Weg fort. Ich war nun schon über vier Stunden allein gestiegen, jeder Schritt bedeutete für mich eine immer größere Anstrengung. Zuerst waren es 20 Schritte, nach denen ich eine Pause einlegen mußte, dann 10 und schließlich 5. Wenn ich stehenblieb, um mich zu erholen, kam es mir so richtig zum Bewußtsein, wie allein ich in dieser riesigen Flanke war, ein winziger Punkt in einer gigantischen Landschaft. 1500 Meter stürzte die Lhotse-Flanke zum West-Becken ab, der Nuptse und der Gyachung Kang lagen bereits unter mir, und über die Westschulter des Everest ging der Blick hinaus in die Weite der Tibetischen Hochebene. Obwohl ich die 8000-Meter-Grenze bereits überschritten hatte, war ein Berg noch immer himmelhoch über mir, der Mount Everest!

In einer Höhe von 8100 Metern, am Beginn des Gipfel-Couloirs, gingen meine Kräfte zu Ende. Wollte ich das Lager 5 wieder erreichen, war es für mich höchste Zeit zur Umkehr. Langsam wankte ich in meiner Spur zurück, die wie ein Graben durch den Hang gezogen war. Auch beim Abstieg mußte ich immer wieder stehenbleiben, um neue Kräfte zu sammeln.

Im Lager 5 wurde ich von Pemba empfangen, der sich rührend um mich bemühte. Bald hatte ich mich so weit erholt, daß ich Norman über meine Erlebnisse über Funk unterrichten konnte. Ich blieb im Lager 5, da ja Spöhel am nächsten Tag mit Sauerstoff heraufkommen wollte. In meiner Spur würden wir dann das Couloir erreichen und hoffentlich auch den Gipfel.

Spöhel war am nächsten Tag aber nicht in der Verfassung, zu mir aufzusteigen, auch mir stellte Norman anheim abzusteigen. Ich blieb aber trotzdem, da ich mich von den Anstrengungen des Vortags wieder gut erholt hatte und genügend Brennstoff und Verpflegung vorhanden waren. Pemba hingegen litt an einer starken Kehlkopfentzündung, so daß ich ihn nach Lager 4 hinunterschickte.

Ich war einige Stunden allein, als es zu stürmen anfing. Auch in der folgenden Nacht wurde ich immer wieder von heftigen Sturmböen geweckt. Als ich am Morgen aus dem Zelt schaute, war dichter Nebel um mich, und der Sturm peitschte ununterbrochen Schnee und Eiskristalle an mein leichtes Zelt, in dem ich mich vorerst noch immer geborgen fühlte. Den ganzen Tag über kam die Sonne nicht durch die Wolken, und der Sturm nahm ständig zu. Allmählich wurde ich mir des Ernsts meiner Lage bewußt. Bisher hatte ich noch in Funkverbindung mit den unteren Lagern gestanden, aber dann ging auch das Funkgerät nicht mehr, ich war völlig von der Außenwelt abgeschnitten. Dabei stürmte es mit unverminderter Heftigkeit, so daß ich befürchtete, samt dem Zelt in die Tiefe geschleudert zu werden.

An Schlaf war in der folgenden Nacht überhaupt nicht mehr zu denken. Der Schnee preßte sich zwischen Berghang und Zelt, so daß es immer mehr eingedrückt wurde.

Am Morgen flaute der Sturm etwas ab, so daß ich für kurze Zeit aus dem Zelt

88

kriechen konnte, um die drückendsten Schneemassen wegzuschaufeln. Dabei mußte ich mich mehrmals hinlegen und am Zeltgestänge festhalten, wenn ich von Sturmböen angefallen wurde. Am Nachmittag entschloß ich mich, den Versuch zu wagen, nach Lager 4 abzusteigen. Als ich angezogen war und das Zelt öffnete, schleuderte mir der Orkan solche Schneemassen entgegen, daß ich sofort wieder den Eingang schloß.

Der Gedanke, daß ich nun meiner Handlungsfreiheit völlig beraubt war, belastete mich sehr, ich hatte keinen Appetit mehr, und eine merkwürdige Schwäche und Tatenlosigkeit bemächtigte sich meiner. In Gedanken war ich in der Heimat, Zweifel tauchten in mir auf, ob ich meine Angehörigen je wiedersehen würde. Die Tragödie vom Nanga Parbat 1934 stand vor meinen Augen. Ich ganz allein in einer Höhe von 7800 Metern, dem Sturm völlig preisgegeben, der Rückweg abgeschnitten. Der Sturm preßte den Schnee immer mehr gegen meine Zeltwände, die sich beängstigend nach innen bogen. Ich kam mir vor, als läge ich jetzt schon in einem Sarg. Wenn ich mich bewegte, stieß ich immer an eine eisige Mauer. Wieder wurde es dunkel, und der Sturm tobte weiter. Der Kocher stand kalt in einem Winkel des Zeltes, Benzin und Verpflegung waren genügend vorhanden, und doch hatte ich den ganzen Tag nichts gegessen. Apathie hatte mich allem Äußeren gegenüber erfaßt, ein Signal, daß ich die Herrschaft über mich selbst verlor. Der Lebenswille in mir bäumte sich gegen diese Tatsache auf, und ich zwang mich, zumindest etwas Schokolade zu essen. An Schlaf war natürlich wieder nicht zu denken. Wie heulende Furien tobten die Stürme um mein Gefängnis. Das Zeltinnere war dick mit Rauhreif bedeckt, der mir vom Luftzug in das Gesicht geblasen wurde.

19. Oktober: Es mag etwa 6 Uhr morgens gewesen sein, als eine Sturmboe die Talseite meines Zeltes aufriß. Mit einem lauten Krach barst die Zeltleinwand unter dem Druck des Orkans, Schnee erfüllte im Nu mein Zelt. Dieses Ereignis mobilisierte meine letzten Kräfte, ich war zum Handeln gezwungen, ich mußte nach Lager 4 absteigen. Zum Glück hatte ich vom Vortag meine Kleider noch an, so daß ich gleich mit der Suche nach meiner Ausrüstung beginnen konnte, die nun unter dem Schnee lag. Nebel und Wolken waren verschwunden, vom Gipfel des Everest, den ich zuerst sah, wehte eine riesige Schneefahne, die sich bis zum Lhotse hinüberzog.

Trotz der guten Sicht hatte der Sturm noch immer nicht nachgelassen. Während der Suche nach meinen Sachen mußte ich mich immer wieder zu Boden werfen und am Zeltgestänge festhalten, um nicht in die Tiefe geschleudert zu werden. Es wurde Mittag, bis ich den Abstieg antreten konnte. Zum Glück hatte der Sturm die Schneeoberfläche hart geblasen, die Steigeisen griffen gut, als ich, auf den Pickel gestützt, langsam in die Tiefe wankte. An einer steilen Stelle erfaßte mich ein Sturmstoß und warf mich etwa 40 Meter hinunter, wo ich, wie durch ein Wunder, auf einer kleinen Plattform liegenblieb. Noch einmal setzte ich all meinen Willen gegen die zunehmende Erschöpfung — dann erreichte ich das rettende Lager 4. Als ich zu Norman in das Zelt kroch und das Gefühl hatte, wieder bei einem Freund zu sein, waren meine Kräfte völlig am Ende, und Tränen traten mir in die Augen, ich hätte nie gedacht, daß mich Einsamkeit und Gefahr so weit bringen würden."

1956: Elfte — dritte Schweizer — Mount-Everest-Expedition
Doppelerfolg: Everest und Lhotse

Die Schweizerische Stiftung für Alpine Forschungen in Zürich begann bereits im Frühjahr 1955 mit den Vorbereitungen für eine große Expedition im Jahre 1956 — mit dem Ziel einer Besteigung des Lhotse und des Everest. Zum Leiter wurde Albert Eggler bestellt. Auch alle übrigen Expeditionsmitglieder kamen aus der deutschsprachigen Schweiz, aus Bern und dem Berner Oberland. Wolfgang Diehl war stellvertretender Expeditionsleiter. Die weiteren Teilnehmer waren: Dr. Hans Grimm — Dr. Hansrudolf von Gunten — Eduard Leuthold als Expeditionsarzt — Fritz Luchsinger — Ernst Reiss — Adolf Reist — Ernst Schmied und als Sauerstoffspezialist Jörg Marmet. Fritz Müller begleitete die Gruppe als Geograph und Glaziologe.

Diese sorgfältig vorbereitete Expedition startete am 29. Januar 1956 in Bern. Der Vortrupp landete am 13. Februar per Schiff in Bombay. Die Weiterreise per Bahn verlief ziemlich programmgemäß. Am 3. März trafen sie sich mit dem Expeditionsleiter und Fritz Müller, die nachgeflogen waren, in Jaynager. Auch die Sherpa, die aus Darjeeling angereist kamen, stießen hier zur Expedition. — Die Fluggruppe hatte sich inzwischen die erforderlichen Visa für Nepal in Delhi eingeholt und die Erlaubnis der täglichen Durchsage eines Spezialwetterberichts erwirkt. In Kathmandu nahmen sie den Verbindungsoffizier in Empfang.

Nachdem die 22 Sherpa einen Teil ihrer Ausrüstung erhalten hatten, zog man anderntags mit 22 Ochsenkarren nach Chisapani, das man drei Tage später erreichte. Von hier aus wurde das Expeditionsgepäck an rund 350 Kulis verteilt, dann ging man auf einen dreiwöchigen Marsch in Richtung Khumbu-Gletscher. Kurz vor dem Start in Chisapani traf noch der Expeditionsarzt ein, was allgemein beruhigte.

Der Weg führte zunächst durch das Wüstengebiet des Terai — später ging es meist an ausgetrockneten Flußläufen entlang nach Okhaldhunga — und schließlich folgte die Karawane dem Dudh Kosi bis Namche Bazar. Am 24. März stieg man zur Klostersiedlung Tengpoche hinauf.

Bisher war man mit Ausnahme gelegentlicher Verdauungsstörungen gut über die Runden gekommen. Hier oben aber erkrankte Fritz Luchsinger an einer akuten Blinddarmreizung, die auf Tage alle vorgefaßten Pläne über den Haufen warf. Die Zeit für Trainingstouren mußte zum Teil dem Krankenpflegedienst geopfert werden, aber schließlich lief alles glimpflich ab, die Antibiotika halfen. Auch Wolfgang Diehl, der sich bei einer Einlauftour im Imja-Khola-Gebiet eine Lungenentzündung zugezogen hatte, wurde wieder gesund.

Inzwischen folgten Marmet und Grimm mit den französischen Sauerstoffgeräten nach. Unterwegs wurde ihr Küchenjunge von einer Kobra gebissen. Grimm, der Zahnarzt, schnitt im Schein einer Petroleumlampe die Bißwunde auf, spritzte ein

Serum ein und rettete dadurch den Patienten vor dem Tode. Dies war aber noch nicht genug des Pechs. Sirdar Pasang Dawa Lama[1] erkrankte an einer schweren fieberhaften Bronchitis und mußte in Begleitung des Expeditionsarztes Leuthold wieder nach Namche Bazar zurückgebracht werden. Sein Zustand war so bedenklich, daß an eine rasche Genesung nicht gedacht werden konnte. Sirdar-Nachfolger wurde sein Schwager Da Tensing, der sich bereits ein Jahr vorher am Kangchendzönga seine Sporen verdient hatte.

Wie schon frühere Expeditionen, so legten auch die Schweizer in Tengpoche eine Trainingspause ein. In dieser Zeit wurden der Nordostgipfel (6189 m) des Island Peak und verschiedene Fünftausender in der Umgebung erstiegen.

Am 6. April wurde vom Vortrupp das Hauptlager auf dem Khumbu-Gletscher in 5370 m Höhe bezogen. Es lag also höher und weiter nördlich als bei den Vorgänger-Expeditionen. Der Kampf um den Aufstieg ins West-Becken, die harte Arbeit im berühmt-berüchtigten Khumbu-Eisfall konnten beginnen! Bis Lager 1 (5800 m) in der ‚Mulde‘ traten keinerlei Schwierigkeiten auf. Dann allerdings begann der gefährlichste Teil des wildromantischen Gletscherbruchs. Der Weg zum Lager 2 (6100 m) am Eingang zum West-Becken kostete viele Schweißtropfen und Mühen. Es galt nun, große Gletscherspalten mit Hilfe von Alu-Leitern rasch zu überbrücken, Eistürme zu sprengen, objektive Gefahren zu vermindern und die Sicherheit für die schwerbepackten Sherpa durch fixe Seile zu erhöhen.

Die beiden ersten Hochlager waren als Umschlagplatz gedacht. Bei den Arbeiten bewährte sich die Methode der ständigen Abwechslung und gerechten Kräfteaufteilung. Fünf Tage brauchten sie für den Gletscherbruch. Am 18. April errichteten Eggler, Reiss und Schmied im West-Becken das Lager 3 (6400 m) und bauten es zum Akklimatisationslager aus. Es lag am Fuß einer Felsrippe, die sich vom Westgrat des Everest herabzieht. Hier sollte für Abgekämpfte die Möglichkeit der Erholung gegeben sein.

Tag für Tag stiegen die Sherpa-Träger mit ihren schweren Lasten durch den Bruch, um die unteren Hochlager mit Ausrüstung und Lebensmitteln zu versorgen. Die von den Bergsteigern in das Labyrinth des Khumbu-Eisbruchs geschlagene Trasse führte zunächst bis nahe an die Felsen des Everest-Westgrats, schlängelte sich zwischen Eistürmen und über Spalten bis zum West-Becken empor. Dort stand Lager 2 (6100 m). Dann führte der Weg zur Nuptse-Wand hinüber und bog schließlich diagonal, gleichmäßig aufsteigend wieder zur Everest-Flanke zurück. In etwa 6050 m Höhe stieß man auf eine gewaltige, mehrere Meter breite Querspalte. Man schraubte zwei Alu-Leitern aneinander, um das 4 m breite Hindernis zu überbrücken.

Nach Überwindung des Khumbu-Eisbruchs war das erste große Bollwerk im Kampf um den Gipfel von Lhotse und Everest überwunden — ostwärts breitete sich das über 4 km lange West-Becken aus, dessen Abschluß die Lhotse-Flanke bildet.

---

[1] bestieg 1937 Chomolhari (7315 m) — 1951 Mukut Parbat (7242 m) — 1954 erstmals, 1958 nochmals den Cho Oyu (8153 m) — und stand 1939 am K 2 (8611 m) 229 m unter dem Gipfel.

Bisher war alles ziemlich nach Wunsch verlaufen und die Mannschaft in relativ guter gesundheitlicher Verfassung. Das Wetter war gut. Auch Luchsinger war am 14. April zusammen mit dem Expeditionsarzt Leuthold, mit Grimm und Marmet aus Tengpoche heraufgekommen.

Bei ausgezeichneten Verhältnissen ging alles flott voran. Am 1. Mai wurde Lager 4 (6800 m) auf der untersten Terrasse der Lhotse-Flanke von Eggler, Reiss und Luchsinger errichtet. In der darauffolgenden Nacht brauchte man das erstemal Sauerstoff. Er wirkte nach diesem anstrengenden Tag geradezu Wunder, und man fühlte sich am Morgen wieder bei Kräften.

Am 6. Mai stand das erste Zelt von Lager 5 (7400 m) auf einer Terrasse unterhalb des Gelben Bandes. Vom Gelben Band aus querten sie nun zum höchsten Lagerplatz der Herbst-Expedition 1955, fanden dort neben acht Sauerstoff-Flaschen das Zelt von Ernst Senn, der im Vorjahr auf 7600 m Höhe ohne rückwärtige Verbindung fünf Tage im Sturm ausharrte und nur knapp einem schlimmen Schicksal entkam.

Vorläufig vermied man, das Lager 5 endgültig zu besetzen. Ausrüstung, Brennstoff, Lebensmittel und Sauerstoff-Flaschen waren nicht genügend vorhanden, um einen Aufstieg in die Lhotse-Westflanke in Erwägung ziehen zu können. Zu diesem Zeitpunkt traf sich fast die gesamte Mannschaft zu einer Lagebesprechung im Lager 3, denn man hatte einige Probleme: Das eine war der Ausbau des Seilschlittens oberhalb des Gelben Bandes — das andere, das an diesem Abend heftigst diskutiert wurde, war die Frage, ob man zunächst den Everest oder den Lhotse angreifen solle. Dabei kam man zu folgender Überlegung: Vor dem endgültigen Ausbau von Lager 6 sollte von der ersten Seilschaft ein Vorstoß zum Lhotse-Gipfel unternommen werden. Dieselbe Mannschaft sollte hernach zur Erholung ins Akklimatisationslager absteigen. Eine zweite Seilschaft sollte die Rückendeckung für die Lhotse-Mannschaft bilden und inzwischen an einem Aufstieg zum Everest arbeiten. Diese wiederum sollte später dann von der inzwischen ausgeruhten Lhotse-Seilschaft abgesichert werden. Das war ein kühner Plan, der nur bei besten Wetterverhältnissen so reibungslos ablaufen konnte — zu viele Unbekannte waren darin! —

Am 9. Mai überwanden Luchsinger und Schmied zusammen mit schwerbeladenen Sherpa die steile Eisrinne südlich des Genfer Sporns. Unter künstlichem Sauerstoff ging der Aufstieg wesentlich leichter vonstatten. Dennoch gewann man pro Stunde kaum 100 Höhenmeter. Kurz unter der Genfer Schulter warfen sie ihre Lasten ab und begannen sofort eine Plattform für ihr kleines Zelt aus dem Eis zu schlagen. Die Sherpa kehrten indessen wieder ins Lager 5 zurück.

Am nächsten Tag wollten Luchsinger und Schmied eigentlich knapp unterhalb ihres Lagerplatzes die Seilwinde in Betrieb nehmen, aber da machte ihnen das bislang strahlende Wetter einen Strich durch die Rechnung. Es kam zu schwerem Schneefall, der vier Tage lang anhalten sollte. Die beiden aus Lager 6a entschlossen sich zum Abstieg in das inzwischen gutausgerüstete Lager 5. Eine bange Frage drängte sich allen auf: Ist es nur eine Schlechtwetterfront, die unser Vorwärtsdrängen hemmt, oder ist es bereits ein verfrüht eintretender Monsun? Dem Datum nach könnte es auch das letztere sein.

Um die Vorräte in den oberen Hochlagern nicht vorzeitig zu verbrauchen, wurde beschlossen, Lager 5 und Lager 4 zu räumen. Dennoch ging der Transport zwischen dem Hauptlager und den unteren Hochlagern weiter. Die Witterungsverhältnisse sollten den Vormarsch nicht verzögern. — Es schneite bis ins Hauptlager hinab. Um die Trasse durch den Eisfall offen zu halten, mußte sie in mühevoller Kleinarbeit ständig ausgebessert werden.

Am 13. Mai stieg Grimm mit einigen Sherpa ins Lager 4 auf, um dort die Zelte frei zu schaufeln und beziehbar zu machen. Dann kehrten sie wieder ins Lager 3 zurück.

Am nächsten Tag hellte das Wetter auf. Das war der Startschuß für einen Angriff auf den Lhotse-Gletscher. Reist und von Gunten stiegen in der sagenhaften Zeit von fünf Stunden vom Hauptlager zum Lager 3 hoch. Luchsinger und Reiss gingen in dieser Zeit durch fußtiefen Neuschnee bei sehr windigem Wetter in knapp eineinhalb Stunden bis ins Lager 4. Dort hielten sie eine kurze Rast und schafften noch eine Höhe von 7200 Metern, bevor sie wieder ins Lager 3 zurückkehrten.

Am nächsten Tag spurte Schmied bis ins Lager 5 (7400 m) empor. Von Gunten und Reist siedelten gleichzeitig ins Lager 4 über und wollten am nächsten Tag zum sechsten Hochlager aufsteigen. Dies gelang ihnen auch. Bei tiefem Schnee spurten sie über das Gelbe Band in die Lhotse-Flanke. Als sie das Lager erreichten, waren nur noch die Zeltgiebel zu sehen. Ihr Ziel war damit noch nicht erreicht, sie wollten zunächst eine Spur zum Genfer Sporn schaffen. Aus diesem Grunde stiegen sie von der Talstation hoch, traversierten zu den Felsen hinüber und erreichten schließlich ohne Schwierigkeiten die Genfer Schulter, den höchsten Punkt des Genfer Sporns. Von Lager 6 aus waren sie in einer Stunde bis auf 8020 Meter vorgedrungen — sie sahen erstmals den Südsattel, der etwa 40 Meter unter ihnen lag. Ins Lager 5 zurückgekehrt, erwartete sie dort eine sehr kalte Nacht. Das Thermometer zeigte minus 26 Grad.

Der nächtliche Schneesturm hatte die Spuren vom Vortag völlig verwischt, so begann anderntags das gleiche Spiel: Vier Stunden lang spurten von Gunten und Reist abermals zum Lager 6 hoch und schaufelten dort das verschneite Zelt aus. Luchsinger und Reiss folgten ihnen, um die Seilwinde herzurichten. Mittels Tragschlitten wurden zwei 15-kg-Lasten in einem einstündigen Arbeitsgang über eine Distanz von 300 Höhenmetern zum Lager 6 b hinaufgezogen.

Nach einer erträglichen Nacht starteten Luchsinger und Reiss am 18. Mai ihren Angriff auf den Lhotse. Sie stiegen die Flanke hoch in Richtung Lhotse-Couloir. Diese Eisrinne konnte man von unten aus nicht einsehen. Die Schneeverhältnisse waren ausgezeichnet, und so wurden trotz einer Steigung von 40 bis 50 Grad pro Stunde zweihundert Höhenmeter gewonnen.

Gegen Mittag stießen sie in der Rinne auf einen rötlichen Felsriegel. Dann zog sich die Schneerinne nur in Fußbreite weiter nach oben fort. Diese sehr schmale Passage mußte mit Felshaken gesichert werden. Anschließend erweiterte sich das Couloir wieder und führte trichterförmig gipfelwärts. Das Spuren war äußerst mühsam. Man ging mit Sauerstoff. Luchsinger übernahm nun die Führung. Langsam rückten beide Gipfelzacken immer näher. Der linke erwies sich mit 8501 m[1] als der höhere. In einer schmalen Scharte zwischen den beiden Gipfeln stiegen sie aus und kamen endlich wieder ins Sonnenlicht.

Sechs Stunden vorher hatten sie das Lager 6a verlassen. Ein grünes Felsband — eine Schneehaube mit einer Neigung von etwa 60°, in deren harten Firn sich nur sehr mühsam einige Stufen hauen ließen — dann noch eine Standstufe, und der Gipfel, eine messerscharfe Eiskante, war erreicht. — Es war 3 Uhr nachmittags. Die beiden Gipfelbezwinger neigten sich vornüber, nahmen die Masken vom Gesicht, prüften die Sicherheit der eingerammten Pickel, hängten ihre Rucksäcke daran, denn einen Abstellplatz dafür oder einen Platz zum Sitzen gab es auf dieser Gipfelnadel nicht. Dann wurde das Gipfelfoto mit der nepalesischen und Schweizer Flagge an der Eisaxt geschossen — aus fünf Fuß Entfernung — immer bedacht, in dieser exponierten Stellung während des Fotografierens die Handschuhe nicht zu verlieren.

Nach einem dreiviertelstündigen Aufenthalt ging der Sauerstoff zu Ende. Hände und Füße wurden gefühllos. Vorsichtig und sorgfältig sichernd traten sie ihren Abstieg an. Die Steilheit und Gefährlichkeit des 1500 m langen Couloirs wurde den beiden beim Abstieg erst voll bewußt. Nach etwa einer Stunde erreichten sie die Engstelle der Eisrinne, hängten am obersten Haken eine 40-Meter-Reepschnur ein und stiegen an diesem Seil rasch ab. Das Couloir lag bereits hinter ihnen, als sie über den großen Quergang gegen die Genfer Schulter das Zelt von Lager 6a erreichten. Es war 18.15 Uhr, als sie abgekämpft auf das vom Flugschnee völlig zusammengedrückte Zelt zuwankten. An einen weiteren Abstieg war zu so später Stunde nicht mehr zu denken, und daher mußte es in aller Eile ausgeschaufelt und aufgerichtet werden, bevor sie in ihre Schlafsäcke kriechen konnten.

Von Lager 3 aus hatte man den Abstieg der Gipfelbezwinger schon lange vor Erreichen des Lagers beobachten können. Die Freude war unermeßlich groß, die Sherpa vollführten die reinsten Siegestänze.

Am nächsten Tag stiegen Luchsinger und Reiss dann in einem Zuge bis hinunter ins Lager 3 ab. Schon nach wenigen Tagen hatten sie sich gut erholt. Es hatte sich gezeigt, daß die Höhe bei der Besteigung des Lhotse-Gipfels keine allzu große Belastung bedeutete, daß vielmehr die Hauptschwierigkeiten in dem steilen Gelände zu suchen waren.

Am 20. Mai siedelte Schmied zusammen mit zwei Sherpa ins Lager 6a über. Grimm und Marmet stiegen ins Lager 5 hoch. Der Auftrieb der Mannschaft war groß, die Einsatzfreudigkeit vielversprechend. Man hatte sich zum Ziel gesetzt, auch noch den höchsten Gipfel der Erde zu erobern — das würde dann der zweite Gipfelerfolg am Everest sein.

Am 21. Mai stiegen Eggler und Marmet mit acht Sherpa bei quälender Hitze ins Lager 6a hinauf. Dort trafen sie Schmied, der eine Verlegung des Lagers auf den Südsattel vorschlug, da die Zelte ständig von Treibschnee überflutet wurden. Also spurten sie, mit der ganzen Lagerausrüstung beladen, über die Genfer Schulter zum Südsattel hoch. Dort angekommen, freute man sich über die Lebensmittel,

---

1 Neuvermessung 8571 m.

Sauerstoff-Flaschen, den Primuskocher und das Benzin, das man auf dem ehemals britischen Hochlagerplatz vorfand.

Am 22. Mai war das Wetter nicht einwandfrei, immer wieder fegten Schneeschauer über den Südsattel. Man hatte das Lager 6 b auf der Südschulter (7986 m) etwa 100 m weiter westlich vom englischen Lagerplatz 1953 gelegt.

Gegen Mittag stiegen Schmied, Marmet und vier Sherpa mit rund 15-Kilo-Lasten den Südostgrat hoch. Man ging mit Sauerstoff und atmete drei Liter pro Minute. Bereits nach zwei Stunden erreichte die Seilschaft den Lagerplatz von Lambert und Tensing (1952) und war somit auf einer Höhe von 8230 Metern. Nach kurzer Rast stieg sie weiter. 200 Meter höher wurde eine kleine Mulde links vom Grat gesehen, und man beschloß, hier das letzte, das 7. Lager zu errichten. Es war 17 Uhr. Die vier Hochträger legten ihre Lasten in den Schnee und verschwanden nach unten. Der Abstieg endete kurz vor dem Südsattel in einer unfreiwilligen Rutschpartie, aber mit glücklichem Ausgang.

Schmied und Marmet bereiteten sich ihr Nachtlager. Sie befestigten das Zelt mit Steinen und Mauerhaken. Dann schlüpften sie müde und in voller Montur in ihre Schlafsäcke. Sie waren bestens ausgerüstet, hatten Luftmatratzen, doppelten Schlafsack, genügend Brennmaterial und Nahrung und fünf volle Sauerstoffbehälter. Wenn nur nicht der Wind derartige Mengen an Schnee gegen die Zeltwand gedrückt hätte! Marmet mußte sogar noch während der Nacht das Zelt frei schaufeln, um seinem Kameraden in dessen Zeltecke wieder Luft zu verschaffen. Der Wind hatte an drei Stellen die Zeltwand eingerissen, so daß Flugschnee alles bedeckte, was im Vorraum des Zelts lag. Auch die Kochstelle war im Schnee vergraben, und so nahmen die beiden statt eines Frühstücks einige stimulierende Tabletten und machten sich marschbereit.

Aber die Vorbereitungen gingen so schleppend voran, daß sie erst fünf Stunden später, um 8.30 Uhr, aufbruchbereit waren. Allein zum Schnüren der Stiefel brauchten sie eine volle Stunde — ebenso zum Anlegen der Steigeisen. Das Zelt hatte für sie seine Bedeutung als Stützpunkt verloren. So gab es für die beiden nur die Wahl zwischen Aufstieg und Abstieg — aber sie entschlossen sich für den Gipfel. Zwar war das Wetter immer noch stürmisch, wenngleich etwas besser als während der Nacht. Mit 15 Kilo auf dem Rücken kämpften sie sich gegen den Südgipfel hoch. Sie befanden sich über der Wolkendecke. Mit äußerster Konzentration setzten sie ihre Schritte und erreichten um 11 Uhr vor dem letzten Steilaufschwung eine kleine Plattform. Hier legten sie eine kurze Rast ein, entledigten sich der Daunenbekleidung und tauschten ihre Sauerstoff-Flaschen aus. Der steile Schlußhang zum Südgipfel führte über tückischen Bruchharsch. Um die Mittagsstunde wurde die Firnkuppe in 8760 m Höhe erreicht.

Vor ihnen stand nun das letzte Hindernis, der Gipfelgrat. Er schien stärker verwächtet zu sein als 1953. Das Ziel war greifbar nahe gerückt. Nach wenigen Aufschwüngen standen sie vor dem 12 bis 15 Meter hohen Hillary-Kamin — er wurde gemeistert — dann stand ihrem Sieg nichts mehr im Weg. Über steile Firnkappen stiegen sie voller Ungeduld weiter hoch. Fast unversehens fiel plötzlich der Firn zur anderen Seite hin ab. Der höchste Berg der Welt war somit zum zweitenmal bestiegen, erstmals von Europäern!

Sie zogen die Flaggen von Nepal, der Schweiz und ihrer Heimatstadt Bern aus den Taschen und fotografierten nach allen Richtungen. Für zwanzig Minuten streiften sie auch ihre Sauerstoffmasken ab und atmeten Gipfelluft vom Everest. Aber gerade dadurch machte sich sehr bald eine starke Müdigkeit bemerkbar. Nach einstündiger Rast stiegen sie wieder zum Lager 7 ab und trafen dort um 5 Uhr nachmittags ein. Kurz vorher waren Reist und von Gunten zusammen mit dem Sherpa Da Norbu eingetroffen und eben dabei, das Zelt auszugraben und wiederherzurichten. Die Begrüßung war herzlich, die Freude übergroß.

Die Gipfelsieger stiegen alsbald ins Lager 6 b ab, das sie zehn Stunden nach ihrem Aufbruch aus Lager 7 wohlbehalten und ohne irgendwelche Kälteschäden kurz vor Einbruch der Nacht erreichten.

Die hohe bergsteigerische Qualifikation und das große Wetterglück vergönnten es der dritten Schweizer Everest-Expedition, auch noch eine zweite Seilschaft zum Gipfel zu schicken. Am 24. Mai brachen Reist und von Gunten nach einer leidlich ruhigen Nacht um 6.45 Uhr von Lager 7 auf. Jeder trug eine 17 Kilo schwere Last. Die ersten Seillängen waren die Spuren ihrer Vorkämpfer verweht. Um 10 Uhr erreichten sie den Südgipfel, um 11 Uhr den Hauptgipfel. Das letzte Stück des Aufstiegs erleichterten ihnen die von Marmet und Schmied sorgfältig geschlagenen Stufen im Eis. Auf dem Gipfel herrschte totale Windstille, zwei Stunden saßen sie auf dem höchsten Punkt der Erde, obwohl es kalt war. Wimpel wurden gehißt, Fotos geschossen, und nachdem sie die Sauerstoffmasken abgelegt hatten, wurden mit bestem Appetit Dörrobst und Ovomaltine verzehrt.

Im Süden beobachteten sie ein gewaltiges Wolkenfeld, das sich gegen den Berg vorschob. Der Monsun rückte immer näher.

Mittags um 1 Uhr traten sie den Abstieg an. Sie nahmen während des Rückmarschs Gesteinsproben auf und beluden sich zudem im Lager 7 noch mit einigen wertvollen Dingen. Trotzdem erschienen sie bereits zwei Stunden später am Südsattel. Eine außerordentliche Leistung!

Dort hatte man inzwischen bereits den Abstieg eingeleitet. Eggler, Grimm, Schmied, Marmet und zwei Sherpa trafen bei der Überschreitung der Genfer Schulter eine aufsteigende Kolonne: Luchsinger, Müller, Leuthold und Reiß sowie sechs Sherpa. Eine Meldung, die der Expeditionsleiter in den letzten Tagen nach unten durchgegeben hatte, nämlich Sauerstoff und Brennmaterial zum Südsattel hochzuschicken, löste dort ernsthafte Beunruhigung aus — man glaubte, daß sich die Freunde oben in Not befänden. Deshalb mobilisierten sie alle verfügbaren Kräfte, um sofort das Nötige nach oben zu bringen. Aber Hilfe war nicht nötig. Die Begegnung ließ bei Eggler den Gedanken aufkommen, ob man, unter den gegebenen Umständen, es nicht auch noch einer dritten Seilschaft ermöglichen sollte, den Gipfel zu besteigen. Doch im nächsten Augenblick entschied die Vernunft: Man hatte das Expeditionsziel und mehr als das erreicht — nun sollte der Bogen nicht überspannt werden!

1960: Dreizehnte — erste indische — Mount-Everest-Expedition

Bis zum Jahr 1950 gab es kaum einen Inder, der das Himalaya-Gebirge aus bergsteigerischen Ambitionen heraus besucht hatte. Die Erstbesteigung des Mount Everest im Jahr 1953 weckte Begeisterung, und der indische Alpinismus erhielt dadurch seinen initiativen Auftrieb. Um der indischen Jugend die Möglichkeit und die Voraussetzungen zum Bergsteigen zu geben, wurde 1954 — zur Erinnerung an Tensings großartige Leistung — das Himalayan Mountaineering Institute in Darjeeling gegründet. Tensing Norkay wurde der Leiter dieses Instituts. Hier wurden bergbegeisterte Inder im Klettern in Fels und Eis geschult. Es wurde auch schon geplant, Himalaya-Expeditionen zu organisieren. Und bereits vier Jahre nach der Gründung des Instituts konnte es auf die stolze Besteigung des siebthöchsten Berges der Erde, des Cho Oyu (8153 m), zurückblicken. Angespornt durch diesen Erfolg versuchte das Patronatskomitee für 1960 und, falls ohne Erfolg, auch schon für 1962 eine Expeditionserlaubnis für den Everest zu erhalten.

Aus unbekannten Gründen verschob man die Vorbereitungsarbeiten in die letzten fünf Monate. Das Ziel stand bereits fest. Die Mannschaft war während eines Everest-Vorbereitungskurses ausgesucht worden. Die Leitung wurde Gyan Singa übertragen. Außerdem nahmen daran drei Sherpa-Instruktoren teil, die den Everest bereits kannten: Da Namgyal, Ang Temba und Nawang Gombu — die weiteren Teilnehmer waren fast alle Militärs, so Hauptmann Keki Bunshah, Narinder Kumar, Sonam Gyatso, der 1958 bereits auf dem Cho Oyu gestanden hatte, Fliegerleutnant Chowdhury, Rajendra Vikram Singh, B. D. Misra, C. P. Vohra, Hauptmann Jungalwala, Instruktionsleutnant bei der Indischen Marine M. S. Kohli, Brigadier Gyan Singh, Fliegerleutnant N. S. Bhagwanani, Hauptmann S. K. Das, C. V. Gopal, Fliegerleutnant A. J. S. Grewal, Hauptmann S. G. Nanda, K. U. Shankar Rao, Sohan Singh.

Am 2. März traf die Expedition bereits in Jaynagar ein, wo die Lasten auf zwei Karawanen verteilt wurden. Drei Wochen später, am 21. März, erreichte sie Namche Bazar, am nächsten Tag das Kloster Tengpoche. Hier war das Akklimatisations- und Trainingslager. Drei Wochen lang wurden Touren auf 4000 und 5000 Meter hohe Gipfel der näheren Umgebung unternommen. Alle Teilnehmer fühlten sich bei guter Kondition. Zum Abschied segnete der Lama die Expedition ein letztes Mal und wünschte ihr eine gesunde Rückkehr.

Am 13. April trafen endgültig alle im Hauptlager ein. Das war nicht gerade sehr früh. Als Aufstiegsroute wählte man die der früheren Expeditionen, denn sie bot die größten Chancen für einen Erfolg. Die auf diesem Weg zu bewältigenden Schwierigkeiten waren der Khumbu-Eisfall, die Lhotse-Flanke und schließlich die Gipfelpyramide.

Am 10. April hatten bereits Ang Temba, Keki Bunshah, Kohli, Jungalwala und Bhagwanani das Lager 1 in 5800 Meter Höhe errichtet. Am nächsten Tag drangen sie auch noch ein Stück gegen den zweiten Hochlagerplatz vor, bevor sie sich von der zweiten Gruppe (Kumar, Misra, Vohra und Da Namgyal) ablösen ließen.

Mit der Errichtung des zweiten Hochlagers auf 6100 Metern war die erste

Hürde genommen. Es hat wie bei allen übrigen Expeditionen viel Arbeit und einen eisernen Einsatz gekostet, sich durch dieses Labyrinth von Eisspalten, Eistürmen und Schneebrücken einen Weg nach oben zu bahnen. Mit Plastik-Sprengkörpern machte man sich den Weg gangbar, Holzpfähle und Aluminiumleitern halfen die breiten, gähnenden Abgründe der Spalten zu überwinden.

Am 17. April errichteten sie das vorgeschobene Hauptlager 3 in 6550 Meter Höhe. Man steckte auch noch den Weg zum vierten Hochlagerplatz (6800 m) mit Fähnchen ab, bevor dieses Team zur Erholung wieder bis Lobuche (!) abstieg.

Die dritte Gruppe übernahm nun die Arbeit an der Spitze. Zu ihr gehörten Sonam Gyatso, Chowdhury, Rajendra Vikram und der Fotograf Gopal. Diese Gruppe hatte mit der Höhe, dem Sauerstoffmangel und den heftigen Stürmen im West-Becken hart zu kämpfen. Am 24. April, nachdem das vierte Hochlager errichtet war, nahmen Gombu, Sonam und Chowdhury die gewaltige Lhotse-Flanke in Angriff. Sie stiegen zunächst über den steilen Lhotse-West-Gletscher empor und traversierten schließlich zum Genfer Sporn hinüber. Der Winter vorher war sehr mild gewesen, und so hatte die Lhotse-Flanke eine geringe Schneeauflage — das bedeutete, daß die Inder Stufe für Stufe ins harte Eis schlagen mußten. —

Infolge organisatorischer Nachschubfehler wurde die Gipfelmannschaft nicht genügend mit Material versorgt. Dadurch war sie in ihrem Vorwärtsstreben stark gehemmt. Unter Verwendung des ganzen Seilvorrats und unter äußerstem persönlichem Einsatz erreichten Gombu und Sonam nicht einmal den Lagerplatz 5. Es vergingen acht Tage, bis schließlich Da Namgyal doch in 7300 Meter Höhe ein Zelt (Lager 5) aufschlagen konnte. Dann aber waren er und Kumar ebenso erschöpft, so daß sie zur Erholung ins Hauptlager absteigen mußten.

Um künstlichen Sauerstoff zu sparen, wurde die Führungsgruppe der Expedition wieder gewechselt. Gombu stieg als erster über das Gelbe Band zum Genfer Sporn hoch. Bei 7600 Metern mußte er umkehren. Vohra und Chowdhury lösten ihn ab und erreichten am 6. Mai die Höhe von 7750 Metern. Ohne Sauerstoff stießen drei Tage später Ang Temba und Jungalwala sowie eine Gruppe von sechs Sherpa bis zum blankgefegten Südsattel vor. Sie deponierten Zelt, Sauerstoff und Lebensmittel und stiegen umgehend ins Lager 5 — und anderntags sogar bis ins Hauptlager ab. —

Am 13. Mai verschlechterte sich das Wetter. Bis dahin waren lediglich zwei kleine Lastentransporte zum Südsattel hinauf gelungen. Wind und Schnee unterbrachen die Arbeit und zwangen die Mannschaft, in tiefer gelegene Lager abzusteigen. Die ganze Hoffnung war nun auf die Vor-Monsun-Windstille gerichtet, die man Mitte Mai erwarten durfte. Bis zum 16. Mai zeigte sich jedoch keine Wetterbesserung. Endlich, am 20. Mai, wurde es wieder klar. Sollte dies die Vor-Monsun-Pause sein? Der Wetterdienst aus Indien sprach bereits vom Monsun, der aus der Bucht von Bengalen im Vordringen sei.

Nachdem sich der Schnee nach der Schlechtwetter-Periode einigermaßen gesetzt hatte, stiegen am 22. Mai drei Bergsteiger und neun Sherpa vom Lager 3 zum Lager 5 auf. Bereits am folgenden Nachmittag erreichten sie, von Jungalwala und seiner Sherpa-Gruppe unterstützt, den Südsattel (Lager 6).

Der 24. Mai war traumhaft schön. Es herrschte Windstille, ein richtiges Gipfel-

Am oberen Ende des Khumbu-Eisbruchs liegt auf einem kleinen
Hochplateau das erste Hochlager (6000 m).
Eben angekommene Sherpa, eine Träger-Elite. Ohne sie ist eine Everest-
Expedition nicht denkbar. Sie leben in Höhen um 4000 m und sind daher
in der Lage, Lasten bis auf Höhen von 8000 m zu tragen.

wetter für einen Achttausender! Gombu, Kumar und Sonam stiegen an diesem Tag über den Südost-Grat hoch und stellten in 8450 Meter Höhe ihre Zelte auf (Lager 7). Während die erschöpften Träger sofort zum Südsattel abstiegen, richteten sich Gombu, Kumar und Sonam für die Nacht ein. Unter Sauerstoff schliefen alle gut und hatten immer noch ausgezeichneten Appetit. Trotzdem war es im Zwei-Mann-Zelt zu dritt nicht gerade bequem. Bereits um 3 Uhr morgens krochen sie aus ihren Schlafsäcken und machten sich für den Aufstieg bereit. Aber das Wetter war nicht mehr so schön wie am Vortag. Es herrschte Höhensturm, und schon im zweiten Teil der Nacht wurde ihr Zelt mächtig hin und her gerüttelt. Die drei Bergsteiger hofften zunächst auf eine Beruhigung der Wetterlage. Da aber um 7 Uhr morgens immer noch die gleiche Situation herrschte, beschlossen sie dennoch, einen Gipfelvorstoß auf gut Glück zu wagen.

Verbissen kämpften sie gegen den Sturm an, der ihnen den Schnee ins Gesicht und unter die Schutzbrillen trieb. Die Ventile an den Sauerstoffmasken vereisten, und man mußte immer wieder anhalten, um die gefrorenen Ventile in Ordnung zu bringen. In 8626 Meter Höhe — es war Mittagszeit — machten sie eine kurze Rast. Die Versuchung weiterzusteigen war groß, aber die Chance, den Gipfel zu erreichen und wieder heil herunterzukommen, nach menschlichem Ermessen minimal. So entschloß man sich schweren Herzens 220 Meter unter dem Gipfel für den Rückzug. — Gerade noch rechtzeitig, wie man später bemerkte, denn am folgenden Tag brach der Monsun los.

Auch eine zweite Seilschaft, die inzwischen bis zum Südsattel aufgestiegen war, wartete noch auf klares Wetter. Während sich die Gipfelgruppe ins Hauptlager zurückzog, verschlechterte sich das Wetter noch mehr, und so wurde am 27. Mai beschlossen, den Besteigungsversuch abzubrechen. —

Die erste indische Expedition hatte ihre Bewährungsprobe bestanden. Sie durfte stolz sein auf das, was sie erreicht hatte, und hätte der Everest nicht seine grimmigste Waffe, den Höhensturm, gegen sie eingesetzt, dann hätten sie vielleicht im Handstreich, schon bei ihrem ersten Everest-Unternehmen, den Gipfel mit nach Hause gebracht.

Für Indien war das erste Everest-Unternehmen mehr als nur eine bergsteigerische Tat im Himalaya. Es galt nun, die indische Jugend für die Schönheit der Berglandschaft und den gesunden Bergsport zu begeistern. So wurden bereits im Jahr 1962, als die zweite indische Everest-Expedition gestartet wurde, weitere zehn indische Unternehmungen durchgeführt und dabei ein halbes Dutzend Gipfel erstmals bestiegen. Die Leitung all dieser Klein-Expeditionen war den Teilnehmern an der ersten Everest-Expedition von 1960 übertragen worden.

1962: Vierzehnte — zweite indische — Mount-Everest-Expedition

Die Expedition startete am 16. Februar 1962 in Jaynagar. Die Trägerkarawane bewegte sich zwischen Reisfeldern hindurch auf die Berge zu, erreichte den Dudh Kosi und schließlich Namche Bazar.

Tengpoche wurde wieder zum ersten Akklimatisationslager bestimmt. Da man der Überzeugung war, daß auch die Sherpa eine gewisse Anpassungszeit benötigen, teilte man die vierzig Träger in drei Gruppen ein. Jede der Gruppen wurde von einigen erfahrenen Bergsteigern und einem Sirdar geführt. Während der dreiwöchigen Anpassungszeit in Tengpoche mußten sie sich von Woche zu Woche an eine größere Höhe gewöhnen.

Die Leitung der Expedition wurde diesmal Major John Dias übertragen. Stellvertretender Expeditionsleiter war der Marineleutnant Mohan S. Kohli. Dr. A. N. D. Nanavati und Dr. M. A. Soares waren die Expeditionsärzte. Die übrigen Teilnehmer der vierzehnköpfigen Mannschaft hießen: Gurdial Singh — Sonam Gyatso — A. K. Chowdhury — Hari K. Dang — A. B. Jungalwala — K. P. Sharma — C. P. Vohra — Mulk Raj — O. P. Sharma — Suman Dubey. — Das Durchschnittsalter der 14 Expeditionsmitglieder betrug 31 Jahre. Einige dieser Bergsteiger waren bereits zwei Jahre vorher am Everest und kannten die Situation, die sie erwartete. Dies war für den zweiten Vorstoß der Inder von großer Wichtigkeit.

Der erste Sirdar, Angtharkai, der einer 40 Mann starken Trägergruppe vorstand, hatte bereits ausgiebige Expeditionserfahrung. Allein mit Eric Shipton war er auf elf Expeditionen gewesen.

Es war geplant, den Angriff auf den Everest in vier Phasen durchzuführen. 1. Einrichtung eines vorgeschobenen Hauptlagers im West-Becken — 2. Errichtung eines Lagers am Südsattel — 3. Gipfelvorstoß — 4. Rückzug. — An sich brachte diese Überlegung nichts Neues, denn sie ergibt sich zwangsläufig aus dem Verlauf einer Expedition.

Auch den Zeitplan teilte man in vier Phasen ein: 15 Tage für die erste Phase — 16 Tage, also bis 1. Mai, für die Errichtung des Lagers am Südsattel — 10 Tage, d. h. bis 11. Mai, sollte der Gipfelvorstoß vorbereitet werden — und in der Zeit zwischen dem 12. und 30. Mai erfolgen. Letzteres ist eine sehr große Zeitspanne, und man kann eigentlich hier von einem Angriffs-Rahmenplan kaum sprechen.

Der Aufbau der Lager hielt sich im großen und ganzen an jene Höhenquoten, die man bereits zwei Jahre vorher festgelegt hatte. Man verzichtete immer noch nicht auf das Lager 1 auf 5800 m Höhe. Diese kleine Insel inmitten des Eisfalls wurde von uns später lediglich als Rastplatz im Aufstieg zum Lager 1 verwendet.

Zur Überwindung des Khumbu-Eisbruchs wurden 18 Teilnehmer in sechs Seilschaften aufgeteilt. Die vier ersten Seilschaften wurden von Bergsteigern geführt, die beiden letzteren bestanden aus Sherpa, die das notwendige Material nachschleppten. Dabei leisteten Dang, Jungalwala und Chowdhury ausgezeichnete Arbeit. Sie waren so in Form, daß das Lager 1 bereits am Abend des ersten Tages errichtet werden konnte.

Dann wurde die große Spalte angegangen. Oberhalb von Lager 1 führte ein steiler Aufstieg zum Rand der Riesenspalte empor — sie war wiederum in drei große Spalten aufgesplittert, was die Überquerung erleichterte. — Nach der Arbeit im Bruch war es zu spät geworden, als daß die Spitzengruppe noch bis ins Hauptlager hätte absteigen können. Sie blieb daher die Nacht über in Lager 1.

Der weitere Aufbau der Hochlager ging planmäßig vonstatten. Bevor die

Lhotse-Flanke in Angriff genommen wurde, versammelten sich alle noch einmal im Hauptlager, um sich zu kräftigen. Lager 4 lag direkt unter dem Lhotse-West-Gletscher und war von den Sherpa nicht sehr geschätzt — 1952 wurde hier einer ihrer Kameraden durch einen Eissturz getötet. —

Die Inder planten nun den Vorstoß zum Südsattel zu forcieren und durch zwei Tagesschichten in einem Zug zu schaffen. Jeweils zwei Teilnehmer, unterstützt von vier Sherpa, sollten sich nach oben durchkämpfen. Die übrigen sechs Sherpa hatten von Lager 3 aus die Spitzengruppe zu unterstützen.

Innerhalb von vier Tagen wurden viele Meter Seile in der Wand fixiert. Dabei wurde Sherpa Nawang Tshering von einem herabfallenden Felsstück getroffen; er erlitt schwere innere Verletzungen, denen er kurz darauf in Lager 4 erlag. Am Morgen des nächsten Tages wurde er in der Nähe von Lager 3 im Eis begraben.

Während der Nachschub zum vorgeschobenen Hauptlager im West-Becken zügig weiterlief, wurde die Lhotsewand erstmals versucht. Doch Neuschnee verhinderte zunächst den Vorstoß — die Lawinengefahr war zu groß. — Da aber die Zeit drängte, versuchten Kohli und Gurdial Singh bei schneidendem West-wind dennoch Seile in der Aufstiegs-Trasse, die nach dem fünften Hochlagerplatz hinaufzieht, zu fixieren. — Dias und Jungalwala lebten im vorläufigen Lager 5 und versuchten das Lhotse-Couloir zu erreichen. Bei schlechtem Wetter mußten sie vier Tage und vier lange Nächte in dem einsamen Zelt ausharren. Jungalwala erfror sich dabei die Zehen und mußte ins Hauptlager absteigen.

Als man die Arbeit im Lhotse-Couloir wiederaufnahm, stürzten durch das Herausbrechen von Felshaken zwei Sherpa durch die Eisrinne ab. Doch das Glück war mit ihnen, und der junge Dawang Hilla hielt das fixe Seil und konnte so das Schlimmste verhindern.

Das untere Lager 5 (7163 m) wurde von Sharma und Sonam Gyatso errichtet. Am 6. Mai, also einige Tage später, konnte das eigentliche fünfte Hochlager (7350 m aufgebaut werden, mußte aber wegen schlechten Wetters immer wieder geräumt werden).

Erst am 21. Mai waren das Lhotse-Couloir und das Gelbe Band im Bereich der Aufstiegs-Trasse mit fixen Seilen versehen. Jetzt war es der indischen Mannschaft auch möglich, an die dritte Phase ihres Angriffsplans, den Transport der Aus-rüstung zum Südsattel, zu denken. Die Expedition hatte also bis zum Südsattel ganze 45 Tage benötigt.

Vom Lager 5 aus wurden zunächst drei vergebliche Versuche unternommen, die Firnkuppe (8020 m) über dem Genfer Sporn zu erreichen. Aber das schlechte Wetter zwang Mulk Raj und Chowdhury immer wieder, ihren Versuch noch zu verschieben. Dann wurden zwei Sherpa schneeblind, zwei weitere hatten sich die Finger erfroren und mußten ins Lager 3 hinabgebracht werden.

In dieser wenig versprechenden Situation und bei der bereits sehr fortgeschrit-tenen Jahreszeit wurden Kohli, Singh und Sonam Gyatso zur ersten Gipfelseil-schaft bestimmt. Zunächst sollten sie sich im Hauptlager noch einmal erholen. Dann, als Dias am Gelben Band fixe Seile angebracht hatte, war der Weg für die Spitzenmannschaft frei. Sie stieg mit fünf Sherpa ins Lager 5 hoch.

Nach der langen Schlechtwetter-Periode befanden sich alle jetzt in einer hoffnungsvollen Stimmung. Man versuchte einen zweiten Transport zum Südsattel zu schicken, bevor die Angriffsmannschaft hochsteigen würde. Es war der 23. Mai, und der Monsun konnte jeden Tag hereinbrechen.

Am 25. Mai stiegen sechs Bergsteiger zusammen mit 18 Sherpa bei schwerem Sturm die ausgesetzte Lhotse-Flanke zum Lager 5 empor. Dort waren auch Dias und Sonam, jene beiden, die bereits vor vier Jahren zusammen in einem Zelt im Gipfellager am Cho Oyu (8153 m) gelegen hatten.

In der Morgendämmerung traversierten sie das Couloir hinauf und querten gegen den Ausläufer des Genfer Sporns hoch. Erst nach Überwindung des Gelben Bandes griffen sie zum künstlichen Sauerstoff.

Am 27. Mai war das Wetter so schlecht, daß sie einen weiteren Tag im Zelt verbringen mußten. Sie verwendeten die Nacht über keinen Sauerstoff, um Flaschen für den Gipfelangriff zu sparen. Der Lagerplatz 6 auf dem Südsattel (7986 m) beeindruckte sie stark. Sie bezeichneten ihn als den wildesten, nacktesten, meist gehaßten Fleck der Erde inmitten eines Wüstenlandes aus Eis und Fels, über den fast immer ein grausamer Wind fegt.

Am Morgen des 28. Mai beruhigte sich die Atmosphäre, die Hoffnung wuchs. Dang zog mit sechs Sherpa gegen den Südostgrat hinauf. Wenige Minuten später setzte sich die Hilfsmannschaft in Bewegung, der Dias und Dubey zugeteilt waren. Bereits 150 Meter über dem Südsattel verspürte der Sherpa Nima starke Schmerzen beim Atmen und mußte umkehren. Hari Dang und die beiden Sherpa Phu Dorje und Danu teilten sich die frei gewordene Last. Später fühlte sich Guardial Singh nicht mehr wohl und stieg ebenfalls ab. Bewundernswert war die Leistung des Sirdar Angtharkai, der mit seinen 53 Jahren noch vierzig Pfund zum Lager 7 in 8534 m hinaufschleppte. Dieses Lager stand diesmal höher als 1960.

Der 29. Mai mußte im letzten Lager verbracht werden, da ein gnadenloser Höhensturm über den Grat fegte. Erst am nächsten Morgen konnte von unten aus beobachtet werden, wie sich drei Pünktchen von Lager 7 aus der Südspitze näherten.

Sonam, Dang und Kohli stiegen am 30. Mai um 5 Uhr morgens bei strahlendem Wetter — aber starkem Höhensturm — gegen den Südgipfel auf. Sie brauchten für die ersten 200 Meter zwei Stunden — für die weiteren 30 Meter aber ganze fünf. Mit dieser Kondition konnten sie nicht vor einer weiteren Stunde den Vorgipfel erreichen — und erst nach mehreren Stunden mit einem Gipfelerfolg rechnen — wenn überhaupt. Und so entschlossen sie sich in 8730 Meter Höhe, also knapp unter dem Süd- oder Vorgipfel (8760 Meter), zur Umkehr.

Am 1. Juni verließen sie bei stürmischem, sehr kaltem Wetter den Südsattel, um ins Hauptlager abzusteigen. Dang hatte sich bei seinem Gipfelversuch starke Erfrierungen an den Zehen zugezogen und mußte, zusammen mit dem an Lungenentzündung erkrankten Träger Nima, von Tengpoche aus im Hubschrauber nach Kathmandu geflogen werden.

1963: Sechzehnte — erste große amerikanische — Mount-Everest-Expedition

Erste Westgrat-Besteigung — Erste Überschreitung

Die amerikanische Großexpedition 1963 zum Mount Everest bestand aus zwei getrennten Gruppen, von denen die eine über den Südsattel zum Gipfel des Berges vorstoßen sollte — also auf bekannter, klassischer Route —, während die zweite Gruppe vor der Aufgabe stand, über den Westgrat den Everest zu erreichen. Die ferner noch eingeplante Überschreitung von Westen her setzte einen erfolgreichen Vorstoß über Südsattel und Südostgrat voraus. — Die Hauptgruppe der Expedition war zweifellos jene, die den Aufstieg über den Südsattel plante. Ohne sie wäre eine erfolgreiche Überschreitung vom Westgrat aus undenkbar gewesen.

Die Gesamtleitung der Expedition lag bei Norman G. Dyhrenfurth, der auch als Kameramann arbeitete. Die anderen Teilnehmer waren: William E. Siri, stellvertretender Leiter und Physiologe — Maynard M. Miller, Geologe und Glaziologe — Barry W. Prather, Geophysiker und Glaziologe — Daniel E. Doody, Kameramann und Filmproduzent — James T. Lester, Psychologe — Allen C. Auten, Funkfachmann — Gilbert Roberts, Expeditionsarzt — David L. Dingman, Arzt und Bergführer — Thomas F. Hornbein, Arzt und Sauerstoff-Spezialist — Lt. Col. James O. M. Roberts, Transport-Offizier — Capt. Prabhaker S. J. B. R., Verbindungs-Offizier — Richard M. Emerson, Soziologe — Barry C. Bishop, Kameramann. Weitere Bergsteiger waren John E. Breitenbach, Bergführer — James Barry Corbet — Richard Pownall — Luther G. Jerstad — James W. Whittaker — William F. Unsoeld — James Ramsey Ullmann.

Wenngleich man sich über das Ziel der Expedition durchaus im klaren war, wurde es während des Anmarschs doch immer wieder diskutiert. Hauptziel sollte der klassische Aufstieg über den Südsattel sein. Die Südgruppe war gleichzeitig als Unterstützung für die Westgrat-Besteigung und die eventuell geplante Traversierung gedacht. Die Auswahl der Teilnehmer für die jeweilige Route ergab sich aus der Neigung jedes einzelnen. So herrschte von vornherein darüber Klarheit, daß Whittaker, Jerstad, Pownall, Dyhrenfurth, Gil Roberts, Doody und der Sherpa Gombu sich für die Südsattel-Route entscheiden würden. Für den Westgrat interessierten sich Hornbein, Emerson, Unsoeld, Corbet, Breitenbach, Bishop und Dingman. Siri, Miller und Prather waren sowohl Bergsteiger als auch Wissenschaftler. Der Radio-Spezialist Allen Auten und der für den Nachschub verantwortliche James Roberts hatten ihre Spezialaufgaben. J. Lester, der kein Bergsteiger war, richtete sich im Lager 2 ein, um dort seine Studien zu betreiben.

Am 21. März wurde das Hauptlager in 5425 m Höhe errichtet. Das Hauptlager wurde erstmals näher an den Khumbu-Eisfall gelegt. Am nächsten Tag begannen die Arbeiten im Bruch. Da ereignete sich ein erschütterndes Unglück. Ein Eisturm stürzte auf die Führungsmannschaft herab, Jake Breitenbach wurde von tonnenschweren Eismassen verschüttet. Das war ein schwerer Verlust für das Westgrat-Team, das mit ihm einen seiner fähigsten Bergsteiger verlor. Tagelang steckte den Expeditionskameraden noch der Schock in den Gliedern — aber der

Berg lockte, und man wollte im Sinne des Toten den begonnenen Kampf um den Berg fortsetzen und, wenn möglich, mit Erfolg beenden. —

Wie 1955 erschien es auch diesmal der Expeditionsleitung erforderlich, daß man auf 5850 m Höhe, mitten im Bruch also, ein Depot anlegte. Spätere Expeditionen haben meist auf dieses Lager inmitten der Sérács verzichtet. Auten, Bishop, Corbet und Dingman bemühten sich zusammen mit zwölf Sherpa die Aufstiegsroute durch den Bruch zu verbessern, spannten neue Seile, bauten Holzbrücken über die größten Spalten und stellten am Depot ein Zelt auf. Am 28. März wurde Lager 1 in 6160 m Höhe errichtet. Dann mußte noch die große Querspalte überwunden werden, die in dreistündiger harter Arbeit überlistet wurde. Nach diesem letzten Bollwerk lag das West-Becken frei vor den Angreifern.

Am 2. April wurde Hochlager 2 (6500 m) zum vorgeschobenen Hauptlager ausgebaut. Von hier aus wurde nun auf zwei Routen weitergearbeitet — Richtung Südsattel und Richtung Westgrat.

Inzwischen erfolgte der weitere Aufbau von Hochlagern auf der klassischen Route der früheren Everest-Südsattel-Expeditionen. Hochlager 3-Süd (6980 m) wurde auf der ersten Terrasse der Lhotse-Flanke errichtet. Bald stand auch Lager 4-Süd in etwa 7590 m Höhe. In üblicher Weise wurde die Aufstiegsroute mit fixen Seilen durch das Lhotse-Couloir zum Gelben Band hin versichert. Damit war der Zugang zum Südsattel, dem Ausgangslager für den Gipfelsturm, gesichert.

Am 9. April wurde Lager 3-West (7150 m) unter dem Grat der Westschulter (7205 m) errichtet. Ein Vier-Mann-Zelt wurde aufgestellt und sollte die nächsten drei Tage der Erkundungsmannschaft Dingman, Bishop, Hornbein und Unsoeld als Unterschlupf dienen. Von hier aus war die Aufstiegsmöglichkeit oberhalb der Schulter zu prüfen.

Die Ausgangsposition erwies sich als äußerst ungünstig. Es war schwer, aus dieser Lage heraus in kurzer Zeit bereits eine Entscheidung fällen zu können, inwieweit ein Besteigungsversuch über den Westgrat erfolgversprechend sein würde. Mangelnde Akklimatisation und ungünstiges Wetter hemmten den Auftrieb. Wolken verhüllten bis auf kurze Augenblicke die vor ihnen liegende Route und erlaubten nur flüchtige Blicke auf Felspfeiler, Gratverlauf und Eiscouloirs, so daß sie von der Begehbarkeit des Westgrats keine klare Vorstellung gewinnen konnten. Zwei Tage lang konnten sie die Gipfelpyramide nur zwischen kurzen Aufklarungen beobachten, diese gewonnenen Ausblicke waren aber nicht gerade ermutigend. Sie bekamen zwar den Eindruck, daß der Gipfel besteigbar wäre, aber der sehr steile und zum Teil sogar überhängende Fels warf seine Probleme auf. Die Aufstiegsroute mußte vorher für die Sherpa mit ihren schweren Lasten gangbar gemacht werden.

Am folgenden Tag fühlte sich Dave Dingman so schlecht, daß er ins Lager 2 absteigen mußte. Dadurch verzögerte sich auch der Aufstieg von Bishop, Hornbein und Unsoeld, die sich zu einer Dreier-Seilschaft verbunden hatten. Sie gerieten in Nebel und Schneetreiben. Es war 15.30 Uhr, als sie in einer Höhe von 7650 m zu den Felsen kamen. Die Sicht war stark behindert. Das erste Couloir, das später „Diagonale Rinne" genannt wurde, erschien allerdings aus der Nähe betrachtet nicht so steil, wie man vermutet hatte. Vor ihrem Abstieg traversierten sie noch weitere 100 m horizontal bis zu jener Gratkante hin, die in den Gipfelaufbau übergeht.

Direkt am Fuß der Gipfelfelsen befand sich ein idealer Platz für Hochlager 4, eine ebene kleine Plattform. Wie es sich später aber herausstellen sollte, hatte man die Tücke des Windes an dieser Stelle nicht mit einkalkuliert.

Einige Schritte weiter südlich von diesem Platz konnte man die ganze Wand bis hinab zum Lager 2 einsehen. Gegen Norden fiel der Blick auf die steilen, schneebedeckten Hänge, die zum Rongphu-Gletscher hinableiten. Auch im Westen bot sich ein herrliches Panorama: Pumori, Cho Oyu und Gyachung Kang. Letzterer war vor einem Jahr jenes Scheinziel von vier Amerikanern, die sich zu viert von Nepal aus auf tibetisches Gebiet begaben, um den Everest von Norden her anzugehen. Ihr unerlaubter Grenzübertritt erschwerte für einige Jahre die Expeditionstätigkeit außerasiatischer Bergsteiger in Nepal.

Nachdem man festgestellt hatte, daß der Westgrat begehbar sei, stieg man am 13. April wieder ins West-Becken ab. In der Zeit vom 17. April bis zum 13. Mai kämpften die Bergsteiger mit dem Aufbau und der Inbetriebnahme der Aufzugswinde. Unsoeld schrieb später über diese Zeit:

„Sogar rückblickend ist es schwer, genau zu sagen, was während dieser vier Wochen eigentlich am Grat geschah; jedenfalls haftet diesen Erinnerungen ein Gefühl bitterer Enttäuschung an. Da alle verfügbaren Sherpa an der Südsattel-Route eingesetzt waren, blieb die Gratmannschaft den Launen der Motorwinden überlassen. Ein Team nach dem anderen stieg mühsam zum Lager 3-West auf, um an den Motoren herumzupröbeln, 600 Meter Drahtseil auszuwerfen und zu entwirren, die Spezialschlitten zu manövrieren, die aus sechs Head-Kurzskis zusammengesetzt und mit besonderen Querverstrebungen fest verbunden waren. Ein Team nach dem anderen stapfte entmutigt zurück, nachdem es den Kampf mit verwickelten Drahtseilen, im tiefen Schnee versinkenden Schlitten und stehengebliebenen Motoren aufgegeben hatte."

Am 21. April gab es wieder einmal einen bösen Zwischenfall. Daniel E. Doody, der Kameramann, klagte über starke Schmerzen im Bein. Die Ärzte stellten eine akute Venenentzündung mit Thrombosenbildung fest. Er mußte sofort einer intensiven Behandlung unterzogen werden und ins Hauptlager absteigen. — Eine ähnliche Situation erlebten wir 1953 am Nanga Parbat, als Kuno Rainer, der sämtliche Hochlager aufgebaut und sich dabei auch übernommen hatte, ebenfalls an einer Venenentzündung erkrankte. Rainer war seinerzeit wochenlang nicht gehfähig.

Bislang war das Wetter gut gewesen. Am 25. und 26. April aber schneite es so heftig, daß die Tätigkeit in der Lhotse-Flanke wegen Lawinengefahr eingestellt werden mußte. Doch bereits am 27. April konnte die Gipfelseilschaft Whittaker-Nawang Gombu mit Dyhrenfurth und einem Sherpa weiter hochsteigen. In Lager 3-Süd wurde schon Sauerstoff zum Schlafen benutzt. Am nächsten Tag erreichte man das Lager 4-Süd (7590 m).

Der Morgen des 30. April war wolkenlos, aber stürmisch. Am Everest hing eine ungeheuer lange Schneefahne. Whittaker und Gombu folgten den acht Sherpa, die bereits vor ihnen das Südsattel-Lager verlassen hatten. Bei dem Felsen links vom Couloir, das zum Südostgrat hinaufzieht, wurden sie von der Gipfelseilschaft erreicht. Kurze Zeit später, auf 8370 m, stellte man zwei kleine Zelte auf, Lager 6 Süd. Zehn Männer hatten zwei Stunden lang gearbeitet, um eine halbwegs ebene Fläche für die beiden Zelte zu schaffen. Das Lager 6 war nicht so hoch wie jenes von Hillary und Tensing 1953, die es auf 8500 m gestellt hatten.

Nach einer relativ guten Nacht, die natürlich mit Sauerstoff verbracht wurde, gab es einen herrlichen Morgen. Der 1. Mai sollte den Gipfelsieg bringen. Whittaker und Nawang Gombu starteten um 6.30 Uhr. Auf 8660 m deponierten sie ihre Reserve-Sauerstoff-Flasche. Nach fünf Stunden seit dem Verlassen von Lager 6 erreichten sie den Südgipfel (8760 m). Von nun an waren sie dem Spiel der Windböen ständig ausgesetzt. Nach kurzem Zögern griffen sie aber dennoch den Hauptgipfel an. Sie kletterten etwa zehn Meter westwärts in die Scharte ab und erklommen dann den Grat mit seinen ungeheuren Wächten. Als sie den Hillary-Kamin hinter sich hatten, war an einem Gipfelsieg nicht mehr zu zweifeln. Die letzten Meter bis 8848 Meter, der Firnkuppe des Everest-Gipfels, gingen sie gemeinsam — es war 13.00 Uhr — vor sechseinhalb Stunden hatten sie das Lager 6 Süd verlassen.

Auf der Spitze trieb Whittaker eine Aluminiumstange in das Eis und befestigte die amerikanische Flagge daran. Dann folgten die traditionellen Gipfelfotos — mit und ohne Wimpel — nach allen vier Himmelsrichtungen.

Während des Abstiegs, bei der Gegensteigung zum Südgipfel, kam es noch einmal zu einem ernsten Zwischenfall. Dyhrenfurth schrieb darüber folgendes: „In der Scharte vor dem Südgipfel hatte Jim (Whittaker) ein dringendes menschliches Bedürfnis. Während der große Mann einen mühevollen Kampf mit dem Gepäck und den zahlreichen Schichten seiner Kleidung führte, kletterte der kleine Gombu zur Spitze des Südsattelgipfels hinauf. Nach einer Viertelstunde war Jim soweit, ihm zu folgen, und da geschah es: In seiner Erschöpfung glitt er aus, und schon hing er kopfüber am Seil, durch seine schwere Traglast nach rückwärts gezogen. Er schrie, aber Gombu oben, im heulenden Sturm, konnte ihn nicht verstehen und zog bloß mit aller Kraft, wodurch es für Jim fast unmöglich wurde, wieder auf die Beine zu kommen. Erst nach wirklich verzweifelter Anstrengung war er wieder auf seinen Füßen und hackte den Steilhang hinauf. Zum erstenmal begann Jim ernstlich zu zweifeln, ob sie lebend davonkommen würden. — Endlich war er glücklich oben. Er fiel, nach Luft ringend, in den Schnee und versuchte seine Kräfte wiederzugewinnen. Auch Gombu war ziemlich fertig. Der Sauerstoffmangel hatte sich bei beiden ausgewirkt. Aber der Lebenswille half ihnen weiter den steilen Grat des Südgipfels hinunter: Abwechselnd gehend, sich gegenseitig sorgfältig sichernd, blieben sie alle paar Schritte stehen und schnappten nach Luft. So erreichten sie das Depot auf 8660 m, wo ihre halbvollen Sauerstoff-Reserveflaschen lagen. Und gierig saugten sie den Lebensatem in vollen Zügen." —

In dieser Zeit wartete Dyhrenfurth voller Sorge mit seinem Sherpa-Freund Ang Dawa im Lager 6 (8370 m). Endlich fielen Schneebrocken und Steine auf ihre Zelte: Die beiden Gipfelsieger kamen mehr taumelnd als gehend zurück, Erschöpfung im Gesicht. Es dauerte ziemlich lange, bis sie die Steigeisen abgebunden und die Lasten abgelegt hatten, um sich sofort ins Zelt zu verkriechen. Sie waren jetzt bei ihren Freunden, sie befanden sich in Sicherheit. —

Whittaker und Gombu hatten am 1. Mai über den Südsattel den Gipfel bezwungen! Sie waren die vierte erfolgreiche Seilschaft, die auf dem höchsten Punkt unserer Erde gestanden hatte. Ihrer bergsteigerischen Leistung war ein ungeheuer starker Einsatz der Sherpa vorausgegangen. Der Südsattel wurde für zwei Seilschaften, die für den Gipfel vorgesehen waren, mit Material versorgt. Träger waren dort also nicht mehr nötig, und so konnten sämtliche Sherpa nun dem Angriff über den Westgrat zugeteilt werden. Damit die Vorstöße zum Gipfel über beide Routen gleichzeitig liefen, mußten alle Vorbereitungen zeitlich abgesprochen werden, der Aufstieg am Grat mit jenem der zweiten Südsattel-Seilschaft koordiniert sein.

In der Nacht vom 16. zum 17. Mai fegte ein böiger Wind über die Zelte von Lager 4 West, jenem Hochlager auf dem schönen flachen Platz. Bei einer dieser Sturmböen wurden beide Vier-Mann-Zelte 30 Meter den Abhang hinuntergefegt. In diesen Zelten schliefen vier Sherpa, Corbet und Auten. Im Zwei-Mann-Zelt schliefen Hornbein und Unsoeld. Auten, der die jähe Talfahrt mitgemacht hatte, stieg hoch, um die Besatzung des restlichen Lagers 4 zu Hilfe zu holen. Gemeinsam ging man in der deutlichen Spur, welche die abgerutschten Zelte erzeugt hatten, und erreichte 30 Meter unterhalb des ehemaligen Standplatzes die beiden Zelttrümmer. Da man mitten in der Nacht keine weiteren Unterschlupfmöglichkeiten schaffen konnte, ließ man Corbet und die vier Sherpa, die alle den Rutsch gut überstanden hatten, einfach in den Trümmern weiterschlafen. Hornbein und Unsoeld befestigten lediglich die Zeltfetzen mit Pickeln und Seilen, um eine weitere Auflösung der Zeltwände zu verhindern.

Am Morgen verschärfte sich der Wind. Die Sherpa stiegen daraufhin wieder ins Lager 3 zurück. Corbet siedelte zu Hornbein und Unsoeld ins Zelt über, aber auch das war nicht mehr allzu standfest und tendierte stark dem Abgrund entgegen.

Später, in Lager 3-West, wurde die Lage neu überdacht. Die Hoffnung auf einen erfolgreichen Aufstieg war nicht groß. Die Sherpa, welche die Sturmnacht im Lager 4-West durchlebt hatten, stiegen sofort ins Lager 2 ab — mit ihnen konnte nicht mehr gerechnet werden. — Außerdem war die Westgruppe auf vier Mann zusammengeschrumpft. Jerstad und Bishop sollten vom Südsattel aus am 22. Mai den Vorstoß zum Gipfel unternehmen.

Ein letzter fanatischer Vorschlag von Hornbein zeigte die verzweifelte Situation: An einem einzigen Tag sollte als letzter Versuch die Route erkundet und für die Sherpa vorbereitet, sowie das Lager 5-West errichtet werden. In der allgemeinen geringen Hoffnung auf einen Erfolg wurde der Vorschlag von Hornbein sozusagen ohne Widerrede angenommen.

Am 19. Mai wurde ein neues Zelt zum Lager 3-West geschleppt. Zu diesem Zeitpunkt war die Mannschaft bestens ausgeruht und startete am 20. Mai mit neuen Kräften. Die Zelte aus Lager 3 wurden mit hinauf ins Lager 4 genommen und an der alten Stelle wieder aufgebaut. Aber man sicherte sich dieses Mal gegen den Sturm gut ab: Die Zelte wurden durch viele Seile fest am Boden verankert.

Am 21. Mai brachen Corbet und Auten an einem kalten, klaren Morgen zur Erkundung auf. Zwei Stunden später stiegen Sherpa mit 12 bis 15 Kilo auf dem Rücken über 600 Höhenmeter in unbekanntes, steiles Gelände hoch. Die Stimmung war ausgezeichnet. Die Route führte über die Nordwand zum Fuß des Hornbein-Couloirs. Ab 7930 m Höhe betrat man Neuland. Der Vortrupp Corbet und Auten legte die neue Route fest. Immer wieder schickten sie Eis- oder Steinstücke als gefährlichen Gruß das Couloir hinab. Es mußte eine Stufenleiter durch das Couloir gehackt werden, bis man endlich das „Gelbe Band" erreichte. In einer Höhe von 8290 m wurde erstmals ein brauchbarer Platz für Lager 5 entdeckt: ein schmales Schnee-Gesims, das zunächst verbreitert werden mußte, um das Material dort abstellen zu können. Unterhalb dieses Platzes pickelten Hornbein und Unsoeld eine Plattform für ihr Zelt aus. Obwohl Corbet und Auten in bester Kondition waren, verzichteten sie auf einen Gipfelsturm zugunsten der beiden anderen. Sie stiegen nun mit den Sherpa ab, die sie durch die steile Rinne sicherten.

Am 22. Mai um 7 Uhr früh brachen Hornbein und Unsoeld bei grimmiger Kälte zum Gipfel auf. Sie hatten kaum ihren Lagerplatz verlassen, als sich die ersten Schwierigkeiten einstellten. Das Sauerstoffgerät von Unsoeld funktionierte nicht, das wertvolle Gas strömte aus. Die beiden Gipfelstürmer standen bereits am Fuß des ersten Aufschwungs und wollten keinesfalls mehr die zwölf Meter zum Zelt zurückkehren. Man rechnete, daß trotz des Sauerstoffverlusts die Flasche noch dreieinhalb Stunden reichen würde. Um Sauerstoff zu sparen, wurde das Gerät auf zwei Liter pro Minute gedrosselt, das heißt auf die Hälfte der üblichen Menge, die man in diesen Höhen beim Steigen benötigt.

Das Couloir war steiler als erwartet. Man mußte hintereinander aufsteigen, sich ständig sichern, und viele Stufen schlagen. Für die Überwindung einer zwölf Meter hohen Felsstufe benötigten sie eine ganze Stunde. Auch hier war es nötig sich gegenseitig zu sichern und Haken in den Fels zu schlagen. Es war bereits 10.30 Uhr, und sie hatten das Gelbe Band immer noch nicht erreicht. Dennoch waren sie zuversichtlich, denn sie glaubten die größten Schwierigkeiten hinter sich zu haben. Von hier aus gaben sie die erste Funkmeldung ins Hauptlager durch und wechselten dann ihre Sauerstoff-Flaschen. Aufgrund des gefährlichen Geländes, das sie hochgekommen waren, schien es ihnen als eine fast zwingende Selbstverständlichkeit, nun über den Gipfel zum Südsattel abzusteigen. Diese Route bot mehr Sicherheit als die jetzige.

Die Schneefelder der Nordwand lagen in der Sonne. Der Weg über den Grat führte über brüchige Platten aufwärts. Der Aufstieg wurde immer steiler. Dann erreichten sie einen Punkt, von dem aus sie ins Western Cwm hinabschauen konnten. Vor ihnen aber lag der gekrümmte Felsgrat, der so beschaffen war, daß er sich gut erklettern ließ. Hier nahmen sie ihre Steigeisen ab, um schneller vorwärts zu kommen Diese Freude am freien Klettern war jedoch nicht von Dauer, denn bald traten wieder Eis- und Schneefelder auf, und sie mußten sich ihre Steigeisen wieder anlegen. 100 Höhenmeter trennten sie noch vom Gipfel. Am Ende des Schneegrats erkannten sie plötzlich die amerikanische

Flagge, die Whittaker und Gombu vor drei Wochen auf den höchsten Berg der Erde gebracht hatten.

Drei Stunden vor ihnen hatten Corbet und Auten auf diesem Platz gestanden. Nun folgten die beiden Gipfelbezwinger vom Westgrat, Hornbein und Unsoeld, den Spuren, die zum Südsattel hinabführten. Zwanzig Minuten waren sie am Gipfel geblieben. Sie waren ziemlich erschöpft und stolperten über den Grat abwärts. Die letzten Sonnenstrahlen begleiteten sie bei ihrem Abstieg. Dann mußten ihnen die Taschenlampen den Weg weisen. Um 21.30 Uhr hörten sie plötzlich Stimmen aus der Tiefe heraufhallen. Es waren wohl Dingman und Dorje, die Unterstützungsmannschaft aus Lager 6. Aber welche Überraschung! Man hatte sie gehört, und Auten und Corbet hatten auf sie gewartet.

Der Sauerstoff war nun endgültig aus. Die vier Männer stolperten am Seil die messerscharfe Schneekante hinunter. Auten stürzte und wurde gehalten. Der eine glaubte, der andere würde sichern, und so stolperte man erschöpft abwärts. Die Müdigkeit führte zu den eigenartigsten Vorstellungen.

Kurz nach Mitternacht verlor sich der Grat, und Auten meinte, daß es nun Zeit wäre zu biwakieren. Die Männer legten den Rucksack in den Schnee und suchten eine möglichst bequeme Stellung zum Schlafen. Wie betäubt warteten sie auf das Tageslicht. Hornbein klagte über Frostschäden.

Beim ersten Morgengrauen setzten sie ihren Abstieg fort. Bald darauf begegneten sie Dave Dingman und Girmi Dorje, der Unterstützungsseilschaft. Deutliche Spuren führten hinab in Richtung Südsattel. Die Freunde drängten die absteigende Gipfelmannschaft, noch bis zum Lager 2 weiter abzusteigen, um sich dann im besseren klimatischen Milieu schneller erholen zu können. Sie stiegen alle vier ab und erreichten noch in der Nacht gegen 22 Uhr todmüde das vorgeschobene Basislager.

Corbet und Unsoeld hatten sich ernste Erfrierungen zugezogen. Ihnen blieb die Qual, mit blasenbedeckten Füßen noch vom Lager 2 zum Hauptlager hinabzuhumpeln und später zwei ganze Tage auf dem Rücken von Sherpa bis nach Namche Bazar getragen zu werden. Aber dort wartete bereits der Hubschrauber, und am 27. Mai, genau fünf Tage nach ihrem Gipfelsieg, lagen sie bereits in weißen Betten im Shanta Bhawan Hospital in Kathmandu.

„Später, als ich monatelang im Bett saß", schrieb Unsoeld, „und zusehen mußte, wie meine erfrorenen Zehen eine nach der andern abfielen, starrte ich oft vor mich hin und fragte mich immer wieder: ,Lohnt sich denn so ein Aufwand?' — Lohnt es sich? Ich dachte nicht nur an meine geopferten Zehen, sondern an Jakes Tod und an den verschwenderischen Aufwand von Menschenkräften, die vielleicht anderswo als am Everest besser hätten eingesetzt werden können.

Vor dem vielschichtigen Hintergrund der menschlichen Beziehungen und gegenseitigen Beeinflussung steht das allen Gemeinsame: Der unbändige Drang und Wunsch, in das Unbekannte einzudringen, seine eigenen Grenzen zu überschreiten, auf eine höhere Ebene der Leistung und der Aufopferung vorzustoßen. Der Everest bleibt das vollkommene Symbol der Höhe, zu der sich die Menschen bei aller Verschiedenheit kraft ihres Geistes zu erheben vermögen, wenn sie sich zum gemeinsamen Einsatz fest verpflichten.

Für den Everest hat es sich wahrlich gelohnt." —

Glauben wir einfach einmal diesen Worten — wenngleich Rusty Baillie gerade von dieser Expedition sagte, daß sie sich damals jämmerlich zerschlug —, und werfen wir einen Blick auf die oft so hoch gepriesene ideelle Einstellung zum Bergsteigen, speziell zum Expeditions-Bergsteigen. Da schrieb der indische Bergsteiger Dias in seinem Expeditionsbericht über die zweite indische Mount-Everest-Expedition folgendes: „Bergsteigen ist die umfassendste, zwecklosteste und menschlichste Tätigkeit. Der größte Reiz ist, daß wir bereit sind, dadurch alles zu verlieren und nichts zu gewinnen. Durch materielle Vorteile würde der Alpinist seiner sauberen Einstellung zum Bergsteigen verlustig werden."

Ist dies wirklich so?

Betrachten wir einmal den kühnen, vielleicht sogar herausfordernden Einsatz bei sehr schwierigen Bergfahrten. Sind sie überhaupt ohne einkalkuliertes Risiko durchführbar? Auch bei guter Kondition und bester Ausrüstung sind objektive Gefahren wie Wettersturz, Lawinen, Steinschlag nicht auszuschließen. Man braucht also selbst bei bester Vorbereitung für eine Bergfahrt immer auch ein gutes Quantum persönliches Glück, um wieder gesund die Niederungen zu erreichen. Wird das geforderte Glück, das man voraussetzen zu dürfen glaubt, in Relation gesetzt zu den Gefahren — Verletzungen, Erfrierungen, Erschöpfung usw. —, die nun einmal nicht auszuschalten sind, so sind die auf diese Weise erlittenen körperlichen Schäden doch als gering zu bezeichnen, wenn andererseits bei einem großen Wagnis schon ein kleiner Schritt — auch ein kleiner Fehltritt — vom Sein ins Nirwana führen kann.

Ich meine, man sollte den gewagten bis waghalsigen Einsatz solcher Taten auch einmal unter diesem Aspekt beurteilen, denn es macht sich schlecht, wenn kühne Männer nach ihrem Erfolg, nach ihrem meist nicht völlig selbstlosen Einsatz dann in der Heimat alle anderen — nämlich die Ärzte, den für das Ganze verantwortlichen Expeditionsleiter oder gar die eigenen Kameraden — für den Verlust von oft kaum ein paar Zentimetern mumifizierten Gewebes verantwortlich machen.

Und mehr noch ist es richtig, das durch eigene Initiative erbrachte und gewollte Risiko dann — wenn es persönlichste Opfer in Form von körperlichen Schäden gefordert hat — so hochzuspielen, daß die Öffentlichkeit, die meist um die wahren Hintergründe von spektakulären Aktionen nichts weiß, vom Mitleid gerührt, gegen einen manipulierten Buhmann auf die Barrikaden geht? Solche Manipulationen werden von der Boulevard-Presse sehr gern aufgegriffen und verbreitet. Der Held des Tages erreicht damit eine temporäre Popularität, wenngleich auf Kosten eines anderen. Lautstark kann er nun seine drastisch bekanntgemachten Leistungen am Berg in klingende Münze umsetzen.

Dann gibt es noch solche, die von vornherein einen Presserummel verursachen, wenngleich ihnen bewußt ist, daß sie ihr Ziel unter den gegebenen mangelhaften Voraussetzungen niemals erreichen können. Ein Beispiel dafür sind die „Vier am Everest". G. O. Dyhrenfurth sagt dazu: „Das Unternehmen des Amerikaners Woodrow Wilson Sayre ist in jeder Hinsicht ein Musterbeispiel, wie man es nicht machen soll. Sein unloyales Verhalten gegenüber der Regierung in Kathmandu hat künftige Expeditionen im nepalesisch-chinesischen Grenzraum erschwert. Diesem Herrn haben große amerikanische Zeitungen und Zeitschriften allergrößte Publizität eingeräumt. — Ärgere dich nicht — wundere dich nur!" —

Das sind keine schönen Worte, aber gerade in letzter Zeit konnte man solche Machenschaften — natürlich nur nach erfolgreichen Expeditionen — immer wieder beobachten. Das merkantile Denken macht eben auch vor dem Bergsteigen nicht Halt. Es wird ohnehin bald keinen reinen ideellen Leistungssport mehr geben, und die Olympischen Spiele sind längst eine Farce, hinter der Profitgier, Geschäft und Erfolgsruhm lauern. — Die Stillen im Lande sind fast ausgestorben. Typen wie Kuno Rainer, Toni Kinshofer, Sigi Löw, Michl Anderl haben heute Seltenheitswert. Nur jene werden gehört, die lautstark für sich selbst Reklame machen, sie werden bewundert und gefördert. Die anderen aber versinken in unserer schnellebigen Zeit, ohne je die ihren Taten gebührende Anerkennung gefunden zu haben. Ich glaube, daß im Zeitalter der Atomkraft und der Computer — in dem sich auch führende Staatsmänner bereits mit Gehirn-Trusts umgeben müssen, um den Anforderungen der öffentlichen Aufgaben gerecht zu werden — sich auch die sensationslüsterne Presse auf ein höheres Niveau einstellen muß und sich nicht nur mit leerem Gerede und faszinierenden Allgemeinplätzen begnügen kann. Irgendwann wird der allgemeine Bildungsnotstand als gefährlich erkannt werden, und dann werden es die Hasardeure und Märchenerzähler schwer haben, bei den Massenmedien und der von ihnen beeinflußten Öffentlichkeit das gewünschte Echo zu finden.

1965: Siebzehnte — dritte indische — Mount-Everest-Expedition

Die Expedition wurde von der Indian Mountaineering Foundation organisiert. Mit der Leitung wurde Lt. Commander der indischen Flotte M. S. Kohli beauftragt. Sein Stellvertreter war Major N. Kumar. Insgesamt zehn Teilnehmer waren bereits Mitglieder der beiden ersten indischen Everest-Expeditionen. An der neunzehn Mann umfassenden Expedition von 1965 nahmen teil: Gurdial Singh — C. P. Vohra — Mulk Raj — Sonam Gyatso — H. C. S. Rawat — H. P. S. Ahluwalia — H. V. Bahuguna — A. S. Cheema — B. P. Singh — J. C. Joshi — A. K. Chakravarti — D. V. Telang — G. S. Bhangu — Sonam Wangyal und Nawang Gombu.

Der lange Anmarsch zum Hauptlager begann am 26. Februar in Jaynagar, einer Bahnstation an der indisch-nepalesischen Ostgrenze. Nach siebzehn Tagen erreichte die Marschkolonne das heilige Lamakloster Tengpoche. Fast traditionsgemäß legte man hier eine viertägige Reorganisations- und Akklimatisationspause ein. Als Vortraining unternahm man kleine Bergtouren.

Am 22. März erreichte die Vorhut der Expedition den Hauptlagerplatz am Knie des Khumbu-Gletschers. Nach einem Rasttag nahmen sie den Eisfall in Angriff. Es gelang ihnen bereits nach vier Tagen — eine Rekordzeit! — den wilden Bruch mit seinen Eistürmen, Spalten und Schneebrücken zu überwinden. Am 27.

März war somit das West-Becken erreicht, der Weg durch das „Tal des Schweigens" eröffnet. Lager 1 stand nun in 6160 m Höhe, Lager 2 sollte am 6. April als vorgeschobene Basis in 6500 m Höhe errichtet werden. Die Suche nach geeigneten Lagerplätzen stützte sich auf frühere Erfahrungen. In der Zwischenzeit war das Gros der Expedition im Hauptlager (5450 m) angelangt — man schrieb den 28. März. —

Während Lager 3 in 6980 m Höhe von der Spitzengruppe errichtet wurde, trugen Bergsteiger und Sherpa in wochenlangem Einsatz ununterbrochen Material an den oberen Rand des Eisfalls. Man wußte, daß jeder Auf- oder Abstieg durch das Chaos der Eisblöcke, Séracs und Spalten für Sherpa und Mannschaft eine große Gefahr bedeuteten, denn der Gletscher fließt sehr schnell, und das Bild des Eisfalls ändert sich von Tag zu Tag. Man wußte auch von den Opfern, die dieser Eisfall schon gefordert hatte. Dennoch wurde der Angriff mit großer Begeisterung forciert.

Nach Überwindung des ersten gefürchteten Bollwerks, das der Everest dem Angreifer auf seiner Südwest-Route entgegensetzt, ging man die Steilflanke des Lhotse an. Mit Hilfe von künstlichem Sauerstoff (2 Liter pro Minute) gelang es den beiden Seilschaften Gombu/Cheema und Sonam Gyatso/Sonam Wangyal die Route zum Südsattel zu eröffnen und den Aufstieg über die Lhotse-Flanke, das Couloir und das Gelbe Band zu verseilen. Die hundert Meter Seil, die man von den Amerikanern von 1963 noch fand, waren eine willkommene Hilfe.

Zwischen dem 16. und 22. April schleppten Bergsteiger und Sherpa in drei Transporten Proviant, Sauerstoff und Ausrüstung für sechs Mann auf den Südsattel. Erst nachdem sich genügend Material auf dem Sattel befand, durfte die entscheidende letzte Phase begonnen werden. Das Wetter war gut, und so richtete man sich auf einen baldigen Gipfelangriff ein.

Auf dem Südsattel, dem höchsten Müllplatz der Erde, fanden sie von den vorhergehenden Expeditionen Filme, Sauerstoff-Regulatoren, Zeltteile und — eine Geldbörse des Inders Hari K. Dang — sie lag seit drei Jahren hier oben und enthielt nepalesische und indische Rupien.

Am 20. April stiegen die beiden Seilschaften Gombu/Cheema und Gyatso/Wangyal zum vorgeschobenen Hauptlager auf. Gurdial Singh, Kohli und vierzehn Sherpa begleiteten diese erste Gipfelgruppe.

Obwohl der Wetterbericht am 25. April den Durchzug einer Tiefdruckzone durchgab, stiegen die Seilschaften am 27. April vom Lager 2 zum vierten Hochlager (7620 m) empor. Anderntags erreichten sie den Südsattel. Im Höhensturm errichteten sie ihr Lager, verspannten die Zelte und warteten auf besseres Wetter: Gurdial, Dawar, Norbu und Kohli in dem einen, Gombu, Cheema, Gyatso und Wangyal in dem anderen Zelt. Durch Funk waren sie mit Lager 2 verbunden. Unter künstlichem Sauerstoff aus amerikanischen Flaschen verbrachten sie einige unruhige Nächte. Am dritten Tag entschloß man sich, wieder ins Hauptlager abzusteigen, da der Wetterbericht weiterhin schlecht war. Voller Sorge erinnerte man sich der beiden ersten indischen Versuche am Everest, die ebenfalls in großer Höhe durch das stürmische Everest-Wetter zurückgeschlagen wurden.

Endlich, am 14. Mai, legte sich der Wind. Der Wetterbericht meldete Besserung.

114

‚Theoretisch' war man bereits im Lager 6, das man auf 8350 m Höhe plante. Aber die Gunst des Erfolgs an einem Achttausender ist engstens verknüpft mit der Kunst der Improvisation — sich immer wieder neuen Situationen anzupassen und den gesetzten Rahmenplan des Angriffs geschickt variieren zu können.

Am 16. Mai starteten vom Hauptlager aus Cheema und Gombu zusammen mit ihren Sherpa nach Lager 2. Zwei Tage später standen sie bereits wieder auf dem Südsattel, wo sie ihr Lager in relativ gutem Zustand vorfanden. Die Zelte wurden wieder aufgestellt und abermals verankert.

Am 16. Mai brachen Sonam Gyatso und Sonam Wangyal vom Hauptlager auf. Überall flatterten die Gebetsfahnen. Gyatsos Gebetsmühle, die sich auf dem Sanitätszelt befand, drehte sich im Wind — man erhoffte sich einen guten Verlauf.

19. Mai: Nach einer ruhigen Nacht stiegen Gombu und Cheema im lockeren Pulverschnee das Couloir zum Südostgrat empor. Den Südgipfel vor Augen, stiegen sie zusammen mit zehn Sherpa hoch, um in 8500 m Höhe die Zelte von Lager 6 aufzubauen. Eineinhalb Stunden benötigte die Gruppe, bis endlich eine kleine Plattform für das Zwei-Mann-Zelt geschaffen war.

Die zwei Gipfelstürmer verlebten eine ruhige Nacht in Lager 6. Um 3 Uhr begann ihr Lever. Bevor sie um 5 Uhr starteten, meldeten sie sich noch per Funk im Akklimatisationslager ab. Jeder der beiden trug zwei Sauerstoff-Flaschen, von denen sie die halbverbrauchte kurz unter der Südspitze in den Schnee legten.

Kurz nach 8 Uhr erreichten sie den Südgipfel (8760 m). In diesem Augenblick konnten sie von verschiedenen Beobachtungsposten in den unteren Lagern bzw. vom Pumori-Grat aus gesehen werden. Eine ungeheure Spannung lag über der ganzen Expedition. — Nach Überwindung des Hillary-Kamins mußten noch einige Stufen ins Eis geschlagen werden, dann lag der Gipfelgrat vor ihnen. Einige Meter vor dem höchsten Punkt der Firnkuppe des Everest-Gipfels tauchte die amerikanische Flagge auf, die Jim Whittaker und Nawang Gombu hier am 1. Mai 1963 an einer Aluminiumstange befestigt hatten. Wenige Minuten später, um 9.30 Uhr, flatterte daneben bereits die indische Trikolore im Höhenwind. Cheema und Gombu opferten den Göttern ein Halstuch, einige Silbermünzen und eine kleine Buddha-Statue.

Nach 30 Minuten verließen sie wieder den Gipfel. Der jetzt aufkommende Wind fegte ihnen die Eiskristalle ins Gesicht, so daß sie ihre Brillen immer wieder davon befreien mußten. Augenbrauen und Bärte waren vereist. — Ansonsten aber verlief der Abstieg einigermaßen planmäßig. Um 12.45 Uhr erreichten sie das Zelt von Lager 6 (8500 m). Sie tranken Unmengen von Ovomaltine, das sie im amerikanischen „Müll" am Südsattel gefunden hatten — gaben eine Funkmeldung in die tieferen Lager durch und riefen dort einen Freudentaumel hervor. Und schneller als gedacht erreichte die Siegesbotschaft Kathmandu und damit die ganze Welt.

Beim weiteren Abstieg gerieten die beiden in einen gräßlichen Schneesturm. Cheemas Sauerstoffmaske war beschädigt. Im Couloir stießen sie auf die beiden aufsteigenden Sonams. Zusammen mit diesen kehrten nun alle zurück in das Lager auf dem Südsattel. Dort erkannte man, daß nicht alles ganz glimpflich abgegangen war: Cheema war schneeblind, Gombu klagte über starke Halsschmerzen. Trotzdem stiegen die beiden tags darauf durch Neuschnee und über verwehte Spuren ins Lager 4 ab, wo gerade die dritte Gipfelseilschaft vom Akklimatisationslager heraufgestiegen war: Es waren Vohra und Ang Kami.

Die Sonams brachen am 21. Mai um 8.25 Uhr zusammen mit drei Sherpa zum Südgipfel auf. Das Wetter verschlechterte sich zusehends. Ein heftiger Sturm — man errechnete 140 Stundenkilometer! — machte einen Aufstieg fast unmöglich. Die Sturmböen peitschten ihnen den Schnee ins Gesicht, so daß sie die Übersicht über ihre Aufstiegsroute verloren und von der richtigen Fährte abkamen. Um 12.30 Uhr erreichten sie das amerikanische Lager. Nach langem Suchen stieß man per Zufall auf das eigene Zelt. Das üble Wetter hatte den Sherpa stark zugesetzt: Einer von ihnen war schneeblind, der andere hatte sich die Finger angefroren, und der dritte war total erschöpft.

Für die beiden Sonams folgte eine unruhige Nacht, man konnte kaum schlafen. Dennoch brachen sie am 22. Mai früh um 6.45 Uhr von Lager 6 auf. Bereits um 10.20 Uhr standen sie auf dem Südgipfel und rund zwei Stunden später auf dem Hauptgipfel des Everest.

Nachdem die Gipfelfotos geschossen waren, stiegen sie um 13.15 Uhr wieder ab. Die Sicht war nicht klar. Als sie den Hillary-Kamin erreichten, mußten sie feststellen, daß der Sauerstoff zu Ende war. Nun kamen sie nur sehr langsam abwärts. Doch beim Südgipfel fanden sie wieder eine Sauerstoff-Flasche, die ihnen den Rückzug erleichterte. Gegen 18 Uhr näherten sie sich dem Lager 6 — sie waren erschöpft und zum Umfallen müde. Hier meldeten sie ihren Kameraden den Erfolg.

Vohra und Ang Kami waren wegen Neuschnee an diesem Tag nicht aufgestiegen. Unten im Lager 4 warteten sie auf eine Funkverbindung mit der Gipfelseilschaft. Kurz nach Eintreffen im Lager 6 meldete sich die Stimme Sonam Wangyals und bestätigte, daß ihre Erwartungen in Erfüllung gegangen waren.

Am 23. Mai begegneten sich die zweite und dritte Gipfelseilschaft auf dem Grat zwischen Lager 5 und Lager 6. Um 10 Uhr erreichten Vohra und Ang Kami das Lager 6 und schickten die Sherpa über den Südostgrat wieder zum Südsattel hinab. Das Wetter war prächtig. Am 24. Mai starteten die beiden um 5 Uhr früh zum Gipfel. Es war dies die dritte indische Seilschaft. Bereits um 9 Uhr standen sie auf dem Südgipfel — um 10.45 Uhr auf dem Hauptgipfel. Die Freude war unermeßlich. Es war ein gewaltiger Erfolg der Expedition. —

Der Rückzug der dritten Seilschaft verlief ereignislos, wenngleich Vohras Sauerstoffvorrat während des Abstiegs zu Ende ging. Das bedeutete kalte Füße und Reduktion der allgemeinen Kraft. Dennoch erreichten beide am Spätnachmittag das Zelt von Lager 6. Da die Sonne bereits am untergehen war, beschlossen sie dort zu nächtigen. Vorher aber gaben sie den anderen noch per Funk ihren Erfolg und ihre gute Verfassung bekannt.

Es gab eine kalte Nacht. Vergeblich versuchten sie ihre erstarrten Glieder warm zu reiben. — Am Morgen stiegen sie bei starkem Wind zum Südsattel ab. Vor ihrem geistigen Auge sahen sie immer wieder eine Tasse mit heißem Tee, der

Auf dem Schotterfeld der rechten Khumbu-Moräne befindet sich in 5450 m Höhe das Hauptlager. Bunte Zelte beleben die öde Landschaft.

30 Sherpa-Hochträger unterstützen die Expedition und schleppen fast täglich schwere Lasten durch den im Hintergrund sichtbaren Khumbu-Eisbruch zum West-Becken hinauf.

Unten: Der größte Teil der Mannschaft hat sich zum traditionellen Gruppenbild zusammengefunden.
Von links (sitzend): Breitenberger, Berger, Weißensteiner, Sager, Huber, McInnes.
Zweite Reihe (stehend): Bednar, Saleki, Haim, Maag — darüber Michl Anderl und Alice von Hobe, dann folgen Schneider, Perner, Whillans, Kuen und Scott. — Es fehlen Hüttl, Gorter, die Wissenschaftlergruppe Zeitz — Fach — Mehler und der Expeditionsleiter Herrligkoffer, der Fotograf dieser Aufnahme.

Im Hauptlager
wird die Ausrüstung verteilt. Im
Hintergrund die Westschulter des
Everest (7205 m).

Sepp Maag im Hauptlager,
ein unermüdlicher Arbeiter und die
rechte Hand des stellv. Expeditionsleiters Michl Anderl.

Unten: Blutdruckkontrollen sind einer
der vielen wissenschaftlichen Tests.

Oben: Apothekerin Alice von Hobe entnimmt Blutproben — unterstützt von „Toni", dem kleinen, quicklebendigen „Assistenten".

Rechts: Für unsere medizinischen Forschungsarbeiten mußten auch am Berg gewisse Apparaturen zur Verfügung stehen. Hier wurde das Aggregat, das den Strom für das Fotometer liefern soll, mit einer Sauerstoff-Flasche verbunden, da es in dieser Höhe keine ausreichende Leistung erbrachte.

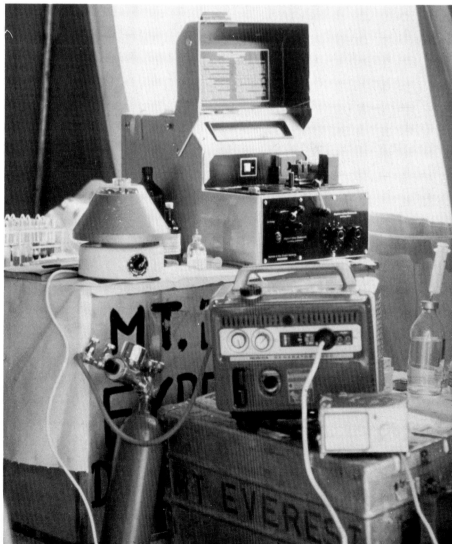

Für die Hubschrauberlandung wurde
auf der Gletscher-Moräne nahe dem
Hauptlager ein 3 × 5 m großes
Rechteck planiert. Im Lauf der Expedition wurden dort einige Landungen
durchgeführt.

Rechts: Das große Bollwerk vor dem
West-Becken, der wildzerklüftete
Khumbu-Eisbruch.

Unten: Um die Leistungsfähigkeit der
Bergsteiger und Hochträger überprüfen zu können, wurde eigens ein
Ergometer mit ins Hauptlager
hochgeschleppt.

Zwanzig Alu-Leitern machten einen raschen Aufstieg durch das Eis-labyrinth möglich. — Auch aus früheren Expeditionen wurde noch Material gefunden.

Links unten: Der Engländer McInnes bleibt selbst auf 6000 m noch traditionsbewußt.

Rechts unten: Die lange sogenannte Japaner-Leiter.

ihnen aber erst kurz vor dem Südsattel von Labsan und Mulk Raj entgegengebracht wurde.

Um Vohras Füße stand es nicht gut, er hatte starke Schmerzen. Während sein Kamerad Kami sofort mit Labsan zum Lager 2 abstieg, mußte Vohra sich auf dem Südsattel zunächst noch erholen.

Am 20. Mai stiegen Rawat und Bahuguna, B. P. Singh und Ahluwalia zum vorgeschobenen Hauptlager auf. Da es im Hinblick auf den Monsun schon relativ spät war, entschloß man sich, die beiden Seilschaften gemeinsam aufsteigen zu lassen. Starker Wind vereitelte jedoch zunächst ein weiteres Höherkommen, und eine riesige Eislawine, die von der Lhotse-Flanke heruntergebraust war, fegte am 25. Mai über das damals unbesetzte Lager 3 hinweg. Einen ganzen Tag lang grub die Spitzengruppe zusammen mit Sherpa nach den unter dem Lager begrabenen Sauerstoff-Flaschen, Zelten, Ausrüstungsgegenständen und diverser Verpflegung. — Aber inzwischen erfuhr man von der dritten Gipfelseilschaft, daß am Südsattel noch etwa 30 Sauerstoff-Flaschen lägen und somit die Möglichkeit bestünde, daß noch fünf weitere Bergsteiger den Gipfelangriff wagen könnten. Dies bedeutete das große Glück für den Sherpa Phu Dorje: er durfte sich der Viererseilschaft zum Gipfel anschließen. Da er sich zu diesem Zeitpunkt aber noch im Hauptlager befand, mußte er in zwei Tagen den Aufstieg bis zum Südsattel schaffen.

Die fünfköpfige Gipfelmannschaft stieg am 26. Mai mit ihren Sherpa ins Lager 4 hoch. B. P. Singh mußte wegen Magenschmerzen ins Hauptlager zurückkehren. Die anderen dagegen erreichten am nächsten Tag den Südsattel.

Der 28. Mai war ein strahlender Tag. Die eine Seilschaft bestand aus Ahluwalia und Phu Dorje, die andere aus Rawat und Bahuguna. Zusammen mit sieben Sherpa stiegen sie zum letzten Lager auf dem Südostgrat empor. Sie hatten allen Komfort dabei: Schlafsäcke und Luftmatratzen und zudem noch ein kleines leichtes Zelt.

Am 29. Mai um 5.30 Uhr sollte der Start sein. Bahuguna erkrankte an einem Hautausschlag und mußte umkehren. So war die Fünfergruppe nun auf eine Dreierseilschaft zusammengeschrumpft. Unterhalb des Südgipfels deponierten sie den Reserve-Sauerstoff. Um 8.45 Uhr war der Südgipfel erreicht, dann folgte der Hillary-Kamin, und in den noch sichtbaren Spuren ihrer Vorgänger erreichten sie um 10.15 Uhr den Hauptgipfel. Hier wurden sie bereits von der amerikanischen Flagge und der indischen Trikolore begrüßt. Der Erfolg war nun vollkommen. Insgesamt neun Bergsteiger dieser indischen Expedition hatten den Gipfel des Mount Everest bestiegen. Die letzte, vierte Gruppe saß eine halbe Stunde lang auf dem höchsten Punkt der Erde, denn die Aussicht war traumhaft schön. Dann aber erinnerten sie sich doch des kräftezehrenden Abstiegs nach Lager 6. Um 15.30 Uhr wurde dasselbe erreicht. Drei Stunden später trafen sie im Zeltlager am Südsattel ein.

Am 31. Mai war die ganze Expedition wieder im Hauptlager versammelt. Die allgemeine Freude war groß, der Erfolg kaum zu fassen. Kohli, der Expeditionsleiter, faßte seine Gedanken ungefähr in folgende Worte:

„Wir hatten nie die Absicht, anderen Expeditionen gegenüber Rekorde zu brechen. Wir lernten aber aus den Erfahrungen unserer Vorgänger und nutzten sie.

Wie jede andere Expedition haben wir natürlich schon versucht, möglichst vielen Bergsteigern unseres Unternehmens die Möglichkeit für einen Aufstieg zum Gipfel zu geben, soweit dies aus Sicherheitsgründen zu verantworten war. Das Glück, das auf den Höhen des Himalaya so entscheidend ist, war uns gnädig."

1969/70: Die Japaner am Everest
Achtzehnte Mount-Everest-Expedition über den Südsattel — erster Versuch an der Südwest-Wand

1969: Zwei japanische Erkundungstrupps am Everest

Der e r s t e Erkundungstrupp bestand aus folgenden Teilnehmern: Yoshihiro Fujita, der 36 Jahre alte Expeditionsleiter Naomi Uemura — Toyozo Sugasawa — der Journalist Hirofumi Aizawa.

Nachdem die kleine Gruppe am 5. Mai Kathmandu verlassen hatte, um mit einer Chartermaschine nach Lukla zu fliegen, startete sie schließlich zwei Tage später mit fünfzig Trägern zum Berg. Am 14. Mai wurde das Basislager an bekannter Stelle am Knie des Khumbu-Gletschers aufgebaut.

Bereits zwei Tage später versuchten die Bergsteiger den Eisfall für Hochträger gangbar zu machen. Nach zehn Tagen anstrengender Arbeit erreichten zwei Mitglieder der Gruppe eine Höhe von 6450 m im Western Cwm. Am 25. Mai, kurz vor Einbrechen des Monsun, studierten die Bergsteiger voller Interesse die noch unbetretene Südwest-Flanke des Everest, um geeignete Aufstiegsmöglichkeiten ausfindig zu machen.

Der z w e i t e Erkundungstrupp im Herbst, also in der Nach-Monsunzeit, wurde von dem 38jährigen Hideki Miyashita geleitet. Stellvertretender Expeditionsleiter war Hisashi Tanabe. Die übrigen Bergsteiger waren Hiroshi Nakajima — Masatsugu Konishi — Naomi Uemura — Yukitoshi Sato — Jiro Inoue — der Expeditionsarzt Shigeo Omori — Shigeru Sato, Journalist — Hiaso Shirai, Tokutaro Noguchi und Katsuhisa Kimura bildeten das Kamera-Team.

Am 4. September 1969 startete dieser zweite Erkundungstrupp und erreichte am 16. September den Hauptlagerplatz. Das Ziel war, nach Überwindung des Eisfalls die Südwest-Flanke so hoch wie möglich hinaufzuklettern, um Einzelheiten über die geplante Aufstiegsroute sowie über das offensichtliche Problem, das der 300 m hohe Wandabsturz in 8100 m aufgibt, Klarheit zu gewinnen.

Nach einigen Tagen Rast begannen sie den Eisfall zu präparieren. Am 28. September konnte das Lager 1 in 6050 m Höhe am Eingang zum West-Becken erstellt werden. Eine Woche später, am 4. Oktober, wurde das vorläufige Lager 2 in 6500 m Höhe im West-Becken errichtet. Man wollte aber das Ausgangslager für die Wand möglichst nahe an das Operationsgebiet heranschieben und richtete am 15. Oktober daher das endgültige Lager 2 in 6600 m Höhe direkt unterhalb der Südwest-Flanke ein. Bereits drei Tage später konnte das erste Wandlager (Lager 3) in 6900 m Höhe errichtet werden. — Am selben Tag brach eine der vielen Spaltenbrücken, gerade als sie Phu Dorje passierte. Er stürzte in die Spalte und starb. Die beiden ihn begleitenden Sherpa erlitten dabei ernste Verletzungen, jedoch ohne tödliche Folgen.

Elf Tage vergingen, bis ein Lagerplatz für das vierte Hochlager, das heißt also das zweite Wandlager, in 7400 m Höhe gefunden wurde. Am 31. Oktober stiegen Konishi und Uemura das breite Mittel-Couloir der Südwest-Wand noch bis 8050 m hoch, also bis zu jenem Punkt, wo der 300 m hohe Felsabsturz einen weiteren Aufstieg in direkter Fallinie wesentlich erschwert. Dabei kletterten die beiden Japaner über die in 7900 m Höhe gelegene Stelle, die sich als Platz für das dritte Wandlager anbietet, hinaus, ohne dort ein Lager zu errichten.

Nachdem am nächsten Tag auch Nakajima und Y. Sato denselben Punkt an der Felsbarriere erreicht hatten, kehrte die Expedition am 3. November wieder ins Hauptlager zurück. Zehn Tage später traf die Gruppe wieder in Kathmandu ein.

Zwei Teilnehmer blieben den Winter über in Khumbu-Dörfern und warteten auf die Hauptexpedition im Frühjahr 1970. Uemura blieb in Khumjung (3790 m), um junge berggewandte Sherpa anzuwerben, und Inoue in Pheriche (4243 m), um sich mit meteorologischen Beobachtungen zu beschäftigen.

1970: Die große Expedition der Japaner

Im Frühjahr 1970 startete das größte Bergsteigerteam der Geschichte zum Everest. Es waren 39 Mitglieder unter der Leitung des 71jährigen Saburo Matsukata. Die bergsteigerische Leitung hatte der 45 Jahre alte Hiromi Otsuka, der sich bereits vor Jahren einen Namen bei der Eroberung des Manaslu (8156 m) gemacht hatte. Der jüngste Teilnehmer war Reizo Ito mit 23 Jahren. Dem Team gehörte auch eine ausgezeichnete Bergsteigerin an, Setsuko Watanabe, eine 31jährige Büroangestellte.

Die Namen der Expeditionsmitglieder:
Saburo Matsukata — Hiromi Otsuka — Senya Sumiyoshi — Yuichi Matsuda — Yoshihiro Fujita — Teruo Matsura — Katsutoshi Hirabayashi — Hiroaki Tamura — Hiroshi Nakajima — Shinichi Hirano — Masatake Doi — Masatsugu Konishi — Setsuko Watanabe — Takashi Kano — Tadao Kanzaki — Hideo Nishigori — Naomi Uemura — Katsuhiko Kano — Yoshiaki Kamiyama — Ahira Yoshikawa — Chitoshi Ando — Hiroshi Sagano — Reizo Ito — Michiro Nakajiama — Koichiro Hirotani — Shigeo Omori — Masaru Kono — Masayuki Osada — Hiro Inoue — Katsuhisa Kimura — Hirobumi Aizawa — Shigeru Sato — Masuo Harada — Kenji Taira — Toshio Naito — Tokutaro Noguchi — Shozo Tateno — Hiroshi Nakagawa — Kiyoshi Narita.

Der Anzahl der Bergsteiger entsprach auch das Gewicht des Expeditionsgepäcks. Es waren 30 Tonnen! Man schleppte 350 Flaschen Sauerstoff, unzählige Leitern in einer Gesamtlänge von etwa 400 m und 7000 m Seile mit zum Berg.

Aber nicht genug der Superlative. Die große Expedition mit dem Doppelziel, den Everest über den Südsattel auf der Normalroute und gleichzeitig über seine Südwest-Flanke erstmals zu besteigen, wurde auch noch von einem japanischen Everest-Ski-Team begleitet.

Die Bergsteigergruppe des Japanese Alpine Club, die den Gipfel über die

Normalroute zum Gipfel erreichen wollte, arbeitete mit dem Ski-Team zusammen. Im Eisfall, der nun schon ungezählte Male begangen wurde, aber immer gleich gefährlich bleibt, gab es am 5. April eine riesige Bewegung. Das Ski-Team der Japaner befand sich gerade im Eisbruch — sechs seiner Sherpa-Träger kamen in den Trümmern eines umstürzenden Eisturms ums Leben. — Zur Erinnerung an diese tapferen Männer haben ihre Landsleute an der Stirnmoräne des Khumbu-Gletschers später sechs steinerne Erinnerungsmonumente errichtet.

Aber es sollte nicht bei diesem einen Unglück bleiben. Ein weiterer Träger wurde durch einen Eissturz am Kopf schwer verletzt, und das Expeditionsmitglied Kiyoshi Narita starb über Lager 1 an einem Herzanfall. —

Der weitere Verlauf der Expedition ging planmäßig vonstatten. Am 16. April wurde in 6450 m Höhe, also etwa an jener Stelle, wo auch wir 1972 unser vorgeschobenes Hauptlager errichtet haben, das Lager 2 aufgebaut.

Bereits am nächsten Tag stießen die Japaner gegen den Südsattel vor und stellten in 6930 m Höhe die Zelte für ihr drittes Lager im West-Becken auf. Im vorgeschobenen Hauptlager, Lager 2 (6450 m), aber trennten sich die Wege der beiden Expeditionen. Die eine folgte nun der wohlbekannten Südsattel-Route, die andere stieg gegen die Südwest-Wand hoch, wo ihre Kameraden vom Vorjahr bereits eine Höhe von über 8000 m erreicht hatten.

Trotz schlechter Wetterbedingungen und mit stark reduzierten Voraussetzungen für einen erfolgreichen Gipfelvorstoß konnte das japanische Team das letzte Lager am Südostgrat schon am 10. Mai in einer Höhe von 8513 m errichten. Am nächsten Tag zu früher Stunde stiegen Teruo Matsura und Naomi Uemura in drei Stunden zum Gipfel hoch. Das war eine Rekordzeit! An diesem Tag war das Wetter schön und windstill, so daß der Aufstieg zur Gipfelkalotte ohne Schwierigkeiten verlief. Die erste Seilschaft brachte ein Bild von Kiyoshi Narita, dem Expeditionskameraden, der kurze Zeit zuvor einem Herzanfall unten im West-Becken erlegen war, mit auf den Gipfel.

Anderntags erreichten auch noch Katsutoshi Hirabayashi und der Sherpa Chotture den Gipfel. So endete also der Besteigungsversuch der Japaner im Jahre 1970 mit einem doppelten Gipfelerfolg am 11. und 12. Mai. —

Zur selben Zeit wurde mit aller Vehemenz der Aufstieg in der Südwest-Wand betrieben. Die Zelte von Lager 4 wurden an den steilen Felsen auf Plattformen gestellt. Die 2300 m hohe Flanke beginnt mit einer 45 Grad geneigten Eiswand, die zwischen Lager 3 (6900 m) und der Felsbarriere in kombiniertes, mehr felsiges Gelände übergeht. — Der Aufbau der Wand ist gegliedert, im Abstand von rund 300 bis 400 Meter müssen immer wieder mehr oder weniger senkrechte Steilstufen erklettert werden.

Am 10. Mai 1970 mußte die Seilschaft Kano-Sagano wegen großer Steinschlaggefahr aufgeben. Trotz allen Bemühens blieb auch dieser Versuch der Japaner in der Südwest-Wand in gleicher Höhe (8050 m) stecken, und man mußte sich damit begnügen, für spätere Angriffe wertvolle Pionierarbeit geleistet zu haben. —

Als Attraktion der Expedition kann man die Schußfahrt des weltbekannten Berufs-Skifahrers Yuichiro Miura bezeichnen. Anfang Mai stand am Südsattel

(7986 m) das Lager 5, etwa 300 m unterhalb davon wagte Miura eine Steilfahrt durch die große Firnmulde, die zwischen dem Genfer Sporn und dem Everest-Südhang hinabstürzt. Als Miura startete, herrschte eine Windgeschwindigkeit von 40 Stundenkilometern, die Schneeverhältnisse waren nicht hervorragend, und im übrigen lagen da und dort Felsbrocken in der Abfahrtspiste. Dennoch meldete Miura durch Funk: „Ich bin völlig ruhig, denn ich weiß, für mich gibt es nur diesen Weg ins Tal."

Dem extremen Skiläufer wurden nun vom Kontrollzentrum im Tal über Funk Anweisungen zur Überprüfung der Fallschirme, der Länge der Reißleine, der Sauerstofftanks und der Skihalterung durchgegeben. Dann schoß er wie ein Pfeil in das West-Becken hinab. Er zählte laut: Eins, zwei, drei . . . und bei fünf zog er die Reißleine des ersten Stabilisierungs-Fallschirms. Er hatte jetzt eine Geschwindigkeit von 150 Stundenkilometern. Miura raste über eine holprige Eisfläche in die Tiefe, dann zog er die Reißleine für den großen Fallschirm. Die Bremswirkung schüttelte ihn wild durcheinander, er wurde hin- und hergeschleudert — dann konnte er sich nicht mehr auf den Beinen halten — verlor einen Ski und stürzte. Sein Körper schoß noch eine Strecke lang die Eisflanke hinab. Doch der Fallschirm verhing sich an einem Felszacken, und so kam Miura nur mit leichten Hüftverletzungen davon.

Der Film der „Todesfahrt" sollte bei der Weltausstellung in Osaka die gewünschte Sensation bilden. — Dieser Weltrekord-Skifilm zeigte aber — trotz aller Bewunderung für die Leistung — keine Schußfahrt vom Everest-‚Gipfel‘, denn der Start war auf 7700 m Höhe, also 1000 m tiefer. Dennoch aber eine kühne Tat!

1971: Neunzehnte — erste internationale — Mount-Everest-Expedition
Zweiter Südwest-Wand-Versuch

Auf das japanische Mammut-Unternehmen folgte nun ein zweites. Der Deutsch-Amerikaner Norman G. Dyhrenfurth hatte 1963 schon einmal eine Riesen-Expedition am Everest zum Erfolg geführt. Diesmal sollte es keine amerikanische, sondern eine internationale Expedition werden.

Nachdem ich seit 1965 auf der Warteliste für eine Everest-Südwest-Wand-Expedition stand, war ich doch etwas überrascht, als ich von Norman Dyhrenfurth am 18. Juli 1970, also kurz nach meiner Rückkunft von der Rupalflanke am Nanga Parbat, einen Brief erhielt, in dem ich von seinen Absichten erfuhr. Bevor ich zu lesen begann, fiel mir gleich eine Querspalte am Briefkopf auf:
MOUNT EVEREST SW-FACE DIRETTISSIMA
Die Japaner-Route war keine ‚Direttissima‘, sondern folgte in steilem Aufstieg dem Mittel-Couloir, in dem man alle günstigen Möglichkeiten des Geländes nutzte. Ähnlich sollte später auch bei Dyhrenfurth die Routenführung verlaufen. Auch seine Expeditionsspitze wich dem direkten Aufstieg über die mehrere hundert Meter hohe Steilstufe in der Südwest-Wand nach rechts, nach Osten hin, aus.

N. Dyhrenfurth schrieb mir am 18. Juli 1970 u. a.: „Wie ich gehört habe, haben Sie für 1972 die Everest-Bewilligung. Was planen Sie? Unsere Finanzierung steht noch nicht, etwa die Hälfte unseres Budgets habe ich in USA und Europa zusammengekratzt, aber es steht uns noch sehr viel Arbeit bevor. Können Sie mir irgendwie Vorschläge machen, wie man in Deutschland weitere Gelder beschaffen könnte? Gerne würde ich mich in nächster Zeit einmal mit Ihnen zusammensetzen . . ."

Über den Kontakt mit Dyhrenfurth war ich sehr erfreut, sah ich doch darin die Möglichkeit eines künftigen wertvollen Gedankenaustausches. —

Ich schrieb ihm am 22. Juli 1970: „Besten Dank für Ihre Glückwünsche zur diesjährigen Expedition am Nanga Parbat. Einzelheiten können Sie der Bunten Illustrierten von dieser Woche entnehmen. — Ja, wir wollen 1972 zum Mount Everest, und ich werde im Herbst mit den Vorbereitungsarbeiten beginnen. Es ist mir klar, daß auch für uns die Finanzierung große Anstrengungen erforderlich machen wird, doch ich bin zunächst optimistisch. Daß ich Ihnen unter den gegebenen Umständen für Ihre Expedition nicht beistehen kann, werden Sie verstehen, dennoch würde es mich freuen, wenn wir uns, anläßlich eines Münchner Aufenthalts Ihrerseits, einmal kennenlernen und besprechen würden . . ." —

Dies war der Anfang eines guten Kontaks. Dyhrenfurth konnte mir in Fragen der Sauerstoffbeschaffung, die mir bislang bei meinen Himalaya-Expeditionen zum Nanga Parbat und Broad Peak, also zu den „niederen" Achttausendern, keine Sorge bereitete, wertvolle Hinweise geben. Andererseits konnte ich mich dadurch erkenntlich zeigen, indem ich ihm unseren Expeditions-Teilnehmervertrag als Arbeitsunterlage übermittelte. Es war interessant, später in dem Teilnehmervertrag, den Dyhrenfurth mit Toni Hiebeler geschlossen hatte, zu lesen: § 10 — Das Mitglied verpflichtet sich, die Veröffentlichung von Artikeln mit oder ohne Illustration in Zeitungen oder Illustrierten nur im Einvernehmen mit der Expeditionsleitung durchzuführen. Es verpflichtet sich weiter, eigene Aufzeichnungen im Rahmen eines Buches oder in ähnlicher Form erst ein Jahr nach dem Erscheinen des offiziellen Expeditions-Buches zu veröffentlichen." — Trotz Kenntnis solcher notwendigen Vereinbarungen zwischen Träger und Teilnehmer der Expedition hinderte dies Hiebeler nicht, sich in unserem Nanga-Parbat-Streit auf die Seite Messners zu schlagen, der den absonderlichen Standpunkt vertrat, für ihn gelte ein solcher Vertrag nicht. —

Noch Anfang September 1970 sollte sich auf dem Jungfernjoch die gesamte Mannschaft der internationalen Expedition zu einem Trainingslager zusammenfinden. Aus finanziellen Gründen konnte aber dieses Treffen nicht stattfinden. Einige Monate später jedoch gelang Dyhrenfurth mit der BBC-London der Abschluß eines überaus günstigen Vertrags, der ihm von Stunde an über alle finanziellen Schwierigkeiten hinweghalf. Er verpflichtete sich, ein sieben Mann starkes Fernseh-Team auf die Expedition mitzunehmen, und dafür erhielt er 110 000 Dollar; das war die Hälfte seiner zu erwartenden Bargeldausgaben. Damit war seine Expedition finanziell gesichert.

Der Expeditionsleiter wollte einen zweigleisigen Angriff starten: Der eine sollte den direkten Westgrat in seiner ganzen Länge oberhalb der 7205 m gelegenen Westschulter zum Ziel haben, der andere die Durchsteigung der Südwest-Wand.

Er sprach zwar von einer Direttissima, am Berg wurde diese aber schließlich in eine normale „klassische" Wandbesteigung umgeändert. Auch wir, die wir uns ein Jahr später an dieselbe Route hielten, hatten von vornherein keinen lotrechten Aufstieg geplant, sondern wollten ebenfalls vor der großen Fels-Barriere nach Osten hin ausweichen, um von dort aus durch Fels- und Eiskamine gegen den Süd-gipfel hochzusteigen. Das letzte Stück sollte über die normale Route vom Süd-gipfel zum Hauptgipfel gegangen werden. Das wäre allerdings eine nicht ganz „saubere" Südwest-Wand-Besteigung gewesen.

Das Expeditionsziel von 1971 setzte zwei getrennt operierende Gruppen vor-aus. Für die Südwest-Wand entschieden sich die Amerikaner John Evans, Gary Colliver, Dr. David Peterson — die Briten Dougal Haston, Don Whillans — die Japaner Reizo Ito, Naomi Uemura — der Deutsche Toni Hiebeler — der Öster-reicher Leo Schlömmer. Die Westgrat-Gruppe bildeten der Österreicher Wolfgang Axt — das Genfer Ehepaar Michel und Yvette Vaucher— die Norweger Odd Eliassen, Jon Teigland — der Amerikaner David Isles — der Inder Major Harsh Bahuguna. Anfangs wollten die Italiener Carlo Mauri und der Franzose Pierre Mazeaud in die Südwest-Wand, schlossen sich später aber der Westgrat-Gruppe an.

Die Expedition wurde von Norman G. Dyhrenfurth und Jimmy Roberts gelei-tet. Die Geldbeschaffung war mit Verpflichtungen, Kompromissen und dem Ge-samt-Unternehmen dienenden Überlegungen verkettet, und so entstand schließ-lich eine Mannschaft, der zweiundzwanzig Bergsteiger, sieben Kameraleute und ein Sunday-Times-Reporter angehörten. Diese große Expedition hatte auch dem-entsprechend viel Gepäck. 36 Tonnen waren auf dem Seeweg nach Bombay unter-wegs, und neun Lastwagen beförderten von dort aus alles nach Nepal weiter.

Am 16. Februar trafen die Wagen in Kathmandu ein. Die Verpflegung kam aus den USA, aus England und Österreich und mußte erst transportreif verpackt wer-den. Von Kathmandu aus wurde das meiste per Flugzeug nach Lukla transpor-tiert. Die Bergsteiger aber verließen in zwei Gruppen am 25. und 28. Februar die nepalesische Hauptstadt. Sie wurden von insgesamt 830 Lastenträgern und 40 Sherpa begleitet. Zunächst fuhren sie mit Lastwagen auf der Chinastraße bis Lamsangu. Dann begann für sie ein dreiwöchiger Anmarsch, von dem man sich eine gute Anpassung an das Klima und an die Höhe versprach. Das Standlager am Knie des Khumbu-Gletschers wurde am 22. März errichtet.

Wie schon im Vorjahr die Japaner, so hatte sich — wie schon erwähnt — auch diese Expedition für zwei völlig verschiedene Routen entschieden. Es drängte sich hier nun die Frage auf, ob Dyhrenfurth diese beiden Wege, auf denen man sich im Auf- und Abstieg gegenseitig wenig helfen kann, wirklich vorgeplant hatte —, oder ob das zu einer Monster-Expedition angewachsene Unternehmen nur mit einem weiteren Problem, nämlich der Vollbeschäftigung der Bergsteiger, fertig werden mußte.

Rusty Baillie sagte zu dieser Situation folgendes: „Bezüglich der Westgrat-Route und der Südwest-Flanke: Die erste wurde bereits gemacht, und die zweite ist reine Haarspalterei. Ich meinerseits würde mich auf die Südwest-Wand kon-zentrieren. Außerdem glaube ich, daß diese Wand das Letztmögliche abverlangen wird, nicht nur von jedem einzelnen Bergsteiger, sondern auch von dem gesamten Unternehmen. Jede Expedition ist eine Belastung in intermenschlicher Beziehung und eine internationale natürlich noch mehr. Eine internationale Expedition mit verschiedenen Zielrichtungen läuft Gefahr, die ganze Energie für die Lösung der intermenschlichen Beziehungen anstatt für die klettertechnischen Probleme aufzuwenden."

Die beiden Leiter der IHE 1971 schienen jedoch von derlei Bedenken nicht geplagt zu sein, obwohl sich gerade Dyhrenfurth aufgrund seiner Erfahrungen von 1963 der Risiken bewußt gewesen sein mußte.

Obwohl der Khumbu-Eisfall in diesem Jahr besonders gefährlich und schwierig war, erreichte die Expedition bereits am 4. April den Hochlagerplatz 1 in 6050 m Höhe. Zehn Tage später wurde das vorgeschobene Hauptlager, Hochlager 2, in 6400 m Höhe errichtet. Hier gingen die Aufstiegsrouten der beiden Teams auseinander — die eine zum Westgrat und die der anderen Gruppe senkrecht die Südwest-Wand hinauf. Am 19. April wurde das erste Wandlager in 6900 m Höhe errichtet. Drei Tage später erkundeten Axt und Vaucher den Westgrat.

„Die Partnerschaft, die sich in dieser Zeit bildete, gab einigem Interesse Anlaß", schrieben Wilson und Pearson. „Zuerst stiegen Haston und Whillans auf, begleitet von Uemura und Mauri. Dann kam Whillans wieder herunter, da er fühlte, daß er sich langsamer akklimatisieren müßte, und Haston tat sich mit Schlömmer zusammen. Vaucher, Axt und Bahuguna unternahmen alle einen Versuch genauso wie die zwei Norweger. Für einige Tage gingen Mauri und Uemura zusammen und kamen gut miteinander aus. Es war dies eine Periode echter Kameradschaft." —

„Am Abend des 15. April kam Harsh Bahuguna zu mir ins Zelt", berichtete Dyhrenfurth. „Der allgemein beliebte indische Offizier habe sich, seit die Arbeit im Khumbu-Eisfall begann, voll eingesetzt. Er war — zusammen mit dem Japaner Reizo Ito — der erste, der das West-Becken betrat und Lager 1 aufstellte. Jetzt machte er mir den Vorschlag, am nächsten Tag mit Wolfgang Axt Lager 3-West zu errichten und am 17. April die Strecke nach Lager 1-West zu erkunden. Harsh sah aber so müde aus, daß ich ihn bat, sich lieber ein paar Tage unten im Standlager zu erholen. Er gab zu, daß die letzten drei Wochen sehr anstrengend gewesen seien, aber er wolle unbedingt einer der Pioniere der direkten Westgrat-Route sein. Sofort nach dem Vorstoß zum Lager 4-West wolle er gern einige Ruhetage im Standlager verbringen. Ich gab nach — leider! — Toni Hiebeler hatte — wie manch anderer — große Akklimatisationsschwierigkeiten: Schlaflosigkeit, Kopfschmerzen, Durchfall, Appetitlosigkeit und Muskelschwund. Nach einem tapferen, aber erfolglosen Versuch, Sauerstoff zum Fuß der Südwest-Wand zu tragen, mußte er schweren Herzens zum Erholungsurlaub ins Standlager absteigen." —

Axt und Bahuguna gingen, nachdem sie in Lager 3-West genächtigt hatten, den mäßig steilen Eishang zum Grat hinauf. Sie erreichten jene Stelle, wo 1963 das Lager 4-West gestanden hatte. Nun war der Weg über den Westgrat zum Gipfel frei. Aber das vorläufige Lager 3 mußte noch um 150 Höhenmeter nach oben verlegt werden. Noch beim Abstieg fanden die beiden einen idealen Platz für das spätere Hochlager 3 in 7050 m Höhe. —

Dyhrenfurth war zu diesem Zeitpunkt gerade mit zwei Sauerstoff-Flaschen im Aufstieg zum Lager 2. Da hörte er plötzlich Hilferufe aus der Flanke, die zum Westgrat hinaufleitet. „Harsh Bahuguna! Ob Wolfgang Axt etwas zugestoßen ist? Immer wieder hören wir diese Schreie. Wir antworten, bis wir selbst ganz heiser sind.

Inzwischen trifft Axt gegen 17 Uhr allein im Lager 2 ein, völlig erschöpft, mit starren Händen und Füßen. ‚Harsh kommt nicht!' Sofort gehen Eliassen, Vaucher, Whillans, Mazeaud, Mauri, Peter Steele und Ang Phurba los, dem fehlenden Kameraden entgegen. Der Sturm ist furchtbar, bald wird es Nacht! Im Renntempo von 6500 m auf 6800 m aufzusteigen ist auch bei gutem Wetter keine Kleinigkeit . . . aber jetzt! Odd Eliassen ist als erster an der Unglücksstelle, dann Michael Vaucher. . . . Sein Zustand ist verzweifelt schlecht. Harsh hat einen Handschuh verloren, sein Gesicht ist von einer Eiskruste bedeckt. Durch einen Karabiner ist er am Geländerseil fixiert, das gestern angebracht wurde. Nur ein paar Schritte, und er wäre im leichten Terrain gewesen. Aber er war derart erschöpft, daß er nicht einmal warmes Zeug aus dem Rucksack geholt hat. Bald ist auch Whillans da. Inzwischen habe ich Bahuguna angeseilt und mit großer Mühe von dem horizontalen Geländerseil losgehakt, wobei Eliassen mich sicherte. Wir sind nur drei Mann an der Unglücksstelle. Der Sturm ist heftiger denn je. Die Nacht ist da. Ihn in der Traverse zu tragen, ist unmöglich. Wir lassen ihn vorsichtig den Hang hinunter. Nun ist unser Seil zu Ende. Es brauchte viel mehr Leute, um ihn zu tragen . . .' Whillans querte den steilen Eishang ohne jegliche Sicherung und versuchte vergeblich den bewußtlosen Bahuguna in den Windschutz einer Spalte herüberzuziehen. Die Rettungsmannschaft befand sich selbst in allergrößter Lebensgefahr. In ihrer verzweifelten Lage war sie schließlich gezwungen, den Sterbenden seinem Schicksal zu überlassen. Halb erfroren und völlig erschöpft erkämpfte sie sich den Rückzug." —

Wie war es zu diesem Unglück gekommen? Wolfgang Axt wurde von Dyhrenfurth darüber befragt, er sagte: „Wir wußten, daß unsere Kameraden am Vortag an allen steileren Stellen Seile fixiert hatten. Ich ließ Klettergürtel und Karabiner im oberen Lager 3-West. Am Anfang ging Harsh voraus. Gegen 14 Uhr wurde das Wetter plötzlich schlecht, bald tobte ein Schneesturm. Als wir das lange horizontale Geländerseil erreichten — das wir noch nicht kannten —, ging ich voraus und ‚hantelte' hinüber. Es war sehr lang und anstrengend. Am unteren Ende wartete ich auf Harsh, der sich sehr langsam bewegte. Infolge des wilden Sturms konnten wir uns nicht verständigen. Ich wartete eine halbe Stunde, meine Hände und Füße verloren jegliches Gefühl. Dann sah ich Harsh, der sich mit einem Karabiner in das Geländerseil eingehängt hatte, hinter dem letzten Vorsprung mit einer Hand winken. Alles schien in Ordnung. Keinerlei Andeutung, daß Harsh in ernsten Schwierigkeiten war. Ich machte mir wegen meiner Hände und Füße Sorgen und setzte den Abstieg fort. Kurz vor Ankunft im Lager hörte ich dann seine Hilferufe und alarmierte die Kameraden. Ich selbst war vollkommen fertig, hatte auch keine Ahnung, wie schlecht es mit ihm stand. Ohne Seil und Karabiner hätte ich ihm auch nicht helfen können. Harsh hatte seinen Klettergürtel und Karabiner, aber ich hätte wieder zu ihm zurückhanteln müssen. Dazu wäre ich nicht mehr fähig gewesen . . ." —

Die für den Westgrat vorgesehene Mannschaft war nun völlig demoralisiert. Die Tragödie vom 16. April wurde zum Wendepunkt der Expedition. In den folgenden Tagen war die Stimmung sehr gedrückt. Nur eine starke Hand hätte in dieser Stunde die Moral wieder hochreißen können. Vielleicht war schon die geteilte Führung kein glücklicher Gedanke. Dazu kam, daß das Wetter sich endgültig verschlechterte. Ein tagelanger Schneesturm verhinderte jegliche Aktion und verbannte die Bergsteiger in ihre Zelte. Die meisten, die sich im West-Becken befanden, waren für die Südwest-Wand eingeteilt. Die anderen, die unter Wolfgang Axt die West-Route hätten angehen sollen, waren in diesem Augenblick mit Ausbesserungsarbeiten im Eisbruch beschäftigt.

Am 26. April, also erst zehn Tage später, konnte die Leiche des Inders geborgen, das heißt ins Standlager hinabtransportiert werden. Wenige Stunden später wurde sie auf der Hochweide Gorak Shep eingeäschert.

In dieser Zeit reifte bei Mazeaud und Mauri der Gedanke für einen Gipfelangriff über die Normalroute. Die West-Route erschien ihnen plötzlich zu schwierig, zu gefährlich und zu zeitraubend. Unabhängig davon sollte natürlich der Besteigungsversuch in der Südwest-Wand weitergehen. Ob die Südsattel-Route kürzer als der Aufstieg über den Westgrat gewesen wäre, sei dahingestellt, auch dann, wenn man in Anbetracht zieht, daß es sich am Westgrat um eine Route mit einigen noch unbekannten Schwierigkeiten handelte. Dyhrenfurth war nicht für den „romanischen" Vorschlag, dennoch ließ er in demokratischer Weise abstimmen.

Die Mehrheit der Westgrat-Gruppe war für einen Aufstieg über den Südsattel. Noch am selben Abend wurde den anderen Expeditionsmitgliedern durch Funk die Abstimmung durchgegeben. Es war also endgültig, daß die ursprüngliche Westgrat-Gruppe den Gipfel nun über den Südsattel angreifen würde. Dyhrenfurth sagte seine Unterstützung zu, wenngleich er von dem Plan verständlicherweise nicht begeistert war, denn über diese Normalroute war der Everest bereits vor ihnen von fünf Expeditionen bestiegen worden. Außerdem hatte er den Eindruck, daß Mazeaud und Mauri diesen leichten Aufstieg nur wählten, um nach ihrer Rückkehr „in Frankreich und Italien als Helden gefeiert zu werden." In seinem Everest-Buch schreibt Mazeaud: „Kein Franzose hat bisher diese erhabenen 8848 m erreicht. Werde ich der Erste sein? . . . Carlo und ich verbringen die meiste Zeit in unserem Zelt. Wir sprechen wenig, aber das einzige Gesprächsthema ist der G i p f e l!"

Nachdem der Sturm der letzten Tage sich wieder gelegt hatte, setzten die beiden Teams ihre Arbeit fort. Jenes für die Normalroute stellte das dritte Lager im West-Becken auf, während in der Wand bereits der Aufstieg zum vierten Hochlager mit Seilen versichert wurde. Der Aufstieg zum Westgrat war also endgültig aufgegeben! —

Dyhrenfurth: „Inzwischen erhielt ich dringende Meldung von Jimmy Roberts, der sich über den körperlichen und moralischen Zerfall der Mannschaft Sorge machte. Er beschwor mich, den Gedanken an zwei Aufstiegsrouten aufzugeben und alle Kräfte auf die Südwest-Wand zu konzentrieren. Da ich aber den ‚Welschen' bereits zugesagt hatte, ihren Anstieg auf der Normalroute zu unterstützen, geriet ich in eine böse Zwickmühle."

Nachdem also bereits das dritte Lager im West-Becken auf der ersten Terrasse am Fuße der Lhotse-Flanke in 6930 m errichtet war, wurde zu einer zweiten Abstimmung aufgerufen. An dieser nahmen auch die Sherpa teil. Da die „Romanen" gerade unterwegs waren, brachten sie jetzt zu wenig Stimmen zusammen, um ihre Südsattel-Route durchzusetzen.

In „Mountain" schrieben Wilson und Pearson darüber: „Diese Entscheidung brachte den endgültigen Riß zwischen den Romanen und den anderen, und die nun herrschende Stimmung war denkbar schlecht. Von der anfänglichen Einigkeit war nichts mehr zu merken, die Expedition war von nun an in zwei feindliche Lager gespalten. Es ist schwer zu glauben, daß sich die Romanen allein aus materiellen und persönlichen Motiven heraus von der anderen Gruppe absetzten, denn schließlich waren auch sie begeisterte Bergsteiger und kannten den Wert der Bergkameradschaft. — Trotzdem verweigerten sie der Südwest-Wand-Gruppe ihre Hilfe. Sie fühlten sich ganz einfach hintergangen und glaubten eine Verschwörung gegen sich zu haben — und verließen daraufhin die Expedition."

Vielleicht war es ein Fehler von Dyhrenfurth, zuerst „gleiches Recht" gepredigt zu haben und später aber, und dies erst nachdem bereits das dritte Hochlager im West-Becken errichtet war, doch der Wand-Expedition den Vorrang zu geben. Ich verstehe seine Überlegungen durchaus, aber er hätte als Führer der Expedition seine Entscheidung doch bereits zu einem Zeitpunkt fällen müssen, zu dem die Romanen an ihrem Vorstoß zum Südsattel noch nicht zu arbeiten begonnen hatten. Da half nun auch nicht, die ‚Welschen' nachträglich für die Teilnahme an der Südwest-Flanke zu gewinnen, denn jetzt war die Enttäuschung der Romanen bereits irreparabel.

Am 2. Mai verließen Mazeaud, Mauri und das Ehepaar Vaucher die Expedition. Das von der Weltpresse verbreitete Telegramm: „Sie erwarteten von mir, Pierre Mazeaud, Mitglied der französischen Nationalversammlung, mit meinen 42 Jahren als Träger für Engländer und Japaner zu arbeiten! — Sie haben nicht mich, sondern Frankreich beleidigt!" — ist, sofern sich Mazeaud in einer spontanen Erregung wirklich so geäußert haben soll, allenfalls unglücklich. Diese Emotion ist einfach nicht ernst zu nehmen. —

Inzwischen hatten die beiden Engländer zusammen mit den Japanern Ito und Uemura in der steilen Felswand die Zelte von Lager 4 (7400 m) aufgebaut. Am 2. Mai versicherten Whillans und Haston den weiteren Aufstieg bis hinauf zum fünften Hochlagerplatz. Drei Tage später wurde im Schutze einer Felsstufe Lager 5 (7900 m) errichtet. Um diese Zeit erkrankte Dyhrenfurth an einem merkwürdigen Drüsenfieber und verließ einen Tag nach seinem 53. Geburtstag die Expedition, um sich in der Heimat in ärztliche Behandlung zu begeben.

Jimmy Roberts im Hauptlager war von nun an der einzige verantwortliche Expeditionsleiter. Seine Qualitäten lagen in seinem Organisationstalent und in seinem guten Kontakt zu den Sherpa, denn er betreibt bekanntlich in Kathmandu eine Agentur, die Sherpa-Dienste vermittelt. — Es ist anzunehmen, daß die gemeinsame Liebe zum Alkohol, welche die beiden Verantwortlichen der Expedition, Roberts und den zum ‚wall-leader‘ avancierten Don Whillans, verband, einem ersprießlichen Zusammenwirken förderlich war.

Als letzten Versuch beschloß man, noch einmal alle verfügbaren Kräfte einzusetzen, um, wenn schon nicht auf den Gipfel, so doch wenigstens möglichst nahe an ihn heranzukommen. Diese Aktion veranlaßte Axt und Schlömmer, den Bergsteigern in der Wand ihre Hilfe anzubieten. Die beiden waren gut in Form und glaubten, daß nach dem wochenlangen Verbleib der Spitzengruppe im obersten Wandlager eine vorübergehende Ablösung dem weiteren Verlauf der Expedition nur förderlich sein könnte. Whillans, der ‚wall-leader‘, aber verweigerte Schlömmer einen Sherpa, der ihm seine persönliche Ausrüstung vom West-Becken hinauf ins Lager 5 bringen sollte. Über diese unfreundliche Haltung waren beide Österreicher so empört, daß sie umgehend ins Hauptlager abstiegen. Die ablehnende Haltung Whillans‘ gegenüber Schlömmer war auf eine gewisse Antipathie zurückzuführen, denn er hatte mit ihm bereits früher einige Meinungsverschiedenheiten und warf Schlömmer zudem Faulheit vor, die ihm auf die Nerven gehe. — Dazu möchte ich sagen: „Wer im Glashaus sitzt, soll nicht mit Steinen werfen!“ Seine englischen Bergfreunde nennen Whillans den „Mister ever rest“ — und das zu Recht — ich kann mir keinen gemütlicheren, aber auch keinen trägeren Expeditionsbergsteiger vorstellen.

Erst zwei Wochen nach der Errichtung von Lager 4 und 5 stiegen Haston und Whillans gegen den sechsten Hochlagerplatz in 8200 m Höhe auf. Nach Überwindung und Verseilung einer schneebedeckten Felsrampe wurde in einer Felsnische das Zelt von Lager 6 errichtet. Von der Direttissima ließ man in Anbetracht des stark reduzierten Mannschaftsbestandes nun endgültig ab.

Wie sah die von Haston und Whillans oftmals schon ausgesprochene Situation „auf verlassenem Posten in der gewaltigen Südwest-Wand des Everest“ in Wirklichkeit aus? Daß die beiden Engländer an der Spitze bleiben und sich auch nicht für kurze Zeit von anderen Kameraden ablösen lassen wollten, lag nach der Kontroverse mit Schlömmer auf der Hand. Aber kann man von „allein gelassener Spitze“ sprechen, wenn zwei Japaner-Freunde laufend Sauerstoff und Verpflegung bis ins höchste Lager tragen, ohne selbst etwas davon zu verbrauchen — wenn siebzehn Sherpa insgesamt 55 Lasten bis zum Lager 5 hochschleppen und mehrere Träger den Aufstieg sogar viermal unternehmen — und zwei davon ohne künstliche Sauerstoff-Atmung Material bis ins Lager 6 hinaufbringen? Don Whillans brüstet sich bei jeder Gelegenheit damit, in der Südwest-Wand 21 Tage unter künstlichem Sauerstoff gelebt zu haben. Zugegeben, es war sicher ein hartes Dasein in den dürftig ausgerüsteten obersten Wandlagern — aber die Arbeitsleistung der beiden Engländer stand andererseits in keinem Verhältnis zu der Zeitdauer, die Haston und Whillans zwischen Lager 4 und Lager 6, also in einer Höhendifferenz von 800 m, verbracht haben. Man bekommt viel eher den Eindruck, daß die beiden englischen Spitzenleute mit Hilfe der Sherpa und Japaner laufend mit lebenswichtigem Sauerstoff, Verpflegung und der angeforderten weiteren Ausrüstung versorgt wurden. Was aber bei dieser Bilanz fehlt, ist der aktive Einsatz der beiden Briten. Es drängt sich einem die Überlegung auf, ob es bei zum Beispiel siebentägigem Schlechtwettereinbruch nicht vernünftiger gewesen wäre, ins West-Becken abzusteigen, sich körperlich wieder fit zu machen, dadurch in den schwer zu versorgenden höchsten Lagern nicht unnötigerweise Sauerstoff und Verpflegung zu verbrauchen und vielleicht in der Zwischenzeit auch einmal einer anderen Seilschaft die Chance für eine Bewährung an der Spitze der Expedition zu geben. —

Ein Jahr später war es wieder Don Whillans, der Felix Kuen dahingehend kritisierte, daß er mit seinen engsten Streitern zu oft in tiefere Lager zur Erholung abgestiegen sei. Das Ergebnis der Expedition gibt aber nicht Whillans, sondern Felix Kuen recht. Er war zusammen mit Huber nur kurze Zeit in Lager 5 und stieg bis auf 8350 m in der Wand hoch. Whillans und Haston dagegen verbrachten Wochen in einer Höhe von 8000 m, verbrauchten bereits ab 7400 m Flasche um Flasche an Sauerstoff und waren in 8250 m Höhe am Ende ihrer Kraft. —

In der letzten Maihälfte gelang Don Whillans noch ein Vorstoß über das Lager 6 hinaus. Er wollte den Weiterweg erkunden und versicherte anschließend zusammen mit Haston dieses letzte Wandstück. — Während der Vorbereitungsarbeiten für unsere Expedition erzählte mir Whillans, daß er damals Einblick in die Verhältnisse der Südwand bekam und dort eine Querung entdeckte, die keinerlei größere Schwierigkeiten erwarten ließ. Aber die Wandroute aufzugeben und schließlich doch noch auf der Normalroute gegen den Südgipfel hinauszuqueren lag nicht in seinem Sinn. Dies war eine klare, saubere Auffassung eines Bergsteigers, der sich ein gewisses Ziel gesteckt hatte — in diesem Fall die Besteigung der Südwest-Flanke des Everest —, wenn auch nicht in der ,Direttissima', so wenigstens in einer klassischen Aufstiegsroute.

Eine erfolgreiche Expedition in der Südwestwand macht aber unbedingt ein fünftes Wandlager in einer Höhe von etwa 8500 m erforderlich. Ähnliche Erfahrungen wurden ja auch bereits früher auf der Normalroute gemacht. Zur Errichtung dieses letzten Stützpunkts 350 m vor dem Gipfel war aber die IHE 71 in keiner Phase ihrer Aktion in der Lage. Es fehlten allein schon die materiellen Voraussetzungen. Die Ausrüstung für das fünfte Wandlager, ein Zelt, Verpflegung und der erforderliche Sauerstoff, hätte bereits in Lager 6 liegen müssen, um von einer zweiten Seilschaft in das fünfte Wandlager hinaufgetragen zu werden. Nur so könnte die Sauerstoffversorgung der Spitzengruppe für den Aufstieg zum Gipfel sowie den späteren Abstieg in das Lager 6 als gesichert betrachtet werden. Diese Voraussetzungen waren während der IHE 1971 in Lager 6 nicht gegeben. Die beiden britischen Spitzenbergsteiger Haston und Whillans waren zudem durch den wochenlangen Verbleib in großer Höhe und einem Leben unter künstlichem Sauerstoff, bereits abgestumpft und besaßen nicht mehr den erforderlichen Auftrieb, um den Gipfelangriff auch tatsächlich durchzuführen. Don Whillans ist zwar äußerst willensstark und dickköpfig, aber er besitzt nicht die erforderlichen Führungsqualitäten, die er als ,wall-leader' hätte haben oder entwickeln müssen. Er war nicht in der Lage, einen durchdachten Plan für Nachschub und Vorstoß in der Wand aufzustellen und somit das in guter Ausgangsposition liegende Unternehmen zu einem Erfolg zu führen.

Am 21. Mai 1971 war die Situation in Lager 6 an der Südwest-Wand etwa folgende: Zwar war noch genügend Sauerstoff in allen Lagern vorhanden, der Brennstoff wurde jedoch knapp und ebenso das Essen. Der Nachschub für nur zwei Bergsteiger in der Wand hatte also nicht funktioniert — und das zu bewerkstelligen hätte Whillans oder auch Haston drei Wochen lang Zeit gehabt. Wenn Dyhrenfurth schreibt: „Das Zusammentreffen von Schneesturm, Kälte, Steinschlag, Lawinen und ungenügendem Nachschub zwang die beiden am 21. Mai zum Rückzug", so halte ich diese Argumente nicht für stichhaltig, denn Schneesturm gab es während dieser drei Wochen ja nicht ununterbrochen, Kälte herrscht in jener Höhe über 8000 m immer und meist unter minus 30 Grad, und Steinschlag und Lawinen gehören in der Südwestwand zum täglichen Gefahrenmoment. Es mangelte vielmehr an einem gut organisierten Nachschub. Daher war nicht genügend Material im Lager 6, um sich in die obersten Wandpartien wagen zu können. Somit war eine Situation entstanden, die am 21. Mai zum Rückzug zwang.

Zwanzigste — erste argentinische — Mount-Everest-Expedition (Nach-Monsun)

Eine aus achtzehn Teilnehmern bestehende argentinische Mannschaft versuchte sich im Herbst 1971 an der Südsattel-Route am Everest. Leiter dieses Unternehmens waren Hector Tolosa und Carlos Comesana.

Nach anfänglichen raschen Fortschritten kam das Unternehmen allmählich ins Stocken. Lager 2 wurde in 6400 m Höhe errichtet und bald darauf das dritte Hochlager am oberen Ende des West-Beckens aufgebaut. Ende Oktober wurde schließlich das Gipfelausgangslager am Südsattel eingerichtet.

Das Wetter war windig und kalt. Dennoch versuchten J. Peterek und U. Vitale am 31. Oktober einen Vorstoß zum Südostgrat. Zusammen mit fünf Sherpa gelangten sie bis auf eine Höhe von 8230 m. Der Höhensturm zwang sie bereits 500 m unter dem Südgipfel zur Umkehr. Man zog sich ins Ausgangslager zurück.

Im Lauf der nächsten Tage wurde dieser Stützpunkt am Südsattel durch orkanartige Stürme fast völlig zerstört. Die Expedition wurde abgebrochen. Während der Räumung der Lager beruhigte sich die Wetterlage, doch inzwischen war der Kräfteverschleiß der Bergsteiger zu groß gewesen, um einen erneuten Aufstieg zum Südsattel in Erwägung ziehen zu können. Mitte November wurde der Berg ohne Erfolg, aber auch ohne Verluste verlassen.

Es kann als sicher angenommen werden, daß die Argentinier später einmal wieder einen Versuch am Everest unternehmen werden. Dann können sie ihre Erfahrungen, die sie im Herbst 1971 gesammelt haben, verwerten. Aber ich bin sicher, daß sie den Berg das zweite Mal in der Vor-Monsunzeit angehen werden.

1972: Einundzwanzigste — erste europäische — Mount-Everest-Expedition
Dritte Südwest-Wand-Expedition

Der Plan

Die erfolgreiche Überschreitung des Mount Everest von West nach Ost durch die Amerikaner im Jahre 1963 hatte mich seinerzeit sehr begeistert. Ich kam zwar gerade vom Nanga Parbat zurück, wo ich zusammen mit Toni Kinshofer, Gerhard Haller und Klaus Scheck die gewaltige Rupalflanke erkundet hatte, stand also noch unter dem Eindruck eines grandiosen Anblicks. Es war mir klar, daß mein nächstes Ziel allenfalls die Rupalflanke sein würde — aber meine planende Phantasie beschäftigte sich von diesem Zeitpunkt an bereits mit dem Mount Everest.

Aufgrund unserer Steilwand-Erfahrungen an der Diamirflanke am Nanga Parbat faßte ich den Plan für eine Besteigung des Mount Everest über seine Südwestwand. Da ich die Südwestflanke des Everest nur von Bildern her kannte, besprach ich mich zunächst mit Freunden, die schon am Everest waren. Ich korrespondierte mit Ernst Senn aus Innsbruck darüber, ob er eine Besteigung der Südwestflanke für möglich halte. Sein Zuspruch ermutigte mich nun, meinen Plan auch mit Funktionären des Deutschen Alpenvereins zu besprechen. Ich glaubte nämlich damals noch, daß man für ein solch großes deutsches Unternehmen vielleicht doch sämtliche an Auslandsbergfahrten interessierten Kreise zusammenführen könnte, um gemeinsam eine gutfundierte starke Expedition zum Everest auszurüsten. Den Geschäftsführer des Deutschen Alpenvereins, Dr. Erhard, und den Vorsitzenden des Verwaltungsausschusses Dr. von Bomhardt glaubte ich von der Möglichkeit der Durchführung einer Südwestwandbesteigung des Mount Everest überzeugt zu haben, und so stellte ich mein Einreisegesuch an die Kgl. Nepalesische Regierung. Am 5. Mai 1965 schickte ich mein Gesuch ab. Auf der Liste befanden sich die Namen vieler qualifizierter Bergsteiger — auch aus meinen früheren Expeditionen —, aber nur die wenigsten vorgesehenen Teilnehmer waren schließlich 1972 wirklich dabei.

Es vergingen vier Jahre. Inzwischen hatte die nepalesische Regierung eine Expeditionssperre ausgesprochen, und alle Expeditionen standen auf einer langen Warteliste. In einem Zwischenbescheid wurde mir seinerzeit schon mitgeteilt, daß die erste Expedition, die wieder zum Everest gehen könne, eine japanische sein werde, und daß man in den nächsten Jahren nicht mit einer Aufhebung der Einreisesperre für Auslandsexpeditionen rechnen könne.

In der Zwischenzeit wollte ich die Ergebnisse meiner Erkundung von 1963 auswerten. Im Winter 1964 starteten wir eine erste Expedition zur Rupalflanke. Wir konnten unsere vorgesehene Aufstiegsroute bis auf 6000 Meter hochsteigen — dann wurden wir von unserem Begleitoffizier zum Abbruch gezwungen.

Es vergingen vier Jahre, bis wir den zweiten großen Versuch im Jahre 1968 an der Rupalflanke starten konnten. Bei dieser Sommerexpedition erreichten Peter Scholz und Wilhelm Schloz eine Höhe von 7100 Metern. Wir schafften auch diesmal nicht den Aufstieg bis zum Gipfel, aber kamen mit der Gewißheit nach Hause, daß die Rupalflanke auf unserer Direttissima besteigbar ist.

Im Mai 1970 zog ich dann zum viertenmal, diesmal mit einer achtzehnköpfigen Bergsteigermannschaft, das Rupaltal hinauf zur Hochweide Tap. Kurz vor der Abreise dieser erfolgreich verlaufenden Expedition erfuhr ich auf inoffiziellem Wege, daß wir für 1972 mit einer Einreise zum Mount Everest rechnen könnten. Doch erst am 7. September 1971 erreichte mich schließlich die offizielle Benachrichtigung seitens der Deutschen Botschaft aus Kathmandu. Zu diesem Zeitpunkt war ich mit einer kleinen Gruppe noch in Pakistan im Hunza-Karakorum, an der Nordflanke des 7788 Meter hohen Rakaposhi.

Nach unserer Rückkehr aus Pakistan standen mir für die Vorbereitung der Mount-Everest-Expedition noch knapp sechs Monate Zeit zur Verfügung. Seitens des Deutschen Alpenvereins konnte ich nicht mehr mit einer Zusammenarbeit rechnen — im Gegenteil! So war ich gezwungen, die Finanzierung aus eigener Kraft zu schaffen. Um die Öffentlichkeit an einer ersten deutschen Mount-Everest-Expedition zu interessieren, verfaßte ich eine kleine Broschüre und versandte sie an die Presse, an die Bundesregierung und Landesregierungen sowie an wichtige Stellen des öffentlichen Lebens. Die Resonanz war mäßig, obwohl ich den Adressaten bereits ein Kuratorium von namhaften Persönlichkeiten vorstellen konnte.

Dem Kuratorium gehörten an:
L. Albertz, Oberbürgermeister, Oberhausen — Prof. Dr. Dr. h. c. W. Baier, München — Dr. S. Balke, Bundesminister a. D. — Prof. K. F. Bauer, München — K. H. Bayer, München — Dr. G. Bereiter, München — F. Bodner, München — Dr. K. von Brentano-Hommeyer, Stadtrat, München — Min.-Präs. Dr. Filbinger, Stuttgart — Dr. R. Hack, München — N. Handwerk, Inselfilm, München — E. Henne, München — Dr. A. Heublein, München — F. Huschke von Hanstein, Stuttgart — Generalleutnant a. D. C. von Hobe, Mühlenkoppel — H. A. Junghans, Neutraubling — Prof. Dr. Ing. habil. W. Just, Stuttgart — Dir. R. Kelm, München — Dr. H. D. Köhler, München — Prof. Dr. E. Köhnlein, Freiburg — Univ.-Prof. Dr. L. Kotter, München — Dr. jur. E. Ksoll, München — Prof. Dr. H. Kuhn, München — E. Lauerbach, Staatssekretär, München — Dr. G. Lemperle, Frankfurt — L. Metzger, Staatsminister a. D., Darmstadt — W. Pause, Irschenhausen/Isartal — W. Rademacher, München — L. Rybka, München — Oberbürgermeister Schmitt, Wiesbaden — Dr. K. Senkel, München — O. Spatz, München — Dr. h. c. K. G. Graf von Stackelberg, München — Dr. F.-J. Strauß, Bundesminister a. D., München — Senator H. Weitpert, Stuttgart-Berlin — Reg.-Dir. Dr. P. Wollny, München.

Senator Dr. Franz Burda, den ich 1970 in Rawalpindi kennengelernt hatte, bat ich bereits im Januar 1971, er möge aufgrund seiner Begeisterung für die Besteigungsgeschichte des Himalaya und seiner umfassenden Kenntnisse, die er davon besitzt, die Schirmherrschaft über die erste Deutsche Mount-Everest-Expedition übernehmen. Senator Burda sagte zu. Damit hatte ich einen Mann als Schirmherrn gewonnen, bei dem ich damit rechnen konnte, daß er für die Probleme und Schwierigkeiten, die während eines solch großen Unternehmens auftreten können, weitgehendstes Verständnis aufbringt. Und ich hatte mich nicht getäuscht. Dr. Burda und sein Büro hatten für alle meine Anliegen großes Verständnis und zeigten sich immer sehr hilfsbereit. Dabei handelte es sich meist gar nicht um Presse und Öffentlichkeitsarbeit — es waren oftmals ganz anders gela-

Die große Barriere, die in 6100 m Höhe das Eis im West-Becken spaltet,
ist ein allen Expeditionen wohlbekanntes Hindernis im Aufstieg zum Everest.
Bei uns hatte sie eine Breite von sieben Metern.

gerte Probleme, die mir aber im derzeitigen Augenblick zu schaffen machten. Und für diese Hilfsbereitschaft in allen meinen Nöten möchte ich unserem Schirmherrn und seiner rührigen Sekretärin, Fräulein Viertel, meinen herzlichsten Dank sagen.

Dem Expeditionsleiter stellen sich zunächst vier Probleme:

1. Die Einreiseerlaubnis. — Diese hatten wir bereits. —
2. Die Mannschaft. — Ich bemühte mich, für die Everest-Expedition ein starkes deutsch-österreichisches Team aufzustellen und dafür viele qualifizierte und charakterlich saubere Alpinisten zu gewinnen.
3. Die Finanzierung. —
4. Die Beschaffung der Ausrüstung und Verpflegung.

Der Kompromiß

Aufgrund eines Gesprächs mit Norman Dyhrenfurth in Salzburg setzte ich mich mit Don Whillans und Dougal Haston in Verbindung. Diese beiden Engländer waren während der Internationalen Everest-Expedition drei Wochen lang in der Südwestflanke auf großer Höhe gewesen und erreichten als einzige 8250 Meter. Ich nahm an, daß diese beiden aufgrund ihrer Kenntnisse von der Wand und von den klimatischen Verhältnissen am Everest für die Expedition ein großer Gewinn sein könnten, und bat sie um ihre Teilnahme. Beide sagten zu, und so erweiterte ich also das deutsch-österreichische Team um zwei Engländer.

Während eines Aufenthalts in London lernte ich auch Chris Bonington kennen. Er hatte ein Jahr zuvor die Annapurna-Südwand-Expedition geleitet, an deren Erfolg Don Whillans und Dougal Haston maßgeblich beteiligt waren. Da das Finanzierungsproblem einem Expeditionsleiter die größten Schwierigkeiten bereitet, ist es wohl verständlich, daß es mir wie Musik in den Ohren klang, als ich am Telefon Chris Bonington aus England sprechen hörte und er mir dabei eine maßgebliche finanzielle Unterstützung meiner Expedition in Aussicht stellte, falls neben ihm persönlich noch weitere Engländer an der Everest-Expedition teilnehmen könnten.

Am 30. November hatte ich dann in München ein entscheidendes Gespräch mit ihm, seinem Manager George Greenfield und meiner Sekretärin Fräulein Schlag. Das Ergebnis dieser zweistündigen Unterhaltung war eine publizistische Zusammenarbeit zwischen unserer Everest-Expedition und englisch-amerikanischen Publikationsorganen, die Greenfield vermitteln wollte. Die Summe, die dabei im Gespräch war, lag zwischen 20 000 und 25 000 englischen Pfund. Es war zu diesem Zeitpunkt jene Summe, die darüber entschied, ob die Expedition zum Zuge komme oder von vornherein schon an finanziellen Hürden scheitern würde. Nach unserem Gespräch in München schrieb mir Greenfield alle besprochenen Punkte noch einmal in allen Details. Die Sache schien gut zu laufen. Und George Greenfield hatte in seinem Schreiben, das er unserer persönlichen Unterredung vorausschickte, anscheinend nicht übertrieben. Er schrieb damals: „Ohne zu prahlen, kann ich wahrscheinlich für mich in Anspruch nehmen, der erfolgreichste Vermittler betreffend des Verlaufs oder der Vermietung von Copyrights bezüglich Literatur über Expeditionen zu sein. Ich vertrete unter anderem Sir Francis

Chichester, Sir Vivian E. Fuchs, Sir Edmund Hillary, Wally Herbert, Robin Knox-Johnston und John Fairfax. Allein aufgrund dieser Namen habe ich in den letzten fünfzehn Jahren fast eine halbe Million Pfunde auf der ganzen Welt zusammengebracht." — In Punkt 3 seines Briefs schrieb er aber dennoch: „Die Tatsache, daß die Internationale Everest-Expedition 1971 ein Mißerfolg war, machte eine Anzahl von wichtigen Interessenten mißtrauisch."

Chris Bonington schrieb mir acht Tage später: „Mein lieber Karl, ich bin gerade von meiner kurzen Reise nach Amerika zurückgekehrt, wo ich Ehrengast des Amerikanischen Alpenvereins war. Ich möchte Dich nur gern wissen lassen, wie sehr ich mich über unser Treffen in der vergangenen Woche gefreut habe und wie aufregend es für mich ist, ein Mitglied Deiner Mannschaft zu sein. Ich versichere Dich meiner loyalen Unterstützung, und daß ich vor Beginn der Expedition schon alles tun werde, hier Geld aufzutreiben in Form von Zeitschriften-, Buch- und Fernsehverträgen ... Zum Abschluß möchte ich nochmals betonen, daß es für mich eine große Ehre ist, eingeladen worden zu sein, an Deiner Expedition teilzunehmen, und ich freue mich sehr darauf."

Als ich am 20. Dezember 1971 dann noch einen Brief von George Greenfield bekam, in dem er die Zusammensetzung der 22 500 englischen Pfunde durch Publikationsrechte verschiedener Art einzeln aufgeführt hatte, befand ich mich so richtig in einer vorweihnachtlichen Stimmung. Aber diese dauerte nur bis nach den Feiertagen, und zum Jahresbeginn bekam ich die Absage der BBC. Das Honorar für Fernsehrechte war dadurch auf ein Minimum vermindert worden. — Von den Welt-Veröffentlichungsrechten in Zeitungen und Zeitschriften war auch nichts mehr zu hören. — Es blieben also nur noch die Buchrechte übrig. Diese aber konnte ich nun zu den gleichen Bedingungen auch in Deutschland unterbringen. Somit war die ursprünglich auf 180 000 DM veranschlagte Summe, die das englische Team in die Expedition hätte einbringen sollen, auf ganze 20 000 DM zusammengeschrumpft! Unter diesen Umständen war ich begreiflicherweise nicht gewillt, die gleichgroße Zahl an britischen Bergsteigern in die Expedition aufzunehmen. Da Chris Bonington zusammen mit seinem Manager Greenfield die beachtliche Unterstützungssumme der Gesamtexpedition im Dezember 1971 erstmals ins Gespräch gebracht hatte, seine Vorstellungen sich aber als Luftballon erwiesen, schied dieser als erster aus. Zudem war mir bekannt, daß Don Whillans von der Beteiligung Boningtons an der Expedition aufgrund seiner Erfahrungen an der Annapurna im Jahre 1970 sowieso nicht recht begeistert war, und so fiel uns der Verzicht auf diesen Bergsteiger nicht schwer.

Die zunächst ins Auge gefaßte finanzielle Unterstützung der Expedition durch einen maßgeblichen Beitrag der Engländer war somit auf etwa 10 % der ursprünglich erwarteten Summe zusammengeschrumpft. Dennoch wollte ich aufgrund persönlicher Beziehungen, die sich im Lauf der Vorbereitungen mit Don Whillans ergeben hatten, nicht auf die Beteiligung sämtlicher britischer Bergsteiger verzichten. Aber das englische Team wurde entsprechend verkleinert, und vor allem wurde auf ein Fernsehteam der BBC verzichtet, da wir mit dieser Gesellschaft ohnehin zu keiner nützlichen vertraglichen Vereinbarung zu kommen schienen. Der von mir hinsichtlich der Finanzierung und Beteiligung der Engländer zunächst geplante Kompromiß konnte also nicht realisiert werden. Das englische Team bestand nun aus Don Whillans und seinen beiden Freunden Hamish McInnes und Douglas Scott. —

Die Mannschaft

Anfang Februar steht die Mannschaft endgültig fest.

Dr. Karl Winkler, ein Himalaya-erfahrener Mediziner, muß buchstäblich in letzter Minute seine Teilnahme absagen, weil er keinen Urlaub bekommt. Das heißt, daß ich neben der Gesamtleitung auch bei dieser Expedition wieder die ärztliche Betreuung übernehmen muß, wenigstens so lange, bis die medizinische Wissenschaftlergruppe im Hauptlager eingetroffen ist.

Michl Anderl (56), mein Stellvertreter, ist ein sehr erfahrener Expeditionsmann. Er war 1954 am Broad Peak — leitete 1960 eine Kondusexpedition — war 1961 und 1962 mit mir an der Diamirflanke des Nanga Parbat — 1966 ebenfalls mit mir in den Stauningsalpen auf Grönland — 1970 stellvertretender Expeditionsleiter an der Rupalflanke des Nanga Parbat und 1971 in gleicher Position am Rakaposhi im Nagarstaat. Anderl ist eine alpine Spätzündung. Er war zwar immer schon ein glänzender Langläufer und Eisgeher, aber die schwersten Bergfahrten (Eiger-Nordwand, Walkerpfeiler an den Grandes Jorasses, Matterhorn-Nordwand) fallen alle in sein 5. Lebensjahrzehnt.

Felix Kuen (35) wird bergsteigerischer Leiter der Expedition. Kuen ist österreichischer Heeresbergführer und hat bereits Expeditionserfahrung. Er war 1966 Teilnehmer der österreichischen Anden-Peru-Expedition, der die Erstbesteigung des Nevado Jirishhanca (5620 m), Chico-Ostpfeiler gelang und die zweite Begehung des Nevado-Jirishhanca-Ostpfeilers (6125 m). 1970 war er zusammen mit Peter Scholz am Gipfel des Nanga Parbat. Aber darüber hinaus weist sein Tourenverzeichnis hervorragende Begehungen auf, so z. B. 1961 Lyskamm-Westgipfel-Nordwand (3. Begehung) — 1962 Eiger-Nordwand — 1963 Große-Zinne-Nordwand (Sachsenweg, 3. Begehung), Dru-Südwestpfeiler (Bonattipfeiler), Grandes Jorasses (Walkerpfeiler) — 1965 Matterhorn-Nordwand (zum zweiten Mal), 1967 Triolett-Nordwand und Piz-Badile-Nordostwand. — 1968 Westliche Zinne-Nordwand (Franzosenführe) und 1969 und 1971 insgesamt 6 Erstbegehungen im Karwendelgebirge.

Peter Bednar (29), naturalisierter Deutscher (Tscheche), ein erfahrener Tatra-Bergsteiger. In den Alpen machte er den Walkerpfeiler und war Teilnehmer der Anden-Expedition 1971.

Hans Berger (24), Schweizer, er blickt erst auf eine dreijährige Bergerfahrung zurück, hat aber trotzdem bereits ein ausgezeichnetes Tourenverzeichnis: Wiederholung der Japaner Direttissima an der Eiger-Nordwand, Droit-Nordflanke und Fiescherhorn-Nordwand. 1. Winterbegehung der Gletscherhorn-Nordwand und 1. Winterbegehung der Les-Droites-Nordwand (direkte Route Cornau—Davaille).

Leo Breitenberger (27), Italiener (Südtiroler). Er ist ein ausgezeichneter Dolomitenkletterer mit 7 Neurouten, bestieg auch bereits die Matterhorn-Nordwand, den Walkerpfeiler an den Grandes Jorasses, die Lyskamm-Nordwand und machte die 1. Winterbegehung des Königsspitze-Ostgrats.

Werner Haim (30), ebenfalls österreichischer Heeresbergführer mit Expeditionserfahrung. Auch er war am Jirishhanca 1966, und 1970 Mitglied der Nanga-Parbat-Expedition, wobei er fast die ganze Rupalflanke durchstiegen hat. Im gleichen Jahr zeichnete er sich durch besonderen Mut bei der Rettungsaktion am Mt. Kenya in Afrika aus. — Kurz nach der Mount-Everest-Expedition gelang ihm zusammen mit seinem oftmaligen Seilgefährten Felix Kuen und zwei weiteren Bergsteigern die aufsehenerregende Erstbegehung der 387 m hohen, überhängenden Nordwand des Zuckerhuts in Rio de Janeiro.

Adi Huber (33). Auch er ist österreichischer Heeresbergführer mit Expeditionserfahrung. 1965 war er im Hindukusch, 1967 im Pamir, wo ihm die Überschreitung des Peak Lenin gelang, 1971 war er am Dhaulagiri II, dessen Gipfel er mit Adi Weißensteiner erstmals erreichte.

Professor Edelwald Hüttl (60), München, hat bei der Expedition die Aufgabe des Hauptlagerverwalters übernommen. Er ist Afrika-Experte und war 1966 in den Stauningsalpen auf Ostgrönland.

Hamish McInnes (42), Engländer, erfahrener Bergsteiger und Expeditionsmann. 1953 war er am Pumori, 1957 und 1970 im Kaukasus und 1956 Mitglied der erfolgreichen Militärexpedition am Rakaposhi.

Sepp Maag (44), Lechbruck, einer der Veteranen des Buhl-Rebufat-Aufstiegs der Eiger-Nordwand aus dem Jahre 1952. — Im Jahr 1954 nahm er an meiner Broad-Peak-Expedition teil.

Peter Perner (29), Österreicher, Hüttenwirt an der Dachstein-Südwand-Hütte. Er ist ein ausgezeichneter Felsgeher, dem viele Neutouren in der Dachsteingruppe gelungen sind, unter anderem der Ramsauer Steig (Erstbegehung), die Dachstein-Direttissima (Erstbegehung). Außerdem weist sein Tourenverzeichnis viele schwierige Touren wie Matterhorn-Nordwand, Triolett-Nordwand und im Ausland die Besteigung des El-Capitan-Südpfeilers in den USA auf.

Adi Sager (37), österreichischer Heeresbergführer, war 1966 mit Haim und Kuen am Jirishhanca in den Anden. Sein Tourenverzeichnis weist unter anderem Begehungen auf wie Breithorn-Nordwestwand, Matterhorn-Nordwand, Triolett-Nordwand und Piz-Badile-Nordostwand.

Mischa Salecki (27), persischer Student in Deutschland — nur ein bißchen mehr als ein Bergwanderer, ohne alpine Grundausbildung.

Horst Schneider (33), österreichischer Heeresbergführer, Hauptmann beim Heer, ein hervorragender Felskletterer mit ausreichender Eiserfahrung.

Douglas Scott (30), Engländer, erfahrener Bergsteiger und Expeditionsmann, er war 1967 im Hindukusch und 1971 im Baffinland.

Adi Weißensteiner (34), österreichischer Bergführer mit einem beachtlichen Tourenverzeichnis: 1960 Matterhorn-Nordwand — 1961 Kaukasus (Achsu und Elbrus) — 1962 Eiger-Nordwand — 1963 Österreichische Dhaulagiri-Expedition — 1967 Österreichische Peak-Lenin-Expedition — 1971 Österreichische Dhaulagiri-Expedition, wobei ihm zusammen mit seinem Freund Adi Huber die erstmalige Besteigung des Dhaulagiri II gelang.

Don Whillans (39), sehr bekannter englischer Berufsbergsteiger. Er ist erfahrener Alpinist und war Teilnehmer an elf Expeditionen.

Die Wissenschaftlergruppe: Alice von Hobe (33), München, war Teilnehmerin an der Nanga-Parbat-Expedition 1970 sowie der Jörg-Lehne-Gedächtnis-Expedition zum Rakaposhi. Sie übernimmt als Apothekerin die Durchführung von wissenschaftlichen Aufgaben (medizinisch-physiologische Tests) sowie die Erprobung von neuartigen pharmazeutischen Produkten. Außerdem liegt die sanitäre Betreuung von Mannschaft und Sherpa in ihren Händen.

Dr. Joachim Zeitz (28), Chirurg am St.-Markus-Krankenhaus in Frankfurt, ist von Dr. Gottfried Lemperle, Frankfurt, der selbst an der Expedition nicht teilnehmen kann, mit der Durchführung medizinisch-wissenschaftlicher Aufgaben betraut worden. Dr. Lemperle faßt seine für den Everest vorgesehenen Studien mit folgenden Worten zusammen: „Der Funktionszustand des Reticulo-endothelialen Systems wird heute allgemein als Gradmesser für die Leistungsfähigkeit der körpereigenen Abwehrkräfte angesehen. Unsere bisherigen Untersuchungen an Segelfliegern und Mäusen in der Unterdruck-Kammer haben ergeben, daß die Phagozytosefähigkeit in verschiedenen „Höhen" beeinträchtigt oder stimuliert ist. Nach 20 Minuten auf 6000 Meter gebracht, fanden wir eine signifikante Depression, dagegen auf 2000 Meter eine Stimulation. Es liegt deshalb nahe, diese Untersuchungen in der Unterdruckkammer bei Bergsteigern unter extremen Bedingungen fortzuführen, da aus den Ergebnissen möglicherweise Erkenntnisse für die Notwendigkeit, Dauer und Höhe von Rastplätzen — für die Dauer des Aufstiegs —, die Akklimatisation als auch für geeignete Erholungshöhen für bestimmte Patienten gewonnen werden könnten."

Dr. Zeitz stehen zwei weitere Frankfurter zur Seite:

Michael Fach (28), Internist, Assistenzarzt der Medizinischen Klinik des Hospitals zum Hl. Geist.

Udo Mehler (31), Kürschner und Amateur-Biologe mit Laborerfahrung.

Jürgen Gorter (40), Kameramann und erfahrener Bergsteiger aus München, wird für die Expedition gewonnen. Er reist etwas später zum Everest und dreht dort einen abendfüllenden Farbfilm für das Zweite Deutsche Fernsehen.

Außerdem war vorgesehen, daß sich der Spanier Luis Pujana y Zuazola (34) der Expedition anschließt und während des Unternehmens im Anmarsch und am Berg soziologische Studien treibt. Prof. Dr. E. K. Francis vom Soziologischen Institut der Universität München setzte sich für Luis Pujana persönlich ein und erklärte: „Ich habe mich heute mit Herrn Pujana über ein von ihm entwickeltes Projekt einer soziologischen Untersuchung im Rahmen der Mount-Everest-Expedition unterhalten und finde die Sache sehr interessant und aussichtsreich. Wir werden ihn im Rahmen unserer Möglichkeiten dabei unterstützen." Trotz dieser Befürwortung gelang es aber leider Pujana nicht, die vorher besprochene Mindestsumme für seine Beteiligung aufzubringen, und so mußten wir auf seine Teilnahme verzichten.

Der Vortrupp startet

Mitte Februar ist alles Gepäck der Expedition bereits im Hof der Plinganserstraße 120 in München-Obersendling gestapelt — drei Tonnen Lebensmittel und
rund neun Tonnen Ausrüstung. Das ursprünglich als deutsches Unternehmen
gedachte Unternehmen hat sich aufgrund verschiedener Kompromisse, die wir
eingehen mußten, auf ein europäisches Team vergrößert. Wir nennen unsere
Expedition nun die Erste Europäische Mount-Everest-Expedition unter deutscher
Führung. Insgesamt sind wir 23 Mitglieder — zehn Deutsche, sieben Österreicher,
drei Engländer, ein Schweizer, ein deutschsprechender Italiener (Südtiroler) und
für einige Wochen auch ein Perser. Unter unserem Gepäck befinden sich sechs
Whillans-Boxen aus England — Sauerstoff-Flaschen aus Frankreich und Deutschland — Anoraks aus Japan — Luftmatratzen aus der Tschechoslowakei — die be-
währten Lowa-Triplex-Himalaya-Schuhe aus Jetzendorf in Bayern — Daunen-
Lederfäustlinge aus Kanada — Rucksäcke, Eispickel, Steigeisen und Käse aus
Österreich — Marmelade aus Südtirol — in der Höhe zu testende Zenith-Uhren
sowie Höhenmesser und Jümarbügel aus der Schweiz, um nur einiges zu nennen.
Alles übrige Material ist aus Deutschland.

Da die Vorbereitungszeit von sechs Monaten für diese große Expedition sehr
kurz bemessen ist, müssen wir natürlich zur Beschaffung der Ausrüstung die
Zeit bis unmittelbar vor der Abreise einkalkulieren. Der zunächst geplante Transport auf drei Lastwagen über den Vorderen Orient nach Pakistan, Indien und
Nepal scheitert an dem Grenzübergang zwischen Pakistan und Indien. Die Brük-
ken sind alle gesprengt worden, und beide Länder befinden sich immer noch im
Kriegszustand. So muß unser Gepäck entweder auf dem langwierigen Schiffsweg
um Afrika herum nach Indien und von dort per Lastwagen nach Nepal transpor-
tiert werden oder aber wir können es über Indien nach Nepal einfliegen. Da
kommt mir buchstäblich in letzter Minute ein Charterflug des Cargo-Charter-
Service in Düsseldorf wie gewünscht. — Wir sind mit dem Packen noch nicht
fertig. Bis in die Nacht hinein müssen noch Listen geschrieben werden, und dann
fährt in der Nacht zum Montag, dem 28. Februar 1972, ein riesiger Lastwagen mit
unserem gesamten Expeditionsgut gen Luxemburg. Von dort aus wird unsere
Expeditionsausrüstung nach Kalkutta geflogen. Als Begleitperson wähle ich Adi
Weißensteiner. Er ist sofort bereit, diese mühevolle Vorarbeit für die gesamte
Expedition zu leisten. Er kann dabei allerdings auf seine Erfahrungen im Vorjahr
zurückgreifen, die er während seiner Dhaulagiri-Expedition gesammelt hat. Voll
Eifer setzt er sich für seine neue Aufgabe ein.

Zehn Tage später fliegt der Vortrupp nach Kathmandu. Felix Kuen schreibt in
seinem Tagebuch darüber folgendes:

„Am 7. März 1972 starte ich zu meiner bisher größten Expedition. Auf dieses
Vorhaben habe ich mich gründlich vorbereitet und habe folgendes Training absolviert: Wöchentlich dreimal einen Waldlauf von ca. 30 km oder einen Auf-
und Abstieg über 2000 Höhenmeter in einer Stunde. Außerdem machte ich viele
Skitouren in zügigstem Tempo. Nicht zuletzt förderten die Sportstunden als
Ausbilder beim Bundesheer meine Kondition. Mein Gewicht zu Beginn der Aus-
reise war 75 kg. Am letzten Tag noch ein letztes hartes Training, dann ging es

los! Gegen acht Uhr früh steige ich in den Zug nach München und erreiche gegen 11 Uhr das Büro in der Plinganserstraße. Wir werden vom Expeditionsleiter verabschiedet und fahren dann im Taxi in die Stadt, um noch Geld zu wechseln und noch einige persönliche Ausrüstungsgegenstände zu kaufen. Am Spätnachmittag geht unser Zug nach Frankfurt. Gegen Mitternacht starten wir mit Neckermann-Charter-Flug mit einem Jumbo-Jet nach Neu-Delhi. Wir sind sieben: Prof. Edelwald Hüttl, Peter Bednar, Hans Berger, Adi Huber, Sepp Maag, Peter Perner und ich. Am Morgen des nächsten Tages erreichen wir Neu-Delhi. Zollformalitäten folgen, eine Nacht im Rajdoot-Hotel, und am nächsten Morgen um sieben starten wir zu einem zweieinhalbstündigen Flug nach Kathmandu." —

Die ersten zwei Stunden fliegt man über indisches Wüstengebiet, dann tauchen die ersten Hügel auf, die Vorberge der Siwalik-Kette. Von jetzt an hat man — wenn man auf der linken Seite in der Maschine sitzt — bis zur Landung in Kathmandu die gigantischen Eisriesen der Himalaya-Kette vor sich. Im Westen liegt die gewaltige Mauer des Dhaulagiri (8167 m) — er wurde bereits von sieben Expeditionen angegriffen, bis 1960 Schweizer Bergsteigern die erste Besteigung gelang. In unmittelbarer Nähe erhebt sich das gewaltige Annapurna-Massiv. Die Annapurna I (8091 m) wurde erstmals 1950 von einer französischen Expedition bestiegen. Es war dies der erste Achttausender, der seit Menschengedenken bestiegen wurde. — Östlich davon streckt sich der Fischschwanz Machhapuchhare (6997 m) — das Matterhorn von Pokhara wie ein Zeigefinger Gottes in den azurblauen Himmel — dieser Berg ist heilig, und seine Spitze darf nicht betreten werden. Weiter rechts davon steht ein weiterer Bergriese mit einer felsigen Südost-Flanke, die Annapurna II (7937 m). Dahinter, in größerer Entfernung, erkennt man den 8156 m hohen Manaslu, den japanischen Hausberg. Er wurde in den Jahren 1952, 1953 und 1955 vergeblich berannt und erst 1956 erstmals bestiegen.

Im Anflug auf das 1300 m hoch gelegene Becken von Kathmandu ist der König der Berge, der Mount Everest, an der nepalesischen Nordostgrenze nicht auszumachen, zu weit liegt er noch entfernt. —

Nach der Landung vergeht etwa eine Stunde, bis wir mit unserem reichlichen Handgepäck die Zollbarriere hinter uns haben. Vor dem Flughafengelände erwartet uns Miss Hawley, die amerikanische Reuter-Korrespondentin in Kathmandu, die bereits viele Himalaya-Großexpeditionen betreut hat. Sie wird umringt von sieben Journalisten aus Nepal, Indien und Thailand. Ich bin über dieses journalistische Aufgebot in diesem Land überrascht, denn von meinen Expeditionen zum Nanga Parbat in Pakistan her ist mir ein derartiges Interesse an Aktualitäten-Nachrichten über eine Himalaya-Bergfahrt nicht bekannt.

Am Tage unserer Ankunft, dem 16. März, folgt bereits am Abend eine Besprechung mit Miss Hawley über Postbeförderung zum Hauptlager, über Pressenachrichten und schließlich, auf welche Weise man am günstigsten der Expedition die Wettervorhersagen durchgeben kann. Zwei Möglichkeiten stehen offen: Einmal die tägliche Durchsage über Kurzwelle durch einen befreundeten Amateurfunker aus Kathmandu und zum anderen ein Spezial-Wetterdienst, der von der indischen Rundfunkstation New Dehli ausgestrahlt wird. Da einer privaten Wetterdurchsage aus Kathmandu wochenlange Verhandlungen zur Erlangung der erforderlichen Genehmigung vorausgehen würden, treten wir gleich mit den Leuten der indischen Funkzentrale in Neu-Dehli unter Vermittlung der dortigen Deutschen Botschaft in Verbindung. —

Einen Tag vor unserer Ankunft ist der Vortrupp — Felix Kuen, Werner Haim, Adi Huber, Adi Sager, Horst Schneider, Leo Breitenberger — bereits nach Lukla abgeflogen. Der Vortrupp wird geleitet von unserem Hauptlagerverwalter Edelwald Hüttl, meinem Expeditionsfreund, mit dem zusammen ich in Ostgrönland war. Er nimmt zehn Sherpa-Träger mit und wirbt in Lukla zweihundert Lastenträger an. Somit ist ein Drittel der Expeditionslasten unterwegs zum Hauptlager am Everest.

Wie nun Edelwald H ü t t l, der das erstemal in Nepal ist, die Tage unserer Everest-Expedition erlebt, soll er uns am besten selbst erzählen:

Nepal-Impressionen

„Nepal — Kathmandu — zwei Namen, die in jedem Bergsteiger Wünsche wachrufen — Wünsche, einmal vor oder auf dem ‚Dach der Welt' zu stehen — in den Bann von ‚Chomolungma' gezogen zu sein.

Auf einer von den Chinesen erbauten Straße fahren wir vom Flughafen in die Stadt, um in einem spartanischen Hotel Quartier zu beziehen.

Kathmandu, das Herz einer 10 Millionen-Bevölkerung, zeigt das typische Bild von der Berührung einer noch gegenwärtigen Vergangenheit mit hoher Kultur und Tradition und einem Akkulturationsprozeß, der sich in modernen Palästen und Sportstadien ausdrückt.

Doch die Vergangenheit bleibt dominierend. Wir befinden uns in Nepal nicht im Jahre 1972, sondern hier läuft das Jahr 2029 ab. Denn die Jahre werden hier nach dem indischen König Bikramaditya, dem Begründer des Nepalesischen Kalenders, gezählt, dessen Regierungsbeginn in das Jahr 57 vor unserer Zeitrechnung fällt. Wir stehen daher kurz vor Neujahr, das Mitte April beginnt.

Die Stadt liegt in einem 1300 m hohen Talkessel und befindet sich wie Florida oder Mittel-Ägypten auf dem 28. Breitengrad, also im subtropischen Gürtel. Unser erster Bummel führt in das Zentrum der Tempelstadt. Man glaubt sich in ein Märchen versetzt, wenn man durch die engen Gassen mit ihrem bunten Völkergemisch geht. Ringsum Tempel, Pagoden, Heiligtümer der Hindus und Buddhisten. Hier offenbart sich die Kunstbegabung der tibeto-burmanischen Newar, deren Bronze- und Goldschmiedekunst, Holzschnitzerei und Bildhauerei weltberühmt sind.

Bewundernd staunen wir über die Schnitzerei an den Dachträgern, die Bronze- und Goldreliefs an den dreistöckigen Pagoden. Hier sind unschätzbare Werte versammelt, die, teils seit Jahrhunderten ungepflegt, langsam von der Zerstörung durch das Klima bedroht werden. Die Bundesrepublik geht mit gutem Beispiel voran und hat z. B. für die Renovierung des Priesterhauses Pujahari Math, einem Wunderwerk der Schnitzkunst, einen namhaften Betrag zur Verfügung gestellt.

Wie lebendig, allgegenwärtig die Mythologie ist, zeigen uns die Menschen dieses Landes. Ob sie beim schwarzen Standbild Mahakals ihr kleines Reisopfer

150

bringen, ob sie im Nasa Satal, dem Heiligtum des Gottes Schiwa, andächtig verweilen — die Religion ist hier Schwerpunkt des Lebens.

Die große Masse der Einheimischen — bunt an Hautfarbe, Rasse, Kleidung und Sprache (in Nepal gibt es 54 Sprachen und viele Dialekte) — repräsentiert Armut — eine Armut, wie sie für Europäer kaum vorstellbar ist. —

Wir Bergsteiger fallen in dem Menschengewühl kaum auf. Tibetaner, die durch Kleidung, Haartracht und wetterzerfurchte Gesichter unsere Aufmerksamkeit erregen, verdrücken sich, wenn wir die Kameras auf sie richten.

Als weniger scheu fallen jedoch Typen auf, die einen beschämenden europäischen Export darstellen, Gammler und Hippies. Hier sind der Phantasie ihrer Kleidung, ihrer speckigen Haarzotteln keine Grenzen gesetzt, hier im Schmutz von Kathmandu fühlen sie sich wohl. —

Als wir am täglichen Markt vorbeikommen, Geschrei und Gewimmel von Menschen. Eine Rauferei vermutend, stellen wir jedoch rasch fest, daß hier Gemüsehändler mit ihrer Ware flüchten, weil heilige Kühe Appetit auf ihr Gemüse haben.

Ab und zu drängt sich ein Trauerzug durch die engen Gassen. Zwei Männer tragen eine primitive Stangenbahre mit einem Toten, der in ein weißes, mit roter Farbe betupftes Tuch gewickelt ist. Nur wenige Trauernde folgen den Leichenträgern. Obwohl man vom Glauben her überzeugt ist, daß ‚der Tod der Höhepunkt des Lebens' sei, zeigt sich dieser Höhepunkt so armselig wie das Leben selbst. Wenn die Leiche am heiligen Fluß der Stadt verbrannt ist, die Asche im Wasser treibt, geht das Leben weiter wie bisher.

Nachdem wir alle Winkel der Stadt durchstöbert haben, beginnt für uns im Hotel eine besondere Arbeit, nämlich das Unterschreiben und Markenkleben auf einigen Tausend Grußkarten. Ein mühsames Geschäft, aber eine Notwendigkeit, die der Mitfinanzierung der Expedition dient.

Indessen laufen alle Vorbereitungen zum eigentlichen Start in die Berge.

Da es uns gelungen ist, eine Flugmöglichkeit zur 3000 m hoch gelegenen Landepiste in Lukla zu finden, wird uns ein Anmarsch von etwa zwei Wochen erspart. Am 11. März fliegt ein Vorkommando von sechs Mann nach Lukla voraus. Seine Aufgabe ist es, mit zweihundertfünfzig Trägern zum Basislager aufzusteigen, das Lager zu erstellen und den Khumbu-Eisbruch zu versichern.

Lukla, ein Ort mit wenigen Steinhütten liegt auf einem nach Westen fast senkrecht abfallenden Hochplateau.

Nach und nach treffen die Träger ein, und nach zwei Tagen marschiert das Vorkommando mit der Trägerkolonne los. Bei der Aufteilung der Gepäckstücke von je 30 kg an die Träger gibt es eine ordentliche Balgerei um die verschiedenartigen Gepäckstücke. Ein Teil der Träger besteht aus kleinen Mädchen, halben Kindern. Aber die Geschöpfe schleppen mit ihrem Stirnband mit unglaublicher Zähigkeit und Ausdauer Lasten, die mitunter größer sind als sie selbst.

Unser Marsch geht bergwärts Richtung Namche Bazar. Abstiege bis zum Fluß in der Schlangenschlucht wechseln mit steilen Aufstiegen. Doch das dauernde Auf und Ab führt trotzdem zügig in die Höhe.

An Felswänden, Felsblöcken immer wieder in Stein gehauene Gebetssprüche, dann wieder ganze Reihen aufgestellter steinerner Gebetstafeln. Wo immer eine Hütte steht, weht nahe dem Eingang oder auf dem Gipfel eine Gebetsfahne.

Die primitiven Steinhütten haben nur winzige Fensterhöhlen, keinen Rauchfang, obwohl in den Hütten Tag und Nacht das Feuer brennt. Der Rauch muß durch die Tür abziehen. Als Folge dieser ‚Wohnkultur' leiden viele Sherpa an chronischer Bindehautentzündung. Unser erstes Nachtlager errichten wir in Benkar, das aus zwei Steinhütten besteht. Als wir in die Zelte kriechen, ringsum die Feuer der Träger lodern und es um uns schon Nacht ist, leuchtet am oberen Talabschluß der schneebedeckte Lunting Pic im letzten Sonnenlicht.

Wir sind schon früh auf den Beinen, und weiter zieht die kaum überschaubare Kolonne. Am 16. März, wenige Stunden vor Erreichen des 3440 m hoch gelegenen Namche Bazar, sehen wir erstmals unser Ziel, den Everest. Es ist ein unvergeßlicher Anblick.

Ein steiler Anstieg führt in Serpentinen zu dem Höhendorf. Die Siedlung ist terrassenförmig angelegt, ebenso die Felder für den Anbau von Bergreis.

Wir stellen unsere Zelte hoch über dem Dorf auf und haben einen wundervollen Rundblick. Im Norden ragt der 6856 m hohe Amai Dablang über Tengpoche empor — bei seinem Anblick denkt man ans Matterhorn!

Unser Sherpa-Koch hat für das Abendessen eine Überraschung. Es gibt Brathuhn mit Reis. Doch der wässerige Mund wird bald trocken werden. Denn schon der erste Versuch, in das sogenannte knusprige Huhn zu beißen, beweist, daß der Koch die ältesten Ahnen der Dorfhühner aufgekauft hat.

Nach einer kalten Nacht verlassen wir das Dorf und steigen nach Khumjung auf. Die Eisriesen rücken immer näher, immer neue Gipfel werden sichtbar. Zwischen Khumjung und Tengpoche wird der Blick auf einen Berg östlich unserer Aufstiegsroute frei, der gewiß zu den schönsten Gipfeln des Himalaya zählt: der 6779 m hohe Kang Taiga. Sein dreieckig geformtes Gipfelmassiv, das uns seine senkrechten Wände zukehrt, ist mit Eis überzogen und glänzt wie ein Kristallgebilde — eine ‚Gralsburg' des Himalaya. — "

In den Morgenstunden des 17. März befindet sich der Vortrupp, Hüttl immer voran, auf dem Weg zum Kloster Tengpoche. Es ist ein herrlicher Tag, eine leichte Brise zieht durch das Imja-Drangka-Tal, und größtenteils wandert man im Schatten hoher Tannenbäume. Man muß nach Phunki (3250 m) absteigen, um den Fluß zu queren. Kurz hinter den Gebetsmühlen, die am Wegrand stehen, bekommt Hüttl Schmerzen in der Lendengegend, und zwar so stark, daß er sich auf einen Felsen setzt, um die Kolik, die ihn überfallen hat, abzuwarten. Aber vergeblich, immer wieder steigert sich der Schmerz, um nur für wenige Sekunden kurz nachzulassen. Ohne jemals dieses Leiden gehabt zu haben, diagnostiziert er selbst richtig seine Beschwerden als Nierenkolik und entschließt sich sofort, unterstützt von zwei Sherpa-Trägern, nach Khumde zurückzugehen, wo er sich von dem dort praktizierenden neuseeländischen Arzt Hilfe erhofft. Den Aufstieg in das 3760 m hoch gelegene Dorf schafft er aus eigenen Kräften nicht und muß getragen werden. —

Am selben Tag fliegen Anderl, Berger, Perner, Maag und die drei Engländer zusammen mit zwanzig Sherpa und einigem Gepäck nach Lukla. Anderl hat die Aufgabe, weitere dreihundert Träger für unseren Anmarsch anzuwerben. — Am 18. März trifft schließlich der Rest der Expedition in Lukla ein.

Am nächsten Morgen werden in aller Frühe dreihundert Lasten an die anwesenden Bergbauern vergeben. Auch die Sherpani, wie man die einheimischen Frauen nennt, tragen ihre dreißig Kilo. Ganz typisch für sie ist, daß sie ihre Lasten auf den Rücken legen, aber einen Großteil des Gewichts mittels Stirnband mit dem Kopf tragen.

Die Sherpa

Die Sherpa, in der Welt ein Begriff für qualifizierte Hochträger im Himalaya, bewohnen drei Regionen in den Hochtälern Ost-Nepals: Südlich der Chomolungma das Khumbu-Tal — das Solu am Oberlauf des gleichnamigen Flusses zwischen der Kang-Taiga-Gruppe und dem Mittelland — und schließlich als drittes Gebiet das Dudh-Kosi-Tal, Pharak genannt, das die beiden anderen Landschaftsgebiete miteinander verbindet. Im Osten bildet das tiefe Arun-Tal eine natürliche Grenze dieser vom Sherpa-Volk bewohnten Hochregion.

Seit der erfolgreichen Besteigung des Mount Everest im Jahre 1953 — der erste Mensch auf dem höchsten Gipfel der Erde war ein Sherpa! — wurden die Hochträger auch bergsteigerisch ausgebildet. Die indischen Behörden schafften eigens für ihren Sherpa-Sirdar Tensing Norkay in Darjeeling eine Bergsteigerschule, wo der Hochträger-Nachwuchs für Expeditionen ausgebildet wird.

Der Name Sherpa geht auf „Shar-pa" zurück, das heißt „Ostvolk". Die Urheimat der Sherpa ist die ost-tibetische Provinz Kham. Von dort aus wanderten sie in die Himalaya-Hochtäler in Nepal ein.

Das Khumbu-Gebiet, das Herz-Land der Sherpa, ist die Heimatstätte der Hochträger, die ihren Volksnamen weltberühmt gemacht haben. In den Hochtälern von Khumbu liegt fast vier Monate lang im Jahr Schnee. Diese harten klimatischen Verhältnisse zwingen die Bergbauern in dieser Gegend zu einer saisonbedingten Wechselwirtschaft. Sie besitzen daher Grund und Boden in den fruchtbaren Tälern und wandern in den Sommermonaten mit ihren Yak-, Ziegen- und Schaf-Herden auf die Hochalmen. Die Sommeralmen heißen Phu, und man findet sie bis in eine Höhe von 5000 Metern. Dort vermag man auch noch Kartoffeln anzubauen, die die Ernährung in der Zeit der Almwirtschaft sicherstellen.

Im Khumbu leben etwa 2200 Menschen. Sie wohnen in weißgetünchten Steinhäusern, deren es in diesem Gebiet etwa 600 gibt. Aus dieser Vergleichszahl läßt sich schließen, daß die Sherpa-Familien im Durchschnitt nicht zu den Kinderreichen gehören. Das bedeutendste Dorf mit nahezu 100 Häusern ist Khumjung (3790 m). Fast ebenso viele Häuser findet man in dem Handelszentrum Namche Bazar (3440 m).

Die zweigeschossigen Häuser aus kalkgetünchten Bruchsteinmauern und mit einem flachen Giebeldach, das mit Holzschindeln gedeckt ist, sind charakteristisch für die Sherpa. Die Wirtschaftsräume liegen ebenerdig, im oberen Stockwerk findet sich die Familie in einem einzigen großen Wohnraum zusammen.

Neben der altbekannten und beliebten Tsampa, die aus zerstoßenem Korn, das mit Wasser oder Milch vermischt wird, besteht, hat sich seit langem bereits die Kartoffel im Sherpa-Land eingeführt. Da das Garkochen von Kartoffeln in 4000 Meter Höhe zu viel Zeit in Anspruch nehmen würde, haben die Sherpa sich ein Gericht ausgedacht, Gurr genannt, das ungefähr unseren Kartoffelpuffern entspricht. Die in dünne Scheiben geschnittene rohe Kartoffel wird mit Gewürzen und Butter gemischt und als dünner Fladen auf einem heißen Stein geröstet.

Die Sherpa betreiben Viehzucht und Viehhandel, vor allem im Khumbu. Auf den Hochweiden gedeiht kräftiges Berggras, das ihre Tiere ernährt. Neben dem reinen Yak, dem Hochgebirgsrind mit dem Pferdeschwanz, gibt es noch besondere Kreuzungen mit anderen Rinderarten, die Dzhums oder die Dzopkios. Die weiblichen Kreuzungsarten, die Dzhums, eignen sich besonders als Milchtiere.

Da den Sherpa aus religiösen Gründen das Töten von Tieren, nicht aber das Essen von Fleisch, verboten ist, lassen sie jährlich eigens Metzger aus Tibet in ihr Land kommen, die dann die erforderliche Zahl von Rindern schlachten. Seit die Grenze nach dem rot-chinesischen Tibet über den Nangpa La (5806 m), geschlossen ist, hat man tibetische Metzger in die Dörfer geholt, die dort ihr Handwerk ausüben.

Die Sherpa haben schon lange vor Einführung der Demokratie in Nepal (1951) ihre Dorfgemeinschaften auf demokratische Grundlage gestellt. Eine öffentliche Dorfversammlung erläßt die Gesetze und wählt zwei besonders geachtete Bürger als Dorf- und Waldhüter. Der Dorfhüter im Range eines Bürgermeisters sorgt dafür, daß zum richtigen Zeitpunkt im Juli das Vieh aus dem Dorf auf die Hochweiden getrieben wird, um die reifenden Getreidefelder vor streunenden Kühen zu bewahren. Dem Waldhüter obliegt es darauf zu achten, daß nur dürres Holz aus dem Schutzwald heimgenommen wird. Allein ihm steht es zu, Holz für den Haus- und Brückenbau freizugeben und Holzdiebstahl zu bestrafen.

Die Sherpa sind ausgeprägte Individualisten, und dementsprechend ist auch ihr Familienleben aufgebaut. Ein neuvermähltes Paar gründet so rasch als irgend möglich einen eigenen Hausstand, pflegt aber regen Kontakt mit den Verwandten. In sexueller Hinsicht haben sich die Sherpa keine zu engen Grenzen gezogen. Es steht jedem erwachsenen Burschen frei, mit einer Sherpani engere Beziehungen zu pflegen. Trotz dieser Freizügigkeit werden nur selten uneheliche Kinder geboren. —

Bei den Bergbauern in den Hochtälern um den Nanga Parbat ist heute noch die Polygamie zu Hause. Es ist keine Seltenheit, daß ein Bergbauer und Jäger von seiner Landwirtschaft im einen Tal zu seiner zweiten im nächsten Tal ziehen kann und überall seine Familie vorfindet. Er konnte bis vor einigen Jahren noch bis zu vier Frauen heiraten. —

Bei den Sherpa dagegen gibt es eine Ehe mit umgekehrten Vorzeichen, die **Polyandrie**. Es ist durchaus möglich, daß eine Sherpani sich mit zwei Brüdern verehelicht und mit diesen beiden einen gemeinsamen Hausstand führt. Wenngleich die Ehepartner oftmals nicht wissen, von welchem der beiden Männer die Nachkommen stammen, so wird die Zwei-Männer-Ehe doch als recht positiv beurteilt. — Der ‚wilden‘ Polyandrie jedoch sind Grenzen gesetzt. Die Doppelehe muß bereits zur ersten Hochzeit eingegangen werden, eine spätere Veränderung der monogamen Ehe durch Aufnahme eines zweiten Mannes in eine Polyandrie ist nicht gestattet.

Om mani padme hum — die tibetisch-lamaistisch-religiöse Kultur der Sherpa durchdringt ihr ganzes Leben. Jedes Dorf hat seine Stupa, von den Häusern flattern Gebetswimpel, Gebirgsbäche treiben Gebetsmühlen, der Wanderer dreht die kleine Hand-Gebetsmühle, und an allen geeigneten Stellen der Bergpfade stehen Gebetstafeln oder sind Gebetssprüche in Felsen gemeißelt. Auf landschaftlich schön gelegenen Hochweiden stehen die Klöster, die Kulturzentren der Sherpa. Neben dem Rongphu-Kloster in Tibet ist Tengpoche im Khumbu eines der berühmtesten religiösen Zentren geworden. Dabei ist Tengpoche Gonda erst in diesem Jahrhundert erbaut worden.

Das Leben der Mönche ist dem Individualismus der Sherpa angepaßt. Sie leben in bungalow-artigen Häusern in nächster Nähe der Tempel, haben keine Gemeinschaftsküche, jeder Mönch sorgt für seinen eigenen Haushalt. Der Bauernsohn, der in das Kloster eintritt, muß sein Erbteil aus dem elterlichen Vermögen ausbezahlt bekommen, denn er muß für sein Auskommen sorgen. Da im Land ein hoher Zinssatz gilt, kann er durch Ausleihen seiner Barmittel leicht seine eigenen Unkosten für das tägliche Leben decken.

„Sönam“ — das ist das Guthaben an religiösem Verdienst. Gute Taten steigern Sönam, schlechte Taten verringern es. Am Ende des irdischen Lebens wird Bilanz gezogen. Dann entscheidet sich nach den Vorstellungen der buddhistischen Lehre, wie die Wiedergeburt ausfallen wird. Bei günstigstem Verhältnis steht nach dem Tode das paradiesische Jenseits offen — oder aber durch Reinkarnation kann ein Gelehrter geboren werden, der dann als Lama den Menschen auf Erden weiterdient. Der Abt des Klosters Tengpoche, der nach seiner Flucht aus dem Rongphu Kloster in Tibet nach Khumbu kam, gilt als eine solche Reinkarnation. —

Der Anmarsch ins Hauptlager

Das Gros der Expedition — Herrligkoffer, Anderl, Alice von Hobe, Bednar, Berger, Maag, Perner und die drei Engländer Whillans, McInnes und Scott — bricht am 19. März in aller Frühe in Lukla seine Zelte ab. Bevor alle mit zwanzig Sherpa und etwa dreihundert Kulis gegen das Dudh-Kosi-Tal aufwärts marschieren, müssen noch die Lasten verteilt werden. Zu meiner großen Überraschung befinden sich viel mehr Körbe mit Frischnahrung auf dieser Expedition, als ich es jemals zuvor erlebte. Weißensteiner hat im Auftrag des Sirdar Unmengen von Blumenkohl, Zwiebeln, Zitronen und tausend Kilo Kartoffeln eingekauft. Da in den Hochtälern im vorangegangenen Jahr eine Mißernte war, mußten wir alle Lebensmittel für die Träger aus Kathmandu einfliegen.

Unser Weg führt zunächst fast horizontal an einem Südhang des Dudh-Kosi-Tals entlang zum Fluß hinab, den wir in Ghat nach zweieinhalbstündiger Wanderung erreichen.

Am nächsten Morgen steigen wir vier Stunden lang durch eine wildromantische, malerische Landschaft. Nadelhölzer sind von rotblühenden Rhododendronbüschen durchsetzt, und Moospolster erinnern an einen Märchenwald.

Zunächst folgt die auseinandergezogene Trägerkarawane dem Eisbach (Dudh Kosi), überquert ihn auf einer wackligen Holzbrücke und folgt schließlich einem durch lichten Wald sich nach oben schlängelnden Pfad. Nach vier Stunden ist Namche Bazar (3440 m) erreicht. Jene, die etwas voraus sind, sehen sich bis zum Eintreffen der Lasten das große Sherpa-Dorf an. Das Gelände gleicht einem Amphitheater, an dessen Hängen die weißgetünchten Steinhütten der Sherpa kleben. Am tiefsten Punkt des Bergkessels befindet sich eine Stupa, um die sich die Häuser hufeisenförmig gruppieren.

Wir aber wollen nicht hier, sondern auf dem hundert Meter höher gelegenen Hügel unser Lager aufbauen. Dort ist es zwar nicht so windstill, aber der Blick kann frei über das reizvolle obere Dudh-Kosi-Tal schweifen. Man sieht im Norden das erstemal die Chomolungma, unser Ziel — das gewaltigste Massiv aus Fels und Eis, das drei Namen miteinander verbindet: Everest-Lhotse-Nuptse. Der steile Absturz dieses Bergmassivs zeigt die Südost-Flanke des Lhotse (8501 m), westwärts schließt sich die Nuptse-Mauer (7879 m) an, und dahinter zeigt sich dem Betrachter, der sich von Norden her auf dem Landweg der tibetischen Grenze nähert, erstmals die Spitze des Mount Everest.

Als ich vor wenigen Stunden durch Namche Bazar schlenderte, ahnte ich nicht, daß in einem der dortigen Häuser unser Kamerad Hüttl liegt. Ich bin bereits wieder bei den Zelten auf dem Hügel oben, als ein Sherpa kommt und mich davon unterrichtet. Zusammen mit Sepp Maag gehe ich daraufhin sofort ins Hospital hinunter und finde Edelwald im ersten Stock dieses Hauses auf einer Pritsche liegen. Das Krankenhaus ist von größter Einfachheit, um es gelinde auszudrükken. Ich spreche mit dem Arzt, einem Sherpa, der keinerlei Medikamente besitzt, um die Nierenstein-Kolik wirksam bekämpfen zu können.

Wir haben eine Sauerstoff-Flasche mit Maske und entsprechend reichlich Medikamente mitgebracht, und so kann ich Hüttl von seinen Schmerzen befreien. Er sitzt auf der Bettkante und unterhält sich mit uns, und wir erfahren Genaueres über seine Beschwerden. Da er sich laufend übergibt — eine Folge der Bauchfellreizung, die man bei Nierenstein-Koliken immer wieder beobachten kann —, geben wir ihm neben den Opiaten noch eine Wärmflasche und, da wir uns bereits auf fast 4000 m Höhe befinden, zur Hebung des Allgemeinbefindens die Nacht über Sauerstoff.

Ich verschiebe den Abmarsch der Expedition um einen Tag, denn wir wollen abwarten, ob sich der Patient im Lauf der nächsten vierundzwanzig Stunden erholt. — Am frühen Morgen sehe ich ihn unten bereits vor dem Hospital auf und ab gehen, aber der Nierenstein quält ihn immer noch. Er will absteigen nach Lukla, um nach Hause zu fliegen. Zusammen mit dem Schweizer Funkspezialisten Prinz, der eigens aus Kathmandu heraufgestiegen war, um eine Funkstation zu überprüfen, zieht er los. Prinz ist fußverletzt, man bekommt den Eindruck, wenn man die beiden so absteigen sieht, daß zwei ‚Invaliden‘ Namche Bazar verlassen.

Am selben Tag noch erreicht der Vortrupp den Hauptlagerplatz am Knie des Khumbu-Gletschers und baut provisorisch das Hauptlager auf.

Am nächsten Tag, dem 22. März, verlassen wir in aller Frühe bei schönstem Wetter die Sherpa-Siedlung. Unser Weg führt auf halber Höhe des Imja-Drangka-Tals nach Norden. Immer wieder kommt eine Wegbiegung um eine Felsrippe, die zum Fluß hinabstürzt, wodurch für den Wanderer der Weg interessanter und ihm die Zeit verkürzt wird. Nach zwei Stunden steigen wir endgültig zum Fluß hinab. Nachdem wir ihn über eine einsturzgefährdete Holzbrücke passiert haben, treffen sich fast alle Teilnehmer am anderen Ufer zu einer kurzen Rast. Viele nützen die Gelegenheit, sich wieder einmal zu waschen.

Anschließend führt ein Pfad in Serpentinen einen heißen Südhang empor — zum Kloster Tengpoche. Es ist Mittag. Vor vier Stunden haben wir Namche Bazar verlassen. Wir befinden uns auf 3867 m Höhe.

Das von sechzehn buddhistischen Mönchen bewohnte Kloster ist weltberühmt. Auf den Klosterwiesen haben schon viele Everest-Expeditionen kampiert. Manche schlugen hier für längere Zeit ihr Lager auf, um sich an die Höhe anpassen zu können. Vor allem die indischen Expeditionen waren fast immer volle drei Wochen in Tengpoche, um Mannschaft und Hochträger in Touren bis auf 6000 m Höhe zu trainieren.

Unsere Engländer lagern bereits auf einem Felsvorsprung über dem Rasthaus, in das wir unser Gepäck legen lassen.

Nachdem das Kloster mit seinem einmaligen Bergpanorama von allen Seiten mehrfach fotografiert ist, begeben wir uns auf Anregung eines Schweizer Forschers, der mit seinen siebzig Jahren auf einem Yak hier heraufgeritten ist, in das Innere dieses buddhistischen Heiligtums und dürfen es besichtigen. Der Schweizer Tibetologe erklärt uns die religiösen Riten und Gebräuche der buddhistischen Mönche. Während unsres Rundgangs durch die Gebetsräume sehen wir auch einen Mönch in seiner primitiven Druckerei. Er hat eine hundertfünfzig Jahre alte Hartholzmater, beschmiert sie mit chinesischer Tusche, legt Papyrus darauf und zaubert wunderschöne alte Holzschnitte mit religiösen Motiven und Buddha-Statuen, hervor. Wir kaufen fünfzig Stück und geben sie dem Schweizer Forscher mit. Er will sie uns nach unserer Rückkehr nach München schicken — sagt er — aber bis heute warten wir vergeblich auf unsere Andenken aus Tengpoche!

Bei zunächst strahlendem Wetter begeben wir uns auf den Marsch nach Pheriche. Diese Yak-Weide ist fünf Stunden von Tengpoche entfernt. Man steigt zunächst zum Fluß hinab. Auf dem nordseitigen Hang treten bereits die ersten Schnee- und Eisfelder auf. Der Weg ist streckenweise dschungelartig. Wir queren den Fluß und steigen mehrere Stunden an der Ostseite des Tals aufwärts. In Pangpoche, einem weitläufigen Terrassendorf, gedeiht noch Berg-Gerste. Kurz vor Pheriche, unserem Tagesziel, kommen wir an einem großen schwarzen Zelt vorbei: Eine Nomadenfamilie hat hier ihr „Teehotel" aufgestellt und bietet für wenig Geld dem Wanderer ihr Gebräu an. Man muß bedenken, daß diese Gegend sehr viele Einzelwanderer verschiedenster Nationen, aber auch Trekking-Reisende in Sherpa-Begleitung durchziehen und sich somit an der Everest-Route schon gewisse merkantile Ansätze beobachten lassen. In Pheriche selbst befindet sich neben einem sogenannten Übernachtungshotel noch ein Laden, in dem man Tee, Zündhölzer und Getränke kaufen kann. Darin befinden sich zu unserer großen Überraschung auch Bahlsen-Keks, Knäckebrot und Konserven aus unserem Bestand. Wie wir später erfahren, wurde der Vortrupp von den Sherpa entsprechend ausgenommen und die erbeuteten Gegenstände sofort wieder in bare Münze umgesetzt.

Pheriche ist ein sehr windiger Platz. Auf 4243 m Höhe befindet sich hier die letzte große Siedlung vor dem Everest. Das Klima ist nicht warm genug, um Getreide anbauen zu können, aber die Hochweiden eignen sich ausgezeichnet als Futterplätze für Yak-Herden. Die Bergbauern in dieser Gegend sind meist Viehzüchter. Ihre Nahrungsmittel müssen sie zum großen Teil aus tiefer gelegenen Dörfern im Tauschhandel beziehen.

Hier, wie überall im Khumbu, braut man allenfalls seinen eigenen Reisschnaps. Als ich anderntags mit Don Whillans losziehe, verschwindet er plötzlich für einige Zeit in eine der Hütten. Es dauert eine Weile, bis er wieder nachkommt — er strahlt über das ganze Gesicht und schwärmt vom eben genossenen Rakhsi! Verständlich, denn wir haben fast keinen Schnaps dabei — und bei Dyhrenfurth im Vorjahr gab's doch reichlich Whisky, woran sich Don freudig erinnert.

Unser heutiger Anmarschtag führt uns über schöne Almwiesen zunächst an das Ende des weiten Tals von Pheriche, wo das kleine Dorf Phulung Karpo (4343 m) liegt. Von dort aus wendet sich unser Steig nach rechts, schlängelt sich steil nach oben und zieht über herrliche Almwiesen zur Hochalm Buglhar (4620 m) empor. Wir befinden uns jetzt im Khumbu-Tal, und vor uns baut sich die gewaltige Stirnmoräne des Gletschers auf. Beim Queren des bewachsenen Moränenhangs sehen wir plötzlich sechs mannsgroße quadratische Steinmandeln auf einer Anhöhe vor uns auftauchen. Sherpa, die uns begleiten, erklären uns, daß diese Gedenkstätten für jene sechs Hochträger errichtet wurden, die vor zwei Jahren bei einer Japaner-Expedition im Khumbu-Eisbruch ums Leben gekommen sind. —

Lobuche ist eine Hochalm mit einigen Steinhütten und zahlreichen Steinnestern, wo die Träger, die hier durchkommen, ihr Lagerfeuer errichten. Diese Siedlung liegt 4930 m hoch in einem Talschluß. Hinter einer Felsmauer befindet sich der Lobuche-Gletscher. Dieser bezieht seine Eismassen aus der Ostwand des gleichnamigen 6145 Meter hohen Berges, der sich aber drei Kilometer weiter westlich befindet.

Allmählich trudeln unsere Lasten ein. Unter den Trägern befinden sich auch junge Mütter, die zusätzlich zu ihrer 30-Kilo-Last noch ihre Säuglinge mitschleppen, damit sie auf die kraftspendende Muttermilch nicht zu verzichten brauchen.

Am frühen Morgen sind alle Quellwasser in der Nähe von Lobuche bereits zugefroren. Wir haben in der Nacht 10 Grad Minus gemessen. Der sechste Anmarschtag führt uns heute, am 25. März, zur letzten Station vor unserem Hauptlager, nach Gorak Shep. Diese Hochweide, in deren Nähe sich ein kleiner See befindet, wird erreicht, indem man am Rande des Khumbu-Gletschers hochsteigt und dabei die Stirnmoräne des Lobuche-Gletschers quert. Anschließend folgen breite grüne Hochweiden von besonderem landschaftlichem Reiz. Erst kurz vor Gorak Shep, dem nächsthöheren Weideplatz für Ziegen, Schafe und Yaks, quert man die Stirnmoräne des Changri-Nup- und Changri-Shar-Gletschers, die sich kurz vor ihrer Einmündung in das Khumbu-Tal vereinen.

Blick von Lager 1 auf das West-Becken. Im Hintergrund die West-Flanke des Lhotse (8501 m).

Unten: Lager 1 (6000 m) liegt am oberen Ende des Eisfalls, inmitten von Gletscherspalten. Es ist der erste Materialumschlagplatz im Aufstieg zum West-Becken.

Links oben: Lager 1 mit Blick talauswärts auf Khumbutse (6640 m) rechts
und Lingtren (6697 m).

Links unten: Der tägliche Gruß aus
der Nuptse-Nordwand trifft ein. —
Die Lawinenspur ging über die große
Querspalte hinweg und zerstörte
unsere mit viel Mühe errichtete
Leiternbrücke. — Im Hintergrund der
Lhotse mit seinem West-Gletscher.
Nach links oben zieht der Genfer
Sporn.

Rechts und unten: Die von einer
Lawine in die gähnende Tiefe der
großen Querspalte geworfene
Alu-Leiter muß ersetzt werden. Sherpa
schleppen neue Alu-Leitern herbei —
dann ist die Verbindung zwischen
den beiden ersten Hochlagern wieder
intakt.

Hochlager 2 in 6450 m Höhe: Sahibs
im Aufbruch nach Lager 3.

Unten: Mehrere Sahibs sind vom
Hauptlager heraufgekommen. Lager 2
muß erweitert und zusätzlich müssen
noch einige Zelte aufgestellt
werden.

Kameramann Jürgen Gorter dreht während der Expedition einen abendfüllenden Farbfilm. Hier filmt er gerade unter schwierigen Verhältnissen im Khumbu-Eisbruch.

Unten: Lager 2 im West-Becken ist das Ausgangslager für den eigentlichen Aufstieg in die Südwest-Flanke des Everest.

Oben: Die roten Zelte von Hochlager 3 (6900 m) stehen im Schutz
eines kleinen Felsabsturzes.
Links: Das 3. Hochlager wird errichtet.
Zeltreste, verschiedene Ausrüstungsgegenstände und alte Konserven
erinnern an die Tätigkeit früherer
Expeditionen.

Rechts oben: Sahib und Sherpa
schleppen gemeinsam Teile der
Aluminium-Plattformen, die für das
Lager 4 gedacht sind, die
Südwest-Flanke hoch.
Rechts unten: Ein Blick von Lager 3
hinab auf das untere Western Cwm.
Auf dem Hochfirn sind die Zelte
von Lager 2 deutlich zu erkennen. —
Im Hintergrund zieht ein dunkler
Streifen quer über den Gletscher — es
ist dies die große Querspalte, über
die kurze Zeit vorher eine gewaltige
Eislawine hinwegbrauste. Sie kam
aus der Nuptse-Nordostwand (links).
Dabei wurden auch unsere Alu-
Brücken zerstört. Der schmale dunkle
Strich ist die große Spalte — talaus-
wärts davon, der etwas hellere
Streifen, die Lawinenbahn.

L2

Durch Steinschlag aus der Südwest-Wand wurde Werner Haim am Knie verletzt. Er war daraufhin nicht mehr fähig, ins Hauptlager abzusteigen.

Oben: Auf einen Teil der Alu-Plattformen, die für die Zelte von Lager 4 bestimmt sind, wird er von den Trägern über den Gletscher gezogen.

Unten: In dem schwierigen, gefährlichen Gelände durch den Eisbruch muß er von den Sherpa hinabgetragen werden.

Nach drei Stunden sind die Hütten von Gorak Shep erreicht. Auch hier befindet sich ein sogenanntes Tee-Hotel, wo man zur Not auch übernachten kann. Der See ist zugefroren und muß erst aufgehackt werden, um Wasser aus ihm entnehmen zu können. Wir befinden uns hier bereits in 5160 Meter Höhe. Und nicht jeder fühlt sich hier so frisch wie unten in Namche Bazar. Während Anderl und Bednar noch am selben Abend zum Hauptlager hinaufgehen, bleibt der Rest der Expedition über Nacht in Gorak Shep. Der Morgen ist kalt, wir messen bereits minus 15 Grad. Nach einem kleinen Frühstück machen wir uns auf den Weg zum Hauptlager, um endlich das Ziel unsres Anmarschs zu erreichen.

Wir steigen über die rechte Gletschermoräne hinab und kommen auf die Mittelmoräne des Khumbu-Eisstroms. Er wirkt hier besonders photogen, da sich etwa 30 m hohe Eispfeiler aus der Gletscherzunge erheben. Zwischen den einzelnen Pfeilern befinden sich viele blanke Eisnadeln, die aus dem Schotter herausragen und eine Höhe von 40 bis 70 cm erreichen.

Zu unserer freudigen Überraschung ist bereits nach zwei Stunden das Hauptlager in Sicht. Wir verlassen die Mittelmoräne des Gletschers und wandern auf Felsblöcken, von einem zum andern hüpfend, dahin. Ich wußte zwar, daß der Hauptlagerplatz nicht schön ist, aber die Wirklichkeit hat meine Vorstellung noch weit übertroffen. Es ist der häßlichste Lagerplatz, den ich während meiner elf Expeditionen je erlebt habe. Er sieht aus, als wenn ein Riese Felstrümmer über den Gletscher geschüttet hätte, und in diesem Tohuwabohu von Fels und Eis ist man gerade bemüht, kleine Zeltplätze zu planieren, um sich hier einigermaßen etablieren zu können. Der Nachteil dieses Lagerplatzes liegt vor allem auch darin, daß die Verbindung zwischen den einzelnen Zeltbewohnern über dieses Blockwerk geht, so daß wirklich nur dringend erforderliche Ausflüge zu den Nachbarzelten und jenen der Sherpa unternommen werden.

Ungeachtet der Häßlichkeit dieses Hauptlagerplatzes ist seine Umgebung von bezaubernder Schönheit. Wir werden umringt vom Westabsturz der Nuptse-Mauer und der Westschulter des Everest, zwischen denen hindurch die Eismassen aus dem West-Becken herabstürzen. Nördlich schließt sich der Lho La (6006 m) an, dann folgen Khumbutse (6640 m) und Lingtren (6697 m) — und schließlich, durch eine Gratsenke von diesen beiden Sechstausendern getrennt, erhebt sich im Westen die herrliche Eispyramide des Pumori (7145 m). Wir erinnern uns ihrer Geschichte, daß im Dezember 1961 ein Besteigungsversuch mit einer Katastrophe endete und er dann ein Jahr später von der deutsch-schweizerischen Nepal-Himalaya-Expedition 1962 erstmals bestiegen wurde. —

Mit Ausnahme von Adi Weißensteiner, der noch mit einigen Sherpa als Nachhut unterwegs ist, hat sich die gesamte Expedition im Hauptlager versammelt. Man beginnt Ausrüstung und Verpflegung auszupacken, das Eßzelt besser auszubauen — Sepp Maag baut einen offenen Kamin — und die Zeltplätze für die Sahibs zu planen. Gleichzeitig wird täglich im Eisbruch gearbeitet. Am 27. März wird bereits die Höhe von 6000 Metern erreicht. Der Weg durch den Bruch muß verbessert und täglich repariert werden.

Die zweite Garnitur — eine korrupte Gesellschaft

Am 28. März streiken die Träger. Obwohl wir im Gespräch mit ihnen bereits nach zwei Stunden die Schwierigkeiten aus dem Weg geräumt haben, erfahren wir später in Kathmandu, daß man hierüber in der Presse von einem wilden Streik der Sherpa berichtet hat.

Wir von der alten Garde, die bereits auf vielen Expeditionen waren und vor allem mit den Hunza-Hochträgern gut umzugehen wußten, müssen erfahren, daß wir hier mit Erpressermethoden konfrontiert werden, die für uns bislang unbekannt waren. Alice von H o b e, die zum dritten Mal mit mir auf Expedition ist, hat einen Querschnitt ihrer Erlebnisse im Hauptlager mit den Sherpa zu Papier gebracht und gibt uns einen Einblick in die Misere, die wir mit diesen Hochträgern hatten: „Während des Anmarschs begleiten uns zwanzig Sherpa. Sie sind fröhlich und hilfsbereit. Sie bauen unsere Zelte auf, und ihr Koch sorgt für unser leibliches Wohl. Doch kaum haben wir das Hauptlager erreicht, stellt sich ein gewisser Gesinnungswandel ein, der uns vor manche Probleme stellt. Die Zusammenarbeit mit den Sherpa klappt nicht mehr und macht uns das Leben mit ihnen — ungeachtet ihres Fleißes und Könnens — fast zur Hölle!

Wir haben dreißig Sherpa angeworben, darunter befindet sich der Sirdar, der Obmann der Träger, und ein Koch. Sirdar Dorje hat deutlich einen tibetischen Gesichtsausdruck. Er ist besten Willens, spricht leidlich Englisch und hat einen Bergführer-Lehrgang absolviert, aber er ist nicht Persönlichkeit genug, um seine Landsleute zu lenken und diplomatisch zwischen Expeditionsleitung und den Seinen zu vermitteln. Seine Gutmütigkeit, gepaart mit einer gesunden Portion Schwerfälligkeit, läßt ihn über die kleinsten Aufgaben stolpern. Nicht nur mit dem Einmaleins, das er in einer der landesüblichen Hillary-Schulen erlernte, sondern auch mit der Buchführung steht er auf Kriegsfuß. Ich glaube, er braucht viele Stunden kostbarer Nachtruhe, um die ihm ausgehändigten Summen für Verpflegungseinkäufe auf den richtigen Nenner zu bringen; dabei entwickelt er geradezu ein Talent differierende Posten auszugleichen.

Es ist ein Unterschied, ob ein Sherpa eine Gruppe von Trekking-Wanderern, die durch die Hochtäler von Khumbu ziehen, begleitet, oder ob er sich einer Expedition als Hochträger anschließt. Der Tourist aus dem Ausland wird seinen Sherpa-Träger gut entlohnen, und dieser wiederum liest ihm jeden Wunsch von den Augen ab. Er hilft dem Fremdling beim Campieren, kocht für ihn und trägt seinen Rucksack. Macht er seine Aufgabe gut, so winkt ihm am Ende seiner Tour meist auch noch ein gutes Trinkgeld von seinem Sahib, der von der Schönheit des Landes berauscht ist.

Anders ist die Situation bei einer Expedition. Unter Einsatz seines Lebens stellt sich der Sherpa für die Besteigung eines hohen Gipfels als Träger zur Verfügung. Die Höhe seiner Entlohnung ist staatlich fixiert, aber er erhofft sich im Laufe oder nach der Expedition durch Ausrüstung, übriggebliebene Verpflegung und die ihm an sich zustehende persönliche Bekleidung einen wesentlich höheren Gewinn zu erzielen.

In solchen amtlichen Ausrüstungslisten der nepalesischen Himalaya-Society wird ein Übermaß an Kleidungsstücken von der Expeditionsleitung gefordert:

dreifache Himalaya-Schuhe, Daunenbekleidung, Daunenschlafsäcke. Alles muß nagelneu und nur von bester Qualität sein. Die Sherpa verstehen sich bestens auf Materialkunde und legen unsere Acryl-Schlafsäcke mit ablehnenden Blicken einfach zurück.

Hier in 5450 m Höhe ist es um diese Jahreszeit Ende März noch empfindlich kalt. Das Thermometer fällt nachts auf minus 15 Grad, und so machen sich Anderl und Maag, die beiden Materialverwalter der Expedition, an die Arbeit, die wärmenden Hüllen aus den fünfhundert mitgebrachten Gepäckstücken hervorzuzaubern. Unsere Sherpa beobachten sie dabei mit abwartenden Blicken. ‚Was werden die Deutschen uns wohl zu bieten haben?' Die Japaner sind bekannt für ihre gute Ausrüstung und vor allem, daß sie bereits vor der Expedition schon Stimmung machen, indem sie an die Sherpa wertvolle Uhren oder sogar Kameras verteilen. Argwöhnischen Blickes schleichen sie um die Ausrüstung herum und prüfen da und dort ihre Qualität. Gewöhnlich haben sie bereits ihre eigene, aus früheren Expeditionen stammende Ausrüstung dabei. Die neugefaßte wollen sie zum größten Teil in Namche Bazar oder Kathmandu billig verkaufen — dies ist der Grund, warum sie neu sein soll. —

Nun ist es soweit. Die erste Verteilung warmer Bekleidung kann beginnen. Der Sirdar nimmt den gesamten Stapel von dreißig Stück Anoraks, dicken Pullovern, Unterwäsche, Hemden usw. in Empfang und reicht sie dann anhand der Namensliste an seine Landsleute weiter. Teilweise ernten wir Anerkennung, teilweise sehen wir unzufriedene Gesichter. Wir überlassen sie ihrem Schicksal, und nun beginnt im ‚Sherpa-Dorf' das große Anprobieren. Acryl-Unterwäsche wird als Freizeitanzug getragen, Mützen verkehrt herum aufgesetzt und Strümpfe über die Berghosen gezogen, um die Bundhosen der Sahibs zu imitieren. Sie wirken wie Kinder, die sich über ihr buntes Durcheinander, das sie geschenkt bekamen, freuen. Doch bald bilden sich Cliquen, und Gemurmel der Unzufriedenheit dringt über den Lagerplatz. Ganz Mutige wagen den Gang der Beschwerde zum Anderl-Sah'b oder zur Mme-Sha'b. Die Schuhe sind zu groß, der Pullover soll genauso leuchtend rot sein wie der des Freundes. ‚Warum hat die Mütze des Ang Kami einen Schirm und meine nur einen Rand?'

Diverse Ausrüstungsgegenstände fehlen noch. Nur die Hälfte der Sherpa ist wirklich den Forderungen der Vorschriften entsprechend ausgerüstet. Wo ist die Ausrüstung hingekommen? Während wir Teile unserer Verpflegung bereits in Pheriche im ‚Hotel', einer dunklen Lehmhütte mit offener Feuerstelle, kaufen konnten, sind Kleidungsstücke, Luftmatratzen, Rucksäcke und andere wichtige Gegenstände unauffindbar. Was tun? Die Sherpa legen einen Tag Bedenkzeit ein und beratschlagen, ob sie unter diesen Umständen überhaupt tragen wollen. Bara-Sahib erklärt sich bereit, umgehend nach Deutschland zurückzufliegen, um Nachschub zu organisieren. Dies ist ein Vorschlag, der sie bereitmacht, auch ohne Windhosen oder Daunenbekleidung Lasten durch den Khumbu-Gletscher, in den die Sonne heiß hineinbrennt, zu tragen. Ihre Entschlußlosigkeit ist für uns, die wir mit unserer zur Verfügung stehenden Zeit haushalten müssen, mehr als aufreibend. Auf diese Weise demonstrieren uns die Sherpa die Abhängigkeit von ihrer unentbehrlichen Arbeitskraft.

Entgegen anderen Gepflogenheiten verlangen unsere Hochträger bereits nach zwei Tagen einen Rasttag. — Bald wird es erforderlich, mehrere Sherpa oberhalb von Lager 1 einzusetzen. Doch der Expeditionsleiter ist noch nicht aus München zurück. Unser Vorschlag, gegen Leihgebühr ihre eigenen Sachen zu tragen, wird nur bedingt angenommen. Dennoch versuchen wir alles, um keine Nachschubverzögerung aufkommen zu lassen. Aber die Burschen sind äußerst mißtrauisch. Nur sechs Sherpa bringen wir wieder nach oben. Aber es ist nicht unbedingt die mangelnde Ausrüstung, die sie vom Tragen abhält, sondern sie haben auch unendlichen Respekt vor dem täglichen Gang durch den gefährlichen Khumbu-Eisfall — sie wissen, daß 1970 bei den Japanern sechs ihrer Landsleute auf diesem Weg ihr Grab fanden. Wild rauchende Opferstätten, Hände voll Reiskörner und monotones Gebetsgemurmel am Morgen während des Aufbruchs geben ihnen die Kraft und das Vertrauen auf eine gesunde Rückkehr. —

Das Ausrüstungsproblem scheint im Augenblick nicht von Belang zu sein. Aber täglich stellen sich andere Probleme ein. So wird zum Beispiel um jedes Kilogramm Last gefeilscht, obwohl wir ohnehin unsere Trägerlasten bereits auf achtzehn Kilo reduziert haben. Wir wissen sehr wohl, daß Sherpa bei früheren, zum Beispiel indischen Expeditionen, ohne Schwierigkeit fünfundzwanzig Kilo zum West-Becken hinaufgeschleppt haben! Aber wir haben nicht die beste Garnitur an Hochträgern bekommen. Dies wird uns von Tag zu Tag mehr bewußt.

Es ist uns auch schon kein Geheimnis mehr, daß manche Gegenstände das Lager 1 nie erreichen, sondern irgendwo am Weg unter einem Eisturm vergraben werden, um beim Rückmarsch ins Lager dann im eigenen Zelt zu verschwinden. Familienangehörige, die zu Besuch ins Hauptlager kommen, schleppen schließlich die auf diese Weise erworbenen Gegenstände talauswärts.

Von diesem Problem sind auch andere Expeditionen betroffen, und man sollte die Waren, die ein Träger von Lager zu Lager schleppt, durch einen Handzettel genau aufzeichnen, der dann vom Sahib in dem nächsthöheren Lager auf seine Vollständigkeit hin kontrolliert wird. Nur auf diese Weise läßt es sich vermeiden, daß wichtige Ausrüstung und Verpflegung einfach verschwindet.

Ein weiterer Reibungspunkt ist die Verpflegung. Sahib- und Sherpaverpflegung liegt im Hauptlager streng getrennt. Jede Küche hat ihr höchsteigenes Vorratszelt. Man sollte meinen, ein geschlossenes Zelt sei eine klare Abgrenzung zwischen mein und dein. Weit gefehlt! In der Sahib-Küche gähnen uns bereits leere Regale an, da wir alles Eßbare vor dem freien Zugriff unserer immer hungrigen Freunde wegräumen müssen. Nun betrachten sie aber auch unser Magazinzelt bereits als ihr Revier und verhelfen sich nicht nur durch die geschlossene Eingangswand zu den beliebten Lebensmitteln, sondern rechtfertigen ihr Eindringen durch Anheben der Zeltrückwand mit dem Gleichberechtigungsanspruch aller auf gleiche Verpflegung. — Aber selbst das Sherpa-Vorratszelt muß unter Verschluß gesetzt werden, um der Verschwendungssucht dieser Burschen einen Riegel vorzuschieben. Doch bald ist der Reißverschluß derartig demoliert, daß selbst ein Schloß kein Hindernis mehr ist. Wir werden vorstellig beim Sirdar und bei Mr. Pande, unserem Verbindungsoffizier. Aber wir stoßen auf taube Ohren und finden keinerlei Unterstützung. — Als sie allerdings Aluminiumkisten regelrecht aufbrechen, um

170

Bier zu klauen, ist selbst Werner Haims Geduld am Ende. Diese Schandtat entlockt dem Munde unseres leidenschaftlichen Biertrinkers eine wahre Litanei Tiroler Schimpfworte und schüchtert sogar für kurze Zeit die Diebe ein!

Der Holzverkauf ist wohl das größte Geschäft der Sherpa. Insgesamt verbrauchten wir Brennholz für über 5000 DM. Es ist ausgeschlossen, daß die Sherpa für ihre Küche so viel Brennholz verbrauchen konnten. Es waren zwei große Haufen. Davon wurden am Abend Holz von dem noch nicht gekauften auf den Haufen des bereits gekauften gelegt, und es war verwunderlich, daß am Morgen das bereits bezahlte Holz immer fast verschwunden war und der Haufen mit dem noch nicht bezahlten Holz seine Höhe in etwa behielt. — Für künftige Expeditionen der Hinweis, daß man das gekaufte Holz unbedingt mit Farbe markieren soll!

Aber auch etwas Positives: Die Sherpa sind sehr geschickt und leistungsfähig, wenn sie wollen. Kranksein ist eine Schande, und so bleibt das Revier meistens leer. Dafür gibt es aber andere Ausreden, um sich mal für einige Tage ins Heimatdorf zurückziehen zu können — zum Beispiel wichtige Verhandlungen, Hochzeit oder ein krankes Kind. —

Endlich kommt der Expeditionsleiter aus München zurück. Ein Pilot der R.N.A.C. bringt ihn am Morgen des 30. April ins Hauptlager; es ist eine großartige Leistung des Hubschraubers, in dieser Höhe zu landen. Viel Gepäck kann er allerdings nicht befördern. So werden auch die aus Deutschland mitgebrachten Lasten erst aus Lukla heraufzutragen sein. Die Reaktion der Sherpa ist, als sie den Leiter nur mit zwei Rucksäcken aus der Maschine steigen sehen, daß man sie betrogen habe. Wo bleibt die versprochene Ausrüstung? Hat man sie belogen? Der Sirdar fordert Aufklärung über den Verbleib der Gepäckstücke. Aber die Antwort, daß das Gepäck in einigen Tagen folgen wird, befriedigt sie nicht. Die Sherpa spielen mit dem Gedanken, die bereits oben eingesetzten Landsleute wieder ins Hauptlager herabzubeordern. Wieder endlose Debatten zwischen dem Expeditionsleiter und dem Sirdar. Mißtrauische und spöttische Blicke verfolgen das Gespräch. Die Sherpa fordern 1000 Rs. pro Mann, der noch nicht voll ausgerüstet ist, das sind 13 000 Rs. in die Hände des Sirdar, vorher wollen sie ihre Arbeit nicht aufnehmen.

Nachdem das Geld dem Sirdar zu treuen Händen gegeben, läuft der Paternoster des Lastentransports wieder reibungslos weiter. Die angesagten Gegenstände aus München treffen schließlich im Hauptlager ein und werden verteilt. Die Forderungen liegen höher als die von uns kalkulierten ausstehenden Zuteilungen. Eine Prüfung der in den Zelten der Träger versteckten Gegenstände ergibt, daß die Burschen alles doppelt und dreifach besitzen. Unser Groll gegen diese zweitklassige Trägergilde nimmt ständig zu. Wir nehmen an, daß sie durch die vielen Expeditionen, vor allen Dingen jener der Amerikaner und Japaner, die sie mit Geschenken überhäuften, charakterlich verdorben wurden. Ihr einziger Verteidiger bleibt Adi Weißensteiner, der ein ausgesprochenes Talent hat, mit diesen Leuten umzugehen — durch seine Nachgiebigkeit gewinnt er ihre Sympathie. Dies schützt ihn aber nicht davor, daß selbst er während seiner wochenlangen Abwesenheit vom Hauptlager ein Opfer der Langfinger unter den Sherpa wird: Sein persönlicher Seesack wird von ihnen restlos ausgeplündert. Seine Lieblinge haben ihm auch die persönlichste Bekleidung entwendet, und wir müssen nun den zutiefst Enttäuschten mit Ersatzkleidung versehen." —

Wenn man den vorangegangenen Beitrag von Alice von Hobe in diesem Everest-Bericht gelesen hat, so hat man den Eindruck, daß die Sherpa das größte Problem der Expedition waren. In Wirklichkeit sind sie sehr wohl ein problematischer Faktor während einer Himalaya-Expedition in Nepal.

Neben diesen „Dienstmädchen-Sorgen", mit der jedes Unternehmen auf einen hohen Berg im Himalaya-Gebirge konfrontiert wird, haben wir — gottlob — auch bergsteigerische Probleme zu lösen. Das erste Bollwerk, das sich dem Angreifer von Südwesten her am Everest entgegenstellt, ist der 600 Meter hohe Eisfall.

Der Khumbu-Eisbruch

Der Everest ist von Süden her nur über den in etwa ost-westlicher Richtung aus dem West-Becken herabfließenden Khumbu-Gletscher zu erreichen. Unterhalb des Eisfalles beginnt die Gletscherzone, die in einem scharfen Bogen, am Knie, — dort wo unser Hauptlager liegt — südwärts weiterläuft. Die Eckpfeiler dieses Tores werden von der Nuptse-Wand und der Westflanke des Everest gebildet. Vom Knie ab läuft die Gletscherzunge in südwestlicher Richtung bis weit über Lobuche hinaus.

Die gewaltigen Eismassen des West-Beckens, die ihren Nachschub aus dem Lhotse-West-Gletscher, den Hänge-Gletschern in der Nuptse-Nordost-Wand sowie aus der Südwest-Flanke des Everest erhalten, sammeln sich im West-Becken zu einem Eisstrom gewaltigen Ausmaßes.

Das West-Becken hat eine Länge von rund 4000 Metern und eine Breite bis zu 1500 Metern. An der engsten Stelle ist der Eisstrom 400 Meter breit. An der einzig offenen Pforte des West-Beckens wird der Gletscherstrom von den Felswänden stark eingeengt, staut sich und bricht dann als wildzerklüfteter Eisbruch zum Khumbu-Tal 600 Meter tief ab. Im Khumbu-Eisfall hat der Gletscher eine sehr hohe Geschwindigkeit, man rechnet $^3/_4$ Meter pro Tag. Wenn ein Eisstrom auf einer immer steiler werdenden Unterlage abgleitet, zerreißt es ihn zunächst in seiner ganzen Breite in riesenhafte Querspalten, deren Distanz sich laufend verändert. Eine besonders große Querspalte wurde immer schon in etwa 6050 Meter Höhe, dort wo der Eisstrom vom West-Becken in den Khumbu-Eisfall übergeht, beobachtet. Sobald dieser Kulminationspunkt in der Unterlage passiert ist und der felsige Untergrund steil abfällt, werden die Querspalten auch durch Längsspalten durchkreuzt, so daß riesige Eistafeln, -würfel, -quader und -türme entstehen. Da das Profil der felsigen Unterlage recht unterschiedlich gestaltet ist, ergeben sich für den abgleitenden Eisstrom Geschwindigkeitsdifferenzen, wodurch sich die Aufspaltung der durch Querspalten geteilten Eismassen durch Längsspalten erklärt.

Kalben die großen Eisbarrieren, wobei die Sonne das ihre dazu beiträgt, so entstehen Eistürme, -minarette und -blöcke, die sich vor allem im oberen Teil des Khumbu-Eisbruchs befinden. Sie können die Größe von Mietshäusern erreichen. Die kleineren Trümmer dieser zerfallenden Eismassen stürzen zum Teil in die Spalten und füllen sie auf diese Weise nach und nach auf. So entsteht schließlich ein wildes Labyrinth, ein chaotisches Durcheinander aus blaugrünem Eis, wie man es im unteren Teil unseres Eisfalls beobachten kann.

Wird der Hang flacher, dann staut sich das ganze Trümmerfeld, die Eismassen werden ineinandergeschoben und -gepreßt, die Spalten dadurch aufgefüllt, und der Gletscher erscheint nun nicht mehr so zerrissen. Die Eisblöcke werden aneinandergepreßt, verschmelzen miteinander, verkitten, und man spricht von einem regenerierten Gletscher.

Im Khumbu-Eisfall treffen all diese Formen zusammen: im untersten Teil der regenerierte „Sekundärgletscher", der sich aus zusammengebackenen, zusammengestürzten und aneinandergekitteten Séractürmen gebildet hat — in der Mitte die großen hausstock-ähnlichen Blöcke und Plattformen, die lange Zeit zusammenhängen können, um dann wieder durch Quer- und Längsspalten zerrissen zu werden — und schließlich ganz oben die großen Querspalten.

Der Gletscher ist in dauernder, relativ rascher Bewegung. Einstürzende Eistürme können Spalten füllen, aber auch zerbersten und sich in eine Lawine von Eisblöcken verwandeln. Ein sogenannter Eisschlag ist die Folge.

Stürzende Lawinen auf einen so zerklüfteten Eisfall wie am Mount Everest — zum Beispiel Eislawinen aus der Südwestwand unter dem Westgrat — können Spalten zwischen den Séracs — die Labyrinthe des Khumbu-Eisfalls — so weit anfüllen, daß der Bruch auf diese Weise sogar leichter passierbar wird.

Unser Vortrupp war nicht geneigt, die Route über das auf diese Weise entstandene, leichter passierbare Gelände unter dem Westgrat des Everest zu wählen, denn man beobachtet dort eben immer wieder herabstürzende Eislawinen. Sie können einer aufsteigenden Gruppe sehr gefährlich werden, zumal ein rasches Ausweichen in diesem Gelände nicht möglich erscheint.

Wissenschaft am Everest

Am 6. April kommen die Wissenschaftler Zeitz, Fach und Mehler aus Frankfurt in Nepal an. Sie fliegen nach Lukla und werden dort von unserem beauftragten Sherpa in Empfang genommen. Dann erleben sie, wie wir wenige Tage vor ihnen, in einem siebentägigen Marsch, den herrlichen Aufstieg zum Hauptlager. Über das Aufgabengebiet und den Zweck ihrer Beteiligung an unserer Expedition soll nun Dr. Joachim Zeitz, der die Führung der Wissenschaftlergruppe übernommen hatte, selbst berichten:

„Diese Expedition mit ihren einzigartigen, im Labor nicht nachahmbaren Bedingungen bot uns Wissenschaftlern eine vorzügliche Gelegenheit, der Lösung eines von uns lange studierten Problems näherzukommen.

Bergsteiger erkranken in großen Höhen relativ häufig, die Ursachen sind noch nicht aufgeklärt. Liegt die innere Abwehrkraft darnieder oder spielen äußere Umstände die überragende Rolle? Wie würde sich diese innere Abwehrkraft der Bergsteiger gegen gewisse Erkrankungen, zum Beispiel Infektionen, in den extremen Höhen und unter den extremen Anstrengungen der Mount-Everest-Expedition verhalten? Es ist in den vergangenen Jahren in der Universität Freiburg i. Br.

gelungen, einen relativ einfachen Test zu entwickeln, mit dem man die Bereitschaft des menschlichen Abwehrsystems sehr genau messen kann.

Würde es nicht — auch für die Bergsteiger selbst — von größtem Interesse sein, der Tatsache der häufigen infektiösen Erkrankungen im Hochgebirge auf die Spur zu kommen, einem Problem, das nicht selten über Gelingen und Nichtgelingen einer Expedition entschieden und schon manches Bergsteigerleben gefordert hat?

Wichtige Detailfragen galt es zu lösen: Wird unser Eppendorf-Photometer für die Blutproben mit seinen 70 kg Gewicht (incl. Verpackung) seine lange Reise bis zum Hauptlager gut überstehen? Und wird unser Stromgenerator bei einem Sauerstoffanteil der Luft von weniger als 50 % des normalen Gehalts noch arbeiten können? Die Firma Honda lieferte uns in letzter Minute zu ihrem Gerät eigens für uns angefertigte Düsen, die das Problem beheben sollten. Weit gefehlt. Der Generator konnte nur bei Zufuhr von Sauerstoff aus der Flasche seine 220-Volt-Leistung erbringen.

Dr. Lemperle, ursprünglich der wissenschaftliche Leiter, mußte aus Gründen seiner Habilitation drei Monate vor der Abreise von der aktiven Teilnahme zurücktreten. Ich war nun verantwortlich für die Durchführung des Projekts. Für die Laborarbeiten, die sich bei Erprobungen im Freien in der Winterlandschaft als sehr viel umfangreicher erwiesen als im wohlausgerüsteten Universitätslabor, wurde Udo Mehler, ein begeisterter und beschlagener Amateurbiologe mit vielen organisatorischen Fähigkeiten, in die kleine Mannschaft aufgenommen. Unser dritter Mann war Dr. Fach, ein Arzt aus Frankfurt.

Daß unsere wissenschaftliche Unternehmung stattfinden konnte, kam uns am Tag des Abflugs wie eine Reihe von glücklichen Zufällen vor.“

Über das eigentliche medizinisch-wissenschaftliche Problem, zu dessen Lösung Zeitz, Fach und Mehler einen wertvollen Beitrag lieferten, berichten nachfolgend Dr. Zeitz und Dr. Lemperle gemeinsam in aller Kürze:

„Eine Vielzahl experimenteller Untersuchungen läßt den Schluß zu, daß die Abwehrkraft eines Organismus gegenüber verschiedenen Bakterien, Viren und Giftstoffen sehr eng mit der Leistungsfähigkeit eines Zellsystems, RES genannt (**R**etikulo-**E**ndotheliales **S**ystem), zusammenhängt. Die Mehrzahl dieser RE-Zellen findet sich in der Leber und in der Milz. Die Phagzytose — d. h. die Freßtätigkeit einer Zelle bei der Aufnahme von Zelltrümmern, Bakterien und Viren —, die Entgiftung und der erste Schritt der Immunvorgänge sind einige der wichtigsten Fähigkeiten des RE-Systems.

Es waren besonders zwei Untersuchungen, die Dr. Herrligkoffer auf unsere RE-Arbeiten aufmerksam machten. In Zusammenhang mit dem Wetteramt konnte in der Universitätsklinik in Freiburg i. Br. unter anderem nachgewiesen werden, daß bei unterschiedlichen Temperaturen die phagozytären Eigenschaften der RE-Zellen verschieden sind.

Die zweite, für Herrligkoffer interessante Arbeit betraf Segelflieger, die in der Unterdruckkammer auf simulierte Höhe von 3000 Meter gebracht wurden. Diese Sportler wiesen nach einer Stunde eine gesteigerte Tätigkeit ihrer Freßzellen

(Phagozyten) auf, während nach einer Stunde in 6000 Meter Höhe eine deutliche Verminderung zu beobachten war.

Es war deshalb von großem Interesse, herauszufinden, ob auch bei Bergsteigern, die sich in großen Höhen aufhalten, die Abwehrfunktionen des Körpers beeinflußt werden — und in welcher Weise.

An der Universität Freiburg wurde von Dr. Lemperle ein Test entwickelt, mittels dessen eine Steigerung oder eine Abschwächung der Abwehrfunktionen gemessen werden kann: Eine gewisse Menge von Sojabohnen-Emulsion (Lipofundin-S-20) wird in eine Vene gespritzt. Die winzigen Fett-Tröpfchen im Blut werden vom Organismus als fremd erkannt und durch die RE-Zellen abgefangen. Diese künstlich erzeugte Fett-Emulsion verursacht eine Trübung des Blutplasmas, dessen Intensität mit Hilfe des Photometers gemessen werden kann. Je schwächer die Freßleistung der RE-Zellen, desto trüber wird das Blutplasma sein.

Die medizinischen Untersuchungen, die wir im Hauptlager (5450 m) während der Ersten Europäischen Mount-Everest-Expedition anstellten, können in ihrem Ergebnis als eine wichtige Vorarbeit für weitere derartige Höhentests gewertet werden. Ein unerwartetes Ergebnis klingt an: Das reticulo-endotheliale System ist an der Abwehrschwäche der Bergsteiger gegen Infektionen weniger beteiligt als erwartet! — Neue Arbeiten, die während einer künftigen Himalaya-Expedition in entsprechender Höhe zur Durchführung gelangen, werden eine endgültige Aufklärung über das RES-Problem erbringen."

Akklimatisation und Adaption

Nach jahrzehntelanger Himalaya-Forschung ist es mehr und mehr klargeworden, daß ein Berg über 7000 Meter Höhe nicht allein nach seinen technischen Schwierigkeiten beurteilt werden darf, sondern daß man den durch das klimatisch veränderte Milieu in großer Höhe bedingten Leistungsschwund in Relation setzen muß zu den technischen Schwierigkeiten, die sich bei einer Besteigung dem Bergsteiger entgegenstellen.

Grundsätzlich unterscheidet man zwei Begriffe: Akklimatisation, das heißt Eingewöhnung — und Adaption, das bedeutet Anpassungsvermögen. Bei der Akklimatisation versucht der Organismus durch korrigierende Maßnahmen sich an die veränderten Verhältnisse in großen Höhen zu gewöhnen — was da heißt, Schäden, die durch verminderten atmosphärischen Druck und ungenügende Verwertung des Sauerstoffs aus der eingeatmeten Luft aufkommen, zu verhindern. In 8000 Metern wird die Luft zwar in ihrer Zusammensetzung nicht anders, aber dadurch, daß der atmosphärische Druck reduziert ist, tritt eine indirekte Luftverdünnung ein. Der nicht-akklimatisierte menschliche Organismus erhält dann aus der Luft nicht mehr die erforderlichen lebensnotwendigen Mengen an Sauerstoff.

Der Sauerstoff wird aktiv eingeatmet, aber auch passiv durch den atmosphärischen Druck in die Lungenbläschen eingepreßt. Der zuletzt genannte Vorgang hängt vom Luftdruckgefälle ab und ist in großer Höhe stark vermindert. Um die lebenswichtigen Stoffwechselvorgänge in den Organen aufrechterhalten zu können, gibt es nur zwei Wege: Entweder muß mehr Sauerstoff eingeatmet werden (künstliche Sauerstoffatmung) — oder aber der Organismus gewöhnt sich an das veränderte klimatische Niveau, er akklimatisiert sich. —

Die Eingewöhnung gelingt bis zu einer gewissen Höhe durch Vermehrung der Sauerstoffträger im Blut. Die Erfahrung geht aber dahin, daß man sich bis 6600 Meter akklimatisieren kann, während in noch größerer Höhe keine direkte Gewöhnung mehr möglich ist. Der Organismus kann dann körperliche Belastungen durch weitere Anpassungsvorgänge nicht mehr kompensieren, denn er kann nicht noch mehr Blutkörperchen bilden als in der optimalen Akklimatisationshöhe von etwa 6600 Metern. Auch sind der Viskosität des Blutes, das heißt der Flüssig- keitserhaltung, gewisse Grenzen gesetzt. Wird das Blut zu dickflüssig, dann be- lastet der träge Kreislauf das Herz. Daraus resultiert, daß sich der Mensch in Höhen über 6600 Metern nicht mehr voll akklimatisieren kann — er kann sich nur noch zusätzlich adaptieren. —

Die Adaptionsmöglichkeit ändert sich mit dem Zustand der Akklimatisation. Der nicht-akklimatisierte Organismus beansprucht sein Adaptionsvermögen schon in wesentlich geringeren Höhen als der bereits, sagen wir in 6000 m Höhe, akklimatisierte Organismus. Ist er aber schon akklimatisiert, so vermag er ohne Schwierigkeit, dank seines Adaptionsvermögens, für eine begrenzte Zeit in weitere Höhen (2000 Höhenmeter?) vorzustoßen. Dort aber lebt der menschliche Körper bereits von seinen Reserven und baut ständig ab. Aus diesem Grunde kann der Aufenthalt in einer Höhe von über 7000 Metern nur von begrenzter Dauer sein — über 8000 m kann er nur noch nach Stunden bemessen werden.

Die Methode der Wahl, die Akklimatisation zu beschleunigen, ist ein häufiges Aufsteigen in größere Höhen, um nach einigen Tagen in eine Klimazone hinab- zugehen, in der sich der menschliche Körper noch voll erholen kann. — Wird ein Bergsteiger in großen Höhen krank, so ist es, trotz bereits eingetretener Akklimati- sation, erforderlich, daß er sich in ein tiefer gelegenes Lager begibt. Im erkrankten Zustand sinkt das Adaptionsvermögen stark ab, so daß lediglich die Akklimati- sation entscheidend ist.

Dr. Wyss-Dunant, der Leiter der Schweizer Vor-Monsun-Expedition 1952, schuf den Begriff der Todeszone und erläutert ihn folgendermaßen: „Am Leben zu bleiben, ist das wichtigste in dieser Zone, die bei etwa 7800 Metern beginnt. Das Leben ist von dieser Höhe an fast unerträglich, und es erfordert die ganze Wil- lenskraft des Menschen, sich dort einige Tage aufzuhalten. Das Leben hängt nur noch an einem Faden, so daß der durch die Besteigung erschöpfte Organismus binnen weniger Stunden zu einem schlafsüchtigen Zustand in den Tod übergehen kann. Das hängt zunächst vom Alter des Betreffenden ab, ferner von seinen Energie-Reserven. Dabei handelt es sich nicht mehr um Adaption, sondern nur noch um die Zahl der Tage oder Stunden, die dem Widerstandsfähigsten gewährt sind." —

Ich glaube aber, daß die Todeszone wesentlich tiefer beginnt. Das Leben in jenen Höhen, in die man sich nur noch durch gute Adaption vorwagen darf, ist von ständigem körperlichem Abbau bedroht und endet schließlich tödlich.

Es ist anzunehmen, daß eine Akklimatisation bis 6600 Meter möglich ist, daß von dort an aber das Milieu so lebensfeindlich wird, daß ein mit der Höhe kontinuierlich zunehmender Leistungsschwund nicht mehr aufzuhalten ist. Ich glaube daher nicht, daß man so direkt sagen kann, 7800 Meter sei die Grenzzone, wo Leben noch möglich ist oder nicht. Ich meine, man sollte vielmehr 6600 Meter als die Grenze der Akklimatisation betrachten. Mit Hilfe der Adaption ist es dann möglich, zusätzlich noch weitere 2000 (?) Meter hochzusteigen, ohne dabei das Leben direkt in Gefahr zu bringen.

Wird durch körperliche Leistung der Sauerstoffbedarf so erheblich gesteigert, daß es zu einem Sauerstoff-Defizit kommt, so führt dies zu Krankheitserscheinungen, die man als Höhen- und Bergkrankheit bezeichnet. Zu ihrem Symptomen-Komplex gehören Kopfschmerzen — Schlafstörungen — Appetitlosigkeit — Übelkeit bis zum Erbrechen — Meteorismus — Abgeschlagenheit bis zur hochgradigen Ermattung — Apathie — mangelnde Konzentrationsfähigkeit — erhöhte Atemfrequenz — Tachykardie — Schwindelanfälle und Kreislaufstörungen, die zu Hautblässe, Zyanose und zur Bewußtseinstrübung, eventuell zur völligen Bewußtlosigkeit führen können. In großer Höhe kann sich schließlich eine euphorische Stimmungslage, eine Traumwelt, auftun — der Bergsteiger erliegt Sinnestäuschungen in Form von Akoasmen und Visionen. — Die hie und da beobachtete Euphorie, das heißt das scheinbare Wohlbefinden, ist nichts anderes als die Betäubung, die Anaesthesie der Gehirnzellen, jener Kontrollorgane, die über einen funktionsgerechten Ablauf in sämtlichen Organen wachen. Die Höhe von 8000 Metern scheint die physiologische Grenze zu sein, die nur von einigen wenigen, besonders geeigneten und ausgerüsteten Forschern überschritten werden kann. Es ist eine Zone der Euphorie, der Illusion, der Halluzination, des Schleiers der Maya — eines Zustands, wie ihn der Arzt manches Mal bei Schwerkranken beobachten kann, die ihre ganze Widerstandskraft erschöpft haben. Ein Zustand des Wohlbefindens und der Freude geht dem Tod voraus. Man kann von Sterbenden oft hören: „Jetzt läßt der Schmerz nach." Dann kann der Organismus seine Schmerzreaktionen nicht mehr anzeigen, die Kontrollorgane sind praktisch überspielt, ausgeschaltet.

Der Tod eines Enthusiasten

Dr. Zeitz, der Leiter der Wissenschaftler-Gruppe unserer Expedition, hatte natürlich alle Hände voll zu tun, um die tägliche „Arzt-Sprechstunde" zu bewältigen. In diesen, seinen allgemein-medizinischen Aufgabenkreis fiel auch die Behandlung eines Bergbegeisterten, der mit unserer Expedition an sich nichts zu tun hatte. Das tragische Ergebnis, das sich drei Tage nach Ankunft der Wissenschafter im Hauptlager einige hundert Meter tiefer abspielte, hielt Joachim Zeitz in einem Brief an seine Frau mit folgenden Worten fest:

„. . . beim Mittagessen treffen zwei Australierinnen ein, die uns die Visitenkarte des Ersten Legationsrats der Deutschen Botschaft in Kathmandu überbringen und sagen, daß es schlimm um ihn stünde. Er liegt seit zwei Tagen krank in Gorak Shep. — Kurze Beratung — dann rennen Udo und ich zusammen mit zwei Sherpa in eineinhalb Stunden zu der Hochweide hinunter.

Was mich erwartet, ist ein Alptraum von Patientenzustand. An allen vieren halb gelähmt, grau-bräunlich im Gesicht, phantasierend, rasender Puls. Einen der beiden Sherpa schicke ich sofort weiter, er soll am nächsten Morgen die Funkstation in Namche Bazar erreichen, um einen Hubschrauber anzufordern.

Ich gebe Spritzen und Sauerstoff. Die Nacht verläuft einigermaßen gut. Am nächsten Tag bauen wir einen provisorischen Hubschrauber-Landeplatz. Wir erwarten den rettenden Engel entweder gegen 12 Uhr oder am Nachmittag. Aber wir müssen ungläubig in den leeren Himmel starren. — Erst viel später erfahre ich, warum der Hubschrauber so lange nicht kam. Der zuständige unterschriftleistende Beamte der Polizei war 24 Stunden nicht erreichbar, und somit verzögerte sich auch der Abflug des Hubschraubers aus Kathmandu.

Im Laufe des Tages beginnt es zu schneien. Dann kommt Gorter, der Kameramann der Expedition, von Lukla herauf. Ich gebe mündliche Nachricht ins Hauptlager.

Am 19. April, also am übernächsten Tag, müßte doch endlich eine Maschine kommen. Durch Laufboten benachrige ich das Hauptlager davon, daß wir spätestens zur Mittagszeit sechs starke Sherpa benötigen, die den Kranken nach Namche Bazar tragen sollen. — Bald darauf kommt Michl Anderl mit einer Anzahl von Leuten heruntergerannt. Inzwischen geht es dem Patienten immer schlechter. Nach einer knappen Stunde ist er wie eine Jagdbeute mittels Hängematte an eine Stange geknüpft und sechs Sherpa ächzen unter der Last. Fünf, sechs Träger begleiten uns. Es sieht haarsträubend aus, wie unser sieches Bündel die Felswege hinauf und hinab bugsiert wird, und wie die Sherpa vor Anstrengung und Schulterschmerz ihn knurrend abwerfen oder ablegen. Nach einer Stunde Transport holt mich Michael Fach ein. Er kommt mit dem Begleitoffizier und dem Sirdar vom Hauptlager herab. Er löst mich ab. Ich nehme gerne an.

Am 20. April, ziemlich früh, kreist ein Hubschrauber lange über dem Basislager, dann traut er sich endlich, sachte auf den für Dr. Herrligkoffer gebauten Platz zu landen. Ich befinde mich zu diesem Zeitpunkt bereits wieder im Hauptlager. Von weitem sehe ich, wie Michl Anderl einsteigt, und denke mir, daß der Pilot hierher geflogen kam, da er den Krankentransport nicht ausfindig machen konnte. Anderl soll bei der Suche aus der Luft helfen.

Etwa gegen 15 Uhr trifft Anderl wieder ein. Der Kranke gelangte lebend in hoffnungsvollem Zustand in den Hubschrauber. Bei Lobuche wurde die Bergungsmannschaft geortet. — Hatte sich unsere Mühe gelohnt?" —

Ich komme eben aus Deutschland zurück und stehe auf dem Flugplatz in Kathmandu, als der Hubschrauber eintrifft. Die Tür wird geöffnet, eine Bahre aus dem Rumpf der Maschine herausgeschoben. Ich glaube zunächst einen ansprechbaren Kranken vorzufinden — aber weit gefehlt —, er befindet sich in einem tiefen Koma, was mich ziemlich erschüttert.

Der Pilot übergibt mir ein Stück Karton, darauf stehen mit grüner Tusche einige Zeilen — sie sind von Dr. Fach, für den Krankenhausarzt bestimmt. Fach schreibt, daß er am 19. April um 12 Uhr mittags die Behandlung des Kranken noch während des Abtransports nach Lobuche übernommen hat, und berichtet

weiter, was er oben bereits alles verabreichte. — Die letzte Seite dieser eiligen
Mitteilung im Faksimile:

Nach einem mehrtägigen Krankenhausaufenthalt in Kathmandu erliegt der
Schwerkranke in voller Bewußtlosigkeit am 26. April seiner Höhenkrankheit und
ihren Folgen. —

Wir erreichen das West-Becken

Am 23. März steigen Kuen, Haim und Breitenberger erstmals gegen den
Khumbu-Eisfall auf und versuchen eine Trasse in Richtung Lager 1 zu finden.
Im Laufe des Tages verankern sie zwischen den Eistürmen 800 Meter Seil. Leitern

werden noch nicht benötigt. — Es ist 3 Uhr nachmittags, im Bruch herrscht immer noch eine unmenschliche Hitze. Der Höhenmesser zeigt 5630 Meter an. Dann kehren sie zurück — müde, aber zufrieden über die geleistete Arbeit.

Anderntags sind Huber, Sager und Schneider dran. Horst S c h n e i d e r berichtet: „Wir stellen das Material für den morgigen Tag zusammen und verhandeln mit den Sherpa. Wir erleben dabei eine weitere Überraschung. Die Hochträger wollen morgen nicht mit uns gehen und streiken. — Erstens würden sie nur Weisungen vom Sirdar entgegennehmen, zweitens wäre die Ausrüstung noch nicht vollständig, drittens müßten sie mehr arbeiten als die noch nachkommenden Sherpa. Trotz klügster Verhandlungstaktik und Überredungskunst können wir sie nicht dazu bewegen, morgen Seile und Leitern zum Khumbu zu bringen. So übernehmen wir, wie so oft auch in den kommenden Wochen, zusätzlich die Arbeit der Sherpa.“ —

Der „rote Faden“, die Perlonseile, schlängeln sich bis zum Abend dieses herrlichen Tages weitere 350 Meter durch das Labyrinth des mittleren Khumbu-Eisfalls. Gegen Nachmittag kommt Bewölkung auf, die Strahlungshitze im Eis läßt nach. Befriedigt kehrt das zweite Team zurück — 200 Höhenmeter sind heute geschafft worden.

Am 25. März ist wieder das erste Team (Kuen, Haim, Breitenberger) im Einsatz, um die letzte Hürde im gefährlich zerrissenen Eisfall zu nehmen. Nach mühevollster Eisarbeit rasten sie in der Mittagszeit auf einem gewaltigen Eisblock und freuen sich über den bisherigen Fortschritt ihrer Versicherungsarbeit. Sherpa schleppen Alu-Leitern herbei, sie sollen das Vordringen im wildzerklüfteten Gelände erleichtern. Wir haben zwanzig solcher ausziehbaren Leitern aus Deutschland mitgebracht — sie werden in jeder nur denkbaren Lage im Eis fixiert und helfen uns so, Spalten und gefährliche Passagen ohne viel Zeitverlust zu überbrücken. — Es ist genau 13 Uhr, da stürzt ausgerechnet jener Block zusammen, auf dem die drei ihre wohlverdiente Rast halten. Grauenhafte Schrecksekunden folgen — dann ein erleichtertes Aufatmen, denn sie sitzen noch immer auf ihrem Eisblock — allerdings vier Meter tiefer in einer Spalte.

Als die Dreier-Seilschaft wieder ins Hauptlager zurückkommt, treffen gerade Anderl und Bednar, die Vorhut der Hauptgruppe der Expedition, dort ein. Großes Hallo — aber auch sie haben keine Post dabei — und so jammert Werner Haim mit Recht, daß er schon seit vier Wochen ohne Nachricht von zu Hause ist.

Im Hauptlager haben die Sherpa inzwischen ihre Gebetsfahnen aufgehängt und beten täglich vor ihrem Aufstieg durch den Khumbu-Bruch zu ihren buddhistischen Göttern. Der Eisfall hat für sie den Nimbus der unheimlichen Gefahr noch keineswegs verloren. Ihre Gedanken kreisen immer wieder um ihre sechs Stammesgenossen, die hier vor drei Jahren unter zusammenstürzenden Eismassen begraben wurden.

26. März: Das Gros der Expedition — Alice von Hobe, Berger, Perner, Maag und ich, sowie die Engländer Whillans, McInnes und Scott — erreicht das Hauptlager (5450 m). Rund dreihundert Lastenträger schleppen das restliche Gepäck herauf. Bald stehen vierzehn große und mittelgroße Zelte am Knie des Khumbu-Gletschers.

Am nächsten Morgen geht das erste Team wieder in den Eisbruch hinauf. Durch die bereits präparierte Trasse benötigen sie zweieinhalb Stunden, um das obere Ende der Seilversicherung zu erreichen. Es ist ein heißer, anstrengender Tag, mühsam kämpfen sie sich Meter für Meter durch das Spaltengewirr nach oben. Dann sind weitere 500 Meter Seil durch Eisschrauben und -haken an den Eistürmen fixiert und über Spalten gespannt. — Noch fünfzig Höhenmeter fehlen bis zum geplanten ersten Hochlagerplatz, das heißt, ein 200-Meter-Seil muß dort noch verankert werden.

Während des Aufstiegs amüsieren sie sich über die nach allen Richtungen aus den Eistürmen herausstarrenden Gegenstände aus früheren Expeditionen. Sauerstoff-Flaschen lagern auf der unerreichbaren Spitze eines Eisturms, Leitern von den Japanern können aus ihrer Eisumklammerung frei gemacht und in unser Versicherungssystem mit aufgenommen werden. Insgesamt laufen nun 1600 Meter Sicherungsseil durch den Bruch. Das ist das Resultat von vier harten Arbeitstagen zweier Teams.

Felix Kuen erhofft sich nun von den im Hauptlager eingetroffenen Kameraden, darunter auch die drei Engländer, eine tatkräftige Unterstützung. Aber weit gefehlt — die Arbeit bleibt den Tirolern!

Am 28. März steigt das zweite Team (Huber, Sager, Schneider) zusammen mit zehn Sherpa wieder in den Bruch hoch. Horst Schneider berichtet: „Gerade der letzte Teil des Eisbruchs macht uns sehr zu schaffen, denn die Wegführung stellt uns vor harte Probleme. Vor uns liegt eine riesige Spalte, flankiert von zum Einsturz drohenden Türmen. Ein Ausweichen nach links und rechts ist unmöglich. Ich versuche eine Umgehung über eine Schneerampe, eine riesige Spalte sperrt jedoch den Weiterweg ab. Die direkte Überwindung des Eiskonglomerats ist die einzige Möglichkeit. An einem zehn Meter hohen und senkrechten Aufschwung bewege ich mich mittels Eisschraube hinauf. Ich kämpfe mich diese Eiswand hoch und erlebe hier eine böse Überraschung. Ein weiterer Spaltenabbruch von sechs Metern zwingt uns zur Umkehr! Zermürbt von der im Eisbruch brütenden Hitze, zerschlagen von den körperlichen Anstrengungen, kehren wir am Abend ins Basislager zurück."

Im Hauptlager gibt es einen Aufruhr. Es sind u. a. zu wenig Rucksäcke vorhanden. Dabei haben sie die Sherpa vom Vortrupp während ihres Anmarsches selbst verschwinden lassen! Die Expeditionsleitung soll nun die gestohlene Sherpa-Ausrüstung „zaubern". „Die Herren Sherpa belieben zu streiken!" Der Bergsteigergruppe aber fehlt nun jegliche Trägerunterstützung, und somit gibt es zwangsläufig einen Ruhetag.

Anderntags geht das dritte Team (Weißensteiner, Berger, Perner) in den Eisbruch und baut dort einige Leitern ein. Zehn Sherpa begleiten sie. McInnes und Scott steigen mit ihnen, ohne Hand anzulegen.

Am 31. März stoßen Huber, Haim, Sager, Schneider und Breitenberger zum Lagerplatz 1 auf 6000 m Höhe vor. Zehn Sherpa schleppen 400 Meter Seil und einige Leitern nach oben. Die Trasse wird noch besser versichert und damit das Risiko für die Träger mit ihren 18-Kilo-Lasten verringert. Das letzte Hindernis, das wilde Spalten-Labyrinth kurz vor jenem Hochplateau, das am Eingang zum West-Becken liegt, ist erreicht. Das erste große Bollwerk im Aufstieg zum Gipfel des Everest, der Khumbu-Eisfall, ist geschafft! Auch die Sherpa verlieren jetzt mehr und mehr die Angst vor dem gefährlichen, von riesigen Spalten zerrissenen Gelände.

Am Abend trifft der Perser Mischa Saleki im Hauptlager ein. Mit ihm haben wir eigentlich gar nicht mehr gerechnet, weil wir seit Wochen keine Nachricht mehr von ihm erhalten haben. Aber nun ist er einmal da. Eine Hilfe für die Expedition sollte er nicht werden, wie es sich bald herausstellte.

Am 1. April bringen Berger, Perner und Weißensteiner zusammen mit zehn Sherpa Zeltlasten in Richtung Lager 1. Horst Schneider sagt: „Die Hochträger spielen auch heute wieder nicht mit und werfen die Lasten bereits zwei Stunden nach Verlassen des Hauptlagers ab . . . müde — tired.

Die drei Kameraden leisten gute Arbeit. Die Japaner-Leiter wird eingebaut. Die Zerstörungswut des Khumbu zeigt bereits ihre ersten Auswirkungen. Vieles muß erneuert werden.

Wir haben keinen Ruhetag. Alice von Hobe nimmt uns Blut ab für den Hämo-Test, der zufriedenstellend ausfällt. Adi Sager und ich fertigen für Karl und Alice Steigeisenbindungen an. Am Nachmittag sind alle — außer den Engländern, die sich einzig und allein ihrer Ausrüstung und der Erprobung der Sauerstoffgeräte widmen — mit geisttötendem Kleben der nepalesischen Sondermarken auf unsere Grußkarten beschäftigt.

Die Engländer, mit Don Whillans an der Spitze, haben bis jetzt überhaupt keine gemeinschaftsdienliche Arbeit geleistet. Don liegt täglich stundenlang im Zelt, schleicht im Lager umher, als ob man ihn verprügelt hätte, und murmelt dauernd etwas von Kopfweh und Akklimatisations-Schwierigkeiten. Die Mehrzahl der Expeditionskameraden rackerten sich im Khumbu-Eisbruch ab, die drei englischen Gentlemen taten bisher nichts anderes, als unseren Unmut zu erregen. Deshalb wird auch am Abend vor versammelter Mannschaft dieses Problem erörtert und den Engländern nahegelegt, sich in den nächsten Tagen an der Arbeit zu beteiligen. Whillans, der informelle Führer der Briten, lehnt dies aufgrund seiner schlechten körperlichen Verfassung ab und windet sich wie ein Wurm mit klugen rhetorischen Floskeln. — Doug Scott erklärt, daß er sich vom bergsteigerischen Leiter Felix Kuen nichts sagen ließe, er werde daher nicht aufsteigen."

Bei dieser Aussprache im Hauptlager rede ich vor allem den englischen Teilnehmern ins Gewissen. Angesichts der Tatsache, daß sie im Eisfall noch keinerlei Arbeit geleistet haben, appelliere ich an ihr Kameradschaftsempfinden und ihre Bergsteigerehre. Sie sollen sich mit den österreichischen Bergsteigern zusammentun und mit ihnen ihren Beitrag zur Expedition leisten. Whillans erklärt mir daraufhin, daß es ihm immer noch sehr schwindlig sei. Er sagt, daß er auch im Vorjahr zwei Wochen brauchte, bis sich sein Kreislauf einigermaßen der Höhe angepaßt hatte. Akzeptiert! — McInnes sagt, daß er vor allen Dingen für die Filmarbeit zuständig sei, die ihn voll und ganz ausfülle. — Scott ist zunächst recht ruppig, wie das überhaupt seine Art ist, aber dann findet er sich dennoch nach einem eingehenden Gespräch bereit, am nächsten Tag zusammen mit Schneider zum Lager 1 hinaufzuspuren. — Darüber Horst Schneider: „Scott und ich brechen

Am ersten Hochlager. Es ist nur ein Umschlagplatz für die Lasten, die ins vorgeschobene Hauptlager geschafft werden müssen, in jenes Lager im mittleren Teil des Westbeckens, das das Ausgangslager für die Besteigung der Südwest-Wand ist.

Oben: Morgenstimmung.

Unten: Im Westen bilden Lingtren (6697 m) und Khumbutse (6640 m) das Panorama.

mit den Sherpa um 7.30 Uhr auf. Die Hochträger haben gestern alle Markierungsfahnen und Lasten auf der Strecke verstreut weggeworfen. Wir haben den Eindruck, sie wollen uns sabotieren. Wir sammeln alles ein und tauschen unter den Sherpa immer wieder die Lasten aus. Auf diese Weise können wir sie dazu bewegen weiterzugehen. — Scott ist mit einigen zurückgeblieben. Etwa 300 Meter vor Lager 1 reißt der Khumbu mit einer nicht allzu schwierig zu überwindenden Spalte auf. Hier streiken die Sherpa. Das Gelände sei zu schwierig und zu schlecht versichert, meinen sie. Ich bitte sie etwas zu warten und befestige in aller Eile eine Leiter und ein Knotseil. Aber auch jetzt wollen sie noch nicht weitergehen. Nun aber ist meine Geduld zu Ende — ich schreie, beschimpfe sie und drohe! Endlich gehen sie.

Felix hat mich beauftragt, den Platz für Lager 1 festzulegen. An der rechten Talseite des Khumbu, hinter einer flachen Kuppe, geschützt von jenen Lawinen, die von der Nordseite des Nuptse niedergehen, stecke ich das Lager ab. Zum erstenmal werden hier Zelte und Lasten deponiert.

Doug Scott schleppt sich nach eineinhalb Stunden mit Hilfe von Cardiazol zum Lagerplatz hoch. Nach einer kurzen Rast steigen wir gemeinsam ins Hauptlager ab, wo Scott in froher Stimmung eintrifft. Die Trasse durch den Khumbu-Eisbruch ist geschafft!" —

Gegen Mittag des 3. April gehe ich zusammen mit Alice von Hobe und Michl Anderl vom Hauptlager nach Pheriche hinab, um am nächsten Tag mit dem Hubschrauber nach Kathmandu zu fliegen. Während ich mich nach München begebe, um die durch den Diebstahl der Sherpa in die Ausrüstung gerissene Lücke wieder wettzumachen, ist Anderl damit beschäftigt, in Kathmandu Frisch-Verpflegung einzukaufen. —

Am 4. April steigt das erste Team mit einundzwanzig Sherpa hinauf zum Hochlager 1. Zwei Sherpa gehen ohne Last, sie sind als Wegmacher eingeteilt und haben während der Dauer der Expedition die Trasse durch den Bruch laufend zu überprüfen und auszubessern. Bereits nach drei Stunden ist die Mannschaft im Lager angekommen. Zwei weitere Zelte werden aufgestellt und die Funkverbindung mit dem Hauptlager überprüft.

Kurz nach 11 Uhr dröhnt plötzlich Motorengeräusch durch das Khumbu-Tal. Es hallt von den Felswänden. Ein Hubschrauber schleicht sich gegen das Hauptlager hoch, zieht Schleifen. „Wir" suchen vergeblich nach einem Landeplatz. Der französische Pilot fliegt mit mir und „Toni", einem 12jährigen Sherpa-Sohn — dem unzertrennlichen Helfer von Alice von Hobe —, ins Hauptlager hinauf, um dort den Buben und Briefe aus der Heimat abzuliefern. Aber es zeigt sich keine Möglichkeit zum Aufsetzen. So werfe ich schließlich die Post über dem Hauptlager ab. Nachdem Alice und Michl in Pheriche zugestiegen sind, fliegen wir gemeinsam über das Japaner-Hotel nach Kathmandu hinaus. —

Am nächsten Tag werden vom ersten Team, das bereits ins Lager 1 übersiedelt ist, noch die letzten oberen fünfzig Meter im Eisfall versichert. Mittags kommt Besuch: neun Sherpa, McInnes und Scott filmen im oberen Bruch und steigen dann mit den Trägern wieder ins Hauptlager ab.

Am 6. April geht Kuen mit seinen Kameraden erstmals zum vorläufigen Hochlagerplatz 2 empor. In 6400 Meter Höhe stellen sie ihr Zelt auf, ganz in der Nähe des Argentinier-Lagers (Herbst 1971). Über den Verhau sind sie leicht schockiert, denn um das zusammengebrochene Küchenzelt liegt im weiten Umkreis aller erdenkliche Unrat verstreut herum. — Das West-Becken ist begeisternd schön: im Osten endet es an der Lhotse-Flanke, und links türmt sich die abschreckende Südwest-Wand auf. Die Distanz vom Lager 1 zum Lager 2 beträgt etwa drei Gehstunden, der Rückweg dagegen nimmt kaum eine Stunde in Anspruch. Dies ist also eine Distanz, die von unseren Trägern mit 15-Kilo-Lasten gut gemeistert werden kann.

Der Vortrupp kann beim Absteigen zum Lager 1 gleich mit den verdeckten Spalten Bekanntschaft machen. Einmal stürzt Kuen, das andere Mal Huber in eine Spalte; aber da sie angeseilt gehen, ist es keine Schwierigkeit, den Verschwundenen jeweils wieder ans Tageslicht zu befördern.

Am 7. April hat das erste Team einen Ruhetag und benützt die Zeit, um Lager 1 auszubauen, Verpflegung aufzuräumen und ein grünes Zwölf-Mann-Zelt für die Sherpa aufzustellen. Im Laufe des Tages kommen zwanzig Lasten an. Weißensteiner, Maag, Schneider, Perner und Sager begleiten die Trägerkolonne. Die drei Letztgenannten verstärken von jetzt an die Besatzung von Lager 1. Anderntags steigt das erste Team abermals ins Western-Cwm auf. Lager 2 wird näher gegen die Südwest-Wand gerückt. Sechzehn Sherpa werfen dort kurz nach 12 Uhr mittags ihre Lasten ab und hasten sofort ins Lager zurück.

Zur selben Zeit schleppen Weißensteiner und Schneider 860 Meter Seil zum Lager 1 hinauf und verlegen den letzten Teil der Eis-Trasse auf günstigeres Gelände.

Heute übersiedelt das erste Team zum Lager 2. Jeder trägt eine Wolke von einem Rucksack. Bei herrlichem Wetter steigen sie den weiten Hochfirn empor. Sager, Schneider und Perner schleppen für ihre Kameraden ebenfalls Lasten hinauf. Dabei begegnen sie Haim und Breitenberger, die die letzten Ausrüstungsstücke aus dem abgebrochenen vorläufigen Lager 2 heraufholen wollen. Das jetzige Lager steht auf dem alten Platz der Japaner und befindet sich etwas höher als jenes der Internationalen Himalaya-Expedition 1971 (IHE). —

Weißensteiner hält den Versorgungs-Paternoster zum Lager 1 hinauf in Gang — vierzehn Sherpa-Lasten treffen dort ein. — Unten im Hauptlager ist Michl Anderl wieder da. Er kommt aus Kathmandu und bringt Sherpa-Verpflegung, Frischgemüse und Zitronen mit, was von den Sherpa mit Genugtuung registriert wird.

Sturmnacht in Lager 2

Der am Nachmittag erstmals aufgekommene starke Wind steigert sich während der Nacht zum Orkan. Die Lager im West-Becken sind den Naturgewalten besonders ausgesetzt. Den Schnee peitscht es durch die kleinsten Ritzen in das Zeltinnere. Obwohl die Zelte schon tagsüber noch extra gut verankert wurden, muß die Besatzung jetzt die Zeltstangen gegen den Sturm schützen. „Die Nacht war ein Vorgeschmack auf die Hölle", schreibt Werner Haim, „sie war grauen-

haft, und jeder sehnte den Morgen herbei. Während der Nacht gehen die Plastik-
wände des Zelts in Fetzen und sehen bald aus wie ein großes Nudelsieb. Fünfzehn Zentimeter Flugschnee liegen bereits im Zelt. Da packt Felix den Biwaksack
und breitet ihn über uns aus. Auf diese Weise sind wir einigermaßen geschützt.
Auch Fotoapparate, Medikamente und unsere persönlichsten Utensilien versuchen wir vor dem Flugschnee zu schützen. Aber vergeblich. Das einzige, was
dem Sturm standhält, ist der Reißverschluß des Zelts. Mit unverminderter Stärke
tobt der Schneesturm über das Plateau. Noch in der Nacht erfaßt eine Sturmboe
meinen Schlafsack, und weg ist er auf Nimmerwiedersehen. Allein daß ich die
Daunenkleidung anhabe, bewahrt mich vor Erfrierungen, denn es ist bitter kalt.
Auch das andere Zelt mit Huber und Breitenberger ist gleichermaßen demoliert.
Gegen 10 Uhr packen wir unsere Sachen zusammen, jeder zieht seine hartgefrorenen Schuhe an, und dann wandern wir talauswärts zum Lager 1 hinab.

Diese Nacht vom 9. zum 10. April wird uns ewig in Erinnerung bleiben. Nur
der Überlebenswille gibt uns die Kraft, heil, aber total erschöpft das tiefere
Lager zu erreichen. Unsere Aufbauarbeit im Lager 2 ist zerstört, die Zelte zerfetzt, und wir müssen nun alles neu beginnen.

Die Kameraden halten warmen Tee für uns bereit, denn sie sehen uns in
ziemlich müdem Zustand von oben herabsteigen. Schneider leiht mir die Nacht
über seinen Schlafsack; draußen aber schneit und stürmt es weiter.

Im Laufe des Tages treffen auch die Engländer in Lager 1 ein. Neun Sherpa
kommen mit Lasten herauf. Don Whillans benötigt für den Aufstieg neun volle
Stunden! — Wir sind nun zu zehnt hier auf Lager 1."

In der selben Nacht tobte im ganzen östlichen Himalaya dieses Unwetter und
führte 250 km weiter westlich, am Manaslu, zu einer Lawinenkatastrophe größten
Ausmaßes: Fünf koreanische Bergsteiger und zehn Sherpa wurden durch einen
vom Sturm ausgelösten Lawinensturz in ihrem 3. Hochlager tödlich getroffen. Es
war dies die größte Katastrophe im Himalaya seit 1937 am Nanga Parbat.

Hochlager 2 — das Ausgangslager für die Wand

Horst Schneider, ein begeisterter und recht aktiver Himalaya-Neuling meiner
Expedition, berichtet am 11. April: „Perner, Huber und ich tragen heute drei Zelte
nach Lager 2. In den Mulden liegt so viel Schnee, daß das Spuren recht mühsam
ist. Am Argentinier-Zelt ziehen wir die Steigeisen an und erreichen gegen 12.30
Uhr, also nach knapp drei Stunden, den zweiten Hochlagerplatz. Die Zelte sind
niedergerissen, zerfetzt — ein Bild der Verwüstung. Wir graben Verpflegung und
Ausrüstung aus dem Schnee, legen die kaputten Zelte mit den geknickten Stäben
aufeinander und decken alles mit einem Überdach zu. Reservematerial für den
Notfall!

Nach zwei Stunden harter Arbeit kehren wir schließlich wieder ins Lager 1
zurück. Auch dort war man recht rührig — drei Zelte und ein großes Küchenzelt
wurden aufgestellt, verankert und eingerichtet. Lediglich die Engländer liegen
faul in ihrem Zelt." —

Am nächsten Tag übersiedeln sechs Sherpa ins Lager 1, um anderntags ihre

Lasten weiter, zum nächsten Stützpunkt hinaufzutragen. Das Wetter ist nicht besonders schön, aber dennoch — ein Wunder ist geschehen — marschieren die Engländer heute wirklich mit Lasten nach Lager 2!

Die ersten beiden Gruppen, die sich täglich bei der Arbeit an der Expeditionsspitze abgewechselt haben, genießen heute im Lager 1 ihren Ruhetag. Man nützt diese Stunden, um aufzuräumen und Lebensmittel zu verstauen. Werner will einen Benzinkocher reparieren — das kostet Nerven, und die Nervosität springt auch auf andere Zeltbewohner über. Kuen ist gereizt und rügt Perners verschwenderische Lebensweise. Daß Perner gerne gut ißt, ist verständlich — als Wirt der Dachstein-Südwand-Hütte steht es ihm ja fast zu.

Am 13. April steigen acht Sahibs und sechs Sherpa in das zweite Hochlager auf, um es abermals zu besetzen. Während des Aufstiegs nimmt Felix eine Leiter vom Argentinier-Lager mit, um eine große Spalte für die Hochträger leichter passierbar zu machen.

Alle vier — Kuen, Haim, Huber und Breitenberger — bleiben nun in Lager 2. Zwei gute Hedga-Zelte werden aufgebaut, verankert und etwas tiefer gestellt, um dem Sturm, der so oft durch das West-Becken fegt, weniger Angriffsfläche zu bieten.

Über ihnen erhebt sich die Südwest-Wand, eine Eiswand bis dorthin, wo man die drei roten Zelte von Lager 3 der Vorjahrs-Expedition erkennen kann. Dann wird die Wand felsdurchsetzt, und ganz oben zeigt sie nur noch die nackte schwarze Felsflanke.

Lager 2 (6450 m) liegt nach Aussagen von Whillans heuer etwas höher als das Ausgangslager der IHE 1971. —

Um zur Außenwelt eine bessere Verbindung zu haben, bastelt Werner Haim eine Dipolantenne zusammen und schließt sie an das Radio an. Nun kann man deutschsprachige Nachrichten-Sendungen hören und wird — selbst hier oben im Western-Cwm — von allen Geschehnissen in der Welt schnellstens unterrichtet. —

Die Spitzenmannschaft erweitert das zweite Hochlager zum Basislager für die Wand. Das Verpflegungszelt wird aufgebaut. Sherpa bringen Nachschub. Die Träger erzählen, daß eine gewaltige Eislawine den Anmarschweg überschwemmt habe. In der Nacht ist im West-Becken, unweit der großen Spalte, eine riesige Lawine niedergegangen und hat auch unsere Brücke in Mitleidenschaft gezogen. Es war einer der täglichen Grüße aus der Nuptse-Nordost-Wand; kubikmetergroße Eisbrocken liegen noch kilometerweit verstreut. Die Lawine war so riesig, daß sie selbst den Gegenhang zum Everest noch ein Stück weit hinaufschoß.

Heute ist auch Sepp Maag mit 20 Sherpa nach Lager 1 gekommen. Der Nachschub funktioniert. Zur allgemeinen Freude bringt er Post mit und die Nachricht, daß die drei Wissenschaftler aus Frankfurt heute im Hauptlager eingetroffen sind.

Am 15. April steigen Kuen und Haim gegen den dritten Hochlagerplatz empor. Sie tragen 400 Meter Reepschnur mit sich. Die Überwindung des Bergschrunds bereitet eistechnische Schwierigkeiten. Dann beginnt die Verseilung der 45 Grad geneigten Eisflanke. Oben leuchten drei rote zusammengebrochene Zelte der IHE 1971 herab. Leider sind sie für uns unbrauchbar. Am selben Tag steigt auch noch

188

der unermüdliche Adi Huber mit 400 Meter Seil in die Wand ein und deponiert es oberhalb des Bergschrunds. Am Nachmittag kommen Wolken auf, und am Abend schenkt der Westhimmel mit leuchtend warmen Farben die herrlichsten Stimmungsbilder. Das Wunschkkonzert auf der Deutschen Welle beschließt den besinnlichen Abend hoch oben in Lager 2. —

Breitenberger hat seine Apathie wieder verloren und steigt mit Huber zum Lager 3 (6900 m) empor. 300 Meter Seil schleppen sie mit sich und verbessern in siebenstündiger harter Arbeit das am Vortag angebrachte Seilgeländer in der Eiswand. Nun kann es ohne Bedenken von den Sherpa mit ihren auf 12 Kilo reduzierten Lasten benützt werden. —

Im Laufe desselben Tages bringen Sherpa das große Küchenzelt ins Lager 2. Das Zelt wird einen halben Meter tief in den Schnee gesetzt, um einigermaßen sturmsicher zu sein. Nun hat man einen Aufenthaltsraum — man kann sich zusammensetzen und plaudern — das Zeltleben ist dadurch wesentlich gemütlicher geworden. —

Heute, am 17. April, bringen australische Touristen die Nachricht ins Hauptlager, daß der Erste Legationsrat der Deutschen Botschaft von Kathmandu seit Tagen in Gorak Shep in halb bewußtlosem Zustand in seinem Zelt liege. Die Ärzte der Expedition, die als Wissenschaftler hier arbeiten, sind sofort bereit, nach unten zu steigen. Rasch werden Medikamente und ein Sauerstoffgerät zurechtgemacht, und eineinhalb Stunden später sind sie bereits bei dem Kranken. Über diese Hilfsaktion wurde von Joachim Zeitz bereits ausführlich berichtet. —

Lager 3 — das erste Lager in der Wand

Am selben Tag siedeln Berger, Perner, Sager und Schneider ins Lager 2 um. Felix Kuen ist davon nicht sehr begeistert, denn nun ist das erste Hochlager verwaist. Die Sherpa, die dort leben, sind ohne Aufsicht, und auch der Lastentransport nach Lager 2 ist somit einer gewissen Willkür unterworfen. Daran ändert auch die Tatsache nichts, daß die Engländer noch in Lager 1 hausen, denn sie kümmern sich ebensowenig um den Lastentransport, wie sie es auch ablehnen, sich in das tägliche Funkgespräch zwischen den Lagern einzuschalten, um durch den bergsteigerischen Leiter über alle erforderlichen Maßnahmen für den nächsten Tag unterrichtet zu werden. Im übrigen halten sie sich ohnehin nicht an die Befehle von Felix Kuen. Dies deutet nicht auf eine schwache Führung, sondern lediglich auf eine Disziplinlosigkeit hin. Konsequenzen können für die Engländer daraus nicht entstehen, da ihr finanzieller Beitrag für die Dauer der Expedition an die Erlaubnis zur Filmarbeit von McInnes geknüpft ist. Dies sind nun einmal die Probleme eines großen Unternehmens, das nicht das Glück hat, auf staatliche Unterstützung, auf Beihilfen alpiner Verbände oder Hilfe aus der Wirtschaft zurückgreifen zu können. Diese Sonderstellung wissen die Briten sehr wohl auszunützen. Sie halten sich daher kaum an die Anweisungen, die sie von der Leitung erhalten.

Während der letzten beiden Tage wird das Lager 3 in 6900 m Höhe am Fuß einer sandsteinfarbenen Felsstufe aufgebaut. Das erste Team der Expedition

(Kuen, Haim, Huber, Breitenberger) steigt in zweieinhalb Stunden hoch, pickelt in harter Planierungsarbeit etwa sieben Kubikmeter Eis aus dem Hang, um schließlich zwei Zelte aufstellen zu können.

Anderntags steigen Berger, Perner, Sager und Schneider bei gutem Wetter bis zum Lager 3 hoch, um Versorgungslasten nach dort zu schaffen. Am Nachmittag kehrt das zweite Team wieder ins Ausgangslager zurück. Somit ist das erste Wandlager errichtet und mit dem Notwendigsten versorgt.

Am 21. April bringen zehn Männer Lasten nach Lager 3. Auch von unten schleppt eine kleine Träger-Karawane wertvolles Material zum Hochlager 2 hinauf. Die Sherpa sind enttäuscht, daß ihnen Don Whillans, der sich als einziger im Lager befindet, keinen Tee bereitet hat, wie es sonst üblich ist.

Am selben Tag sind McInnes und Scott in der Eiswand fleißig am Filmen. Bis auf das erste Team steigt alles wieder zum West-Becken ab. Um noch mehrere Zelte aufstellen zu können, sind Kuen und Huber am Nachmittag damit beschäftigt, abermals eine Plattform aus dem Eis zu hauen. Da erzeugt Adi Huber plötzlich einen Lagerbrand. Die Stichflamme breitet sich im Nu über das ganze Lager aus. Jeder bekommt ewas ab: beim einen ist es der Bart, beim andern der Pullover und beim dritten sind es die Gamaschen, die von den Flammen erfaßt werden. Automatisch greift jeder sofort in den Schnee, und nach wenigen Sekunden ist das Feuer am eigenen Körper wieder gelöscht. Alle sind froh, daß das Zelt nichts abbekommen hat.

Wie kam es dazu? Adi Huber schlug mit seinem Pickel auf Gaskartuschen der Internationalen Himalaya-Expedition (IHE 1971), die tief im Eis vergraben waren. Durch den Pickelschlag entzündete sich das flüssige Gas, spritzte heraus, und sofort stand die Mannschaft inmitten von Flammen. Aber es ging noch einmal glimpflich ab. —

Am 23. April versichert das erste Team die Wand gegen das Lager 4 hinauf. 500 m Seil rollen sie ab und fixieren es an den Felsen. Kurz vor Lager 4, das in 7400 m Höhe liegt, finden sich Seilreste von der IHE 1971. Sie hacken sie aus dem Eis und sind glücklich über diesen Fund, der im letzten Stück ihres Aufstiegs eine große Erleichterung bedeutet.

Zur selben Zeit sehen sie unten im West-Becken eine starke Gruppe zum Lager 3 aufsteigen. Am Abend treffen sie in Lager 3 mit der vier Mann starken Besatzung zusammen. Dort kommt es zu einer lautstarken Kontroverse zwischen Perner und dem bergsteigerischen Leiter. Dieser Diskussion ging bereits tags zuvor ein Funkgespräch voraus, in dem das zweite Team den Wechsel an der Spitze der Expedition forderte.

Kuen will die Lager, die noch nicht ganz versorgt sind, nicht unnötigerweise mit zu vielen Leuten besetzen. Eine Weisheit, die jeder Expedition bekannt sein dürfte. Perner dagegen möchte, wie alle qualifizierten Spitzenbergsteiger, nun endlich in der Wand zum Zuge kommen. Der Tatendrang des Himalaya-Neulings ist verständlich, aber nicht gerechtfertigt. Felix Kuen weiß, daß man die Spitze am Anfang, also bevor ein Lager richtig aufgebaut und ausreichend mit Lebensmitteln versorgt ist, nicht zu stark besetzen darf. Die Versorgung der Expeditionsspitze würde dadurch gefährdet. In diesem Fall nützt keine Nachgiebigkeit, sondern nur das strikte Einhalten eines durchdachten Plans und die absolute Unterordnung eines jeden Teilnehmers, damit nicht Unvernunft und Egoismus das Gesamt-Konzept durcheinanderbringen.

Voraussetzung ist allerdings, daß ein solcher Angriffsplan vorliegt — für wenige Tage läßt er sich mündlich übermitteln — für Wochen aber sollte er unbedingt in allen Details schriftlich niedergelegt und jeder am Angriff beteiligten Gruppe ausgehändigt werden. —

Im Anschluß an die Debatte beorderte Kuen die beiden Kameraden Sager und Schneider ins Lager 3 hinauf mit dem Auftrag, anderntags den Weiterweg gegen Lager 4 hinauf fertig zu versichern. Lediglich eine kurze Schlechtwetter-Periode verhindert schließlich die Durchführung dieses geplanten Vorstoßes. —

Es ist das zweite Team, das am 26. April zusammen mit Berger, Perner, McInnes, Don Whillans, Scott und drei Sherpa zum dritten Hochlager aufsteigt. Zur selben Stunde schleppen Kuen, Haim, Huber und Schneider die in Einzelteile zerlegte Plattform in das vierte Hochlager hinauf. Im Laufe dieses Tages kommt auch Perner mit einer Last nach oben. In einem Zug ist er von Lager 2 aus 1000 m hochgeklettert — eine beachtliche Leistung in dieser schwierigen Wand, in dieser Höhe, ohne künstlichen Sauerstoff!

Am späten Nachmittag steigen die Männer direkt ins Wand-Ausgangslager 2 hinab, um sich einige Tage zu erholen. Lediglich Schneider bleibt in Lager 3 und bildet nun mit Perner und den drei Engländern die Spitzengruppe.

Adi Sager, der an starken Halsschmerzen leidet, steigt ins Hauptlager ab. — Breitenberger bemüht sich an diesem Tag, eine Last ins dritte Hochlager hinaufzuschleppen. Aber er fühlt sich seit vorgestern nicht wohl, und kurz vor Erreichen des gesteckten Ziels verlassen ihn die Kräfte; er muß die Last ablegen und steigt nun allein zum Lager auf. Benommen, durstig und erschöpft erreicht er die Zelte. Nach einigen kleinen Ungeschicklichkeiten verschwindet er nach geraumer Zeit wieder in Richtung Lager 2.

Zwei Tage später steigen Schneider, Whillans und Scott zum zweiten Wandlager hoch. Sie schleppen Teile einer Plattform mit sich, Sauerstoff und persönliche Sachen. Horst Schneider geht es im Aufstieg zum Lager 4 zunächst nicht gut. Er hat sich eine zu schwere Last aufgeladen. Aber schließlich erreicht er doch die roten Boxen, die während des Aufstiegs durch das felsige Gelände fast greifbar oben stehen, scheinbar nahe, aber in Wirklichkeit doch stundenweit entfernt.

Obwohl Lager 4 (7400 m) noch unzureichend versorgt ist, bleiben die Engländer bereits dort. Sie wollen sich den abermaligen Abstieg ins Lager 3 ersparen. Diese vorzeitige, eigenmächtige Besetzung ist nicht geplant und führt daher zu weiteren Spannungen zwischen ihnen und dem bergsteigerischen Leiter.

Anderntags stellen die Engländer und Schneider, die gegenwärtige Besatzung von Lager 4, eine japanische Plattform auf und setzen eine Whillans-Box darauf. Dies sollte der Hauptbeitrag der Engländer an der schweren Arbeit in der Südwest-Wand während unserer Expedition sein und bleiben!

Am „Tag der Arbeit", dem 1. Mai, steigen Kuen, Haim und Huber mit Sauerstoff-Flaschen zum Lager 3 hoch. Kurz bevor sie die kleinen Zelte unter dem Felsabsturz erreichen, geraten sie in einen Steinschlag, der sich hoch oben in der

Wand gelöst hat. Eines der Geschosse trifft unglücklicherweise das rechte Knie Werner Haims. Es ging alles so schnell, daß der Schrei von Adi Huber: „Steine!" zu spät kam. Haim erleidet eine stumpfe Verletzung an der Außenseite des Kniegelenkes und ist ab sofort gehunfähig. Mit Hilfe der Sherpa, die mit dieser Gruppe aufgestiegen sind, wird er zum Lager 2 hinabtransportiert. Er klagt über starke Schmerzen und kann nicht mehr auftreten. Das letzte Stück bis zu den Zelten wird er auf dem Bodenteil einer deutschen Plattform, die für Lager 4 bestimmt ist, wie auf einem Schlitten abtransportiert.

Der 30. April und seine Folgen

Nach Überwindung sehr vieler Schwierigkeiten komme ich endlich am Sonntag, dem 30. April, zu meinen Expeditionskameraden ins Hauptlager zurück. Wochen höchster Nervenanspannung und Hektik liegen hinter mir, als ich in Kathmandu in den Hubschrauber steige, der mich nach oben bringen soll. Während jener Tage, wo ich fern meiner Expedition in München war, bin ich bemüht gewesen, neben der erforderlichen Trägerausrüstung, die uns zum größten Teil am Berg abhanden gekommen war, noch weitere Lücken in Ausrüstung und Verpflegung zu schließen. Die meiste Zeit, die ich in der Heimat war, verbrachte ich am Telefon. Ich holte Schlafsäcke aus Österreich, Himalaya-Schuhe aus Jetzendorf, Rucksäcke aus Augsburg und anderes mehr, was auf dem Wunschzettel von Michl Anderl stand. —

Abhanden gekommene Ausrüstungsgegenstände mußten neu beschafft werden. Es waren dies 40 Luftmatratzen, 20 Schlafsäcke, 20 Daunenhosen, 15 Daunenjacken, 25 Rucksäcke, 26 Paar Gamaschen, 12 Paar Baseball-Schuhe, 6 Garnituren Finnen-Unterwäsche, 30 Schneebrillen, 6 Paar LOWA-Höhenschuhe, zusätzlich 5 Paar Innenschuhe verschiedener Größe, 10 Daunenschlafsäcke von Hammer, 30 Paar lange Strümpfe, 30 Taschenlampen, 100 Ersatz-Batterien für McInnes und schließlich noch Laborausrüstung, die durch die unsanfte Behandlung der Medizinkiste kaputtgegangen war. An Verpflegung kamen hinzu 60 Kilo Dosenbrot, 20 Kilo Käse, 300 Tafeln Schokolade, 20 Dosen Ovomaltine, 300 Pakete Suppen, 2 Flaschen Essigessenz, 20 Hartwürste, 100 Dosen Corned beef, 30 Dosen Tomatenmark, 20 Dosen Gulasch, 50 Pakete Biosorbin, 150 Dosen Fisch, 10 Kilo Trockenobst und außerdem noch Teilnehmer-Wünsche wie Fotoausrüstung und sonstige Utensilien. Insgesamt kamen 900 Kilo zusammen.

Das große Problem war nun, diese vierzig Lasten nicht als teures Flug-Übergepäck transportieren zu müssen. Dies hätte 10 000 DM ausgemacht!

Da ich mit einer Chartermaschine flog, versuchte ich das ganze Gepäck möglichst billig ins Flugzeug zu bekommen. Es gelang mir schließlich zu erreichen, daß die Fluggesellschaft „Atlantis" mein gesamtes Gepäck kostenlos mitführte. Dazu waren allerdings viele Verhandlungen und Telefonate erforderlich. In meiner Not rief ich auch unseren Schirmherrn Senator Burda an. Bei diesem Gespräch fragte er mich spontan, ob ich auch noch Geld benötigte. „Ja", sagte ich und bedankte mich herzlichst für dieses Verständnis. Ich war wie aus dem Häuschen, denn gerade jetzt, wo ich selbst erlebt hatte, wie teuer Expeditionen in Nepal sind, war die Geldfrage neben der Sherpa-Misere wohl das belastendste Moment dieses ganzen Unternehmens.

Nach diesem Gespräch mit Dr. Franz Burda, das am Mittag eines trüben Arbeitstages stattfand, strahlte jedenfalls für mich plötzlich überall die Sonne, und meine Gedanken waren so beflügelt, daß ich auch die noch verbliebenen Hindernisse mit Schwung und Enthusiasmus nahm.

Als schließlich am 28. April meine ganze Ladung ohne die übliche tagelange Verzögerung den Zoll in Kathmandu passiert hatte, war mir eine weitere große Sorge genommen. Schon am Flughafen empfing mich Miss Hawley, die hilfsbereite Amerikanerin, und war bestrebt, das Gepäck möglichst umgehend nach Lukla fliegen zu lassen und für mich einen Hubschrauber zu chartern.

Dann erreichte ich schließlich das Hauptlager auf dem von Michl Anderl und Sepp Maag eigens für meine Landung planierten kleinen Platz am Knie des Khumbu-Gletschers. — Es war 7 Uhr früh, als der Helikopter eine Schleife über das Lager zog. Der nepalesische Pilot ließ den Rotor weiterlaufen, und so vollzog sich der erste Kontakt mit den Anwesenden unter dem Lärm des Motors.

„Wir haben einen Kranken", schreit mir Anderl ins Ohr. In der knappen Zeit einer einzigen Minute ist es mir nicht möglich festzustellen, wer der Kranke ist. Inzwischen hat sich jemand in den Hubschrauber neben den Piloten gesetzt, es ist der Perser Saleki. Ich nehme an, daß es sich um den Kranken — nicht aber um einen Flüchtigen — der Expedition handelt. Saleki hat mich in diesem Augenblick bewußt getäuscht. „Bist du krank?" schreie ich ihm zu, aber ich bekomme keine Antwort. Er sitzt steif nach hinten gelehnt neben dem Piloten, stumm und regungslos wie eine Säule.

In dem Glauben, daß der richtige Mann im Hubschrauber sitzt, schließe ich die Kabinentür, zumal der Pilot schon unwillig zum Abflug drängt. Die Maschine startet, und jetzt erst kann man sich verständigen. Ich erfahre, daß Leo Breitenberger mit Fieber und Brustschmerzen im Bett liegt. Er ist der Kranke und hätte abtransportiert werden sollen! —

Saleki wollte nach Hause. Für das Unternehmen war das kein Verlust, denn er leistete praktisch keine Arbeit. Schneider bezeichnete ihn ironisch als das „alpine Findelkind". Die einzige Aufgabe, die ich ihm übergeben hatte, Lager 1 zu verwalten, damit dort die Ankunft der Lasten überprüft und die Weitergabe von Verpflegung und Material nach oben überwacht wird, hatte er nach wenigen Tagen bereits aufgegeben. — Er hätte ohne weiteres auch zu Fuß nach Lukla hinabsteigen können, da er ja gesund war. Sein unkameradschaftliches Verhalten einem fieberhaft erkrankten Expeditionsmitglied gegenüber aber kostete uns ganze tausend Dollar! —

Eine halbe Stunde nach meiner Ankunft im Hauptlager habe ich bereits die erste Besprechung mit dem Begleitoffizier Pande und dem Sirdar Dorje. Es geht um die Ausrüstung. Die Träger können es kaum erwarten, bis sie von Lukla heraufkommt. Da ich selbst mit dem Hubschrauber lediglich zwei Säcke mit Daunenbekleidung hochbrachte, glauben sie, ich habe sie hintergangen. Sie wollen nun eine Garantie, daß das andere Gepäck nachkommt, andernfalls weigern sie sich zu tragen. Sie hätten ohnedies am nächsten Tag die Arbeit niedergelegt, wäre ich nicht heute, am 30. April, wieder zur Truppe zurückgekehrt.

Die Verhandlungen verlaufen gut. Ich gebe dem Sirdar eine Garantiesumme von 1000 Rupees für jeden noch nicht vollständig eingekleideten Sherpa, das sind insgesamt 13000 Rupees. Dann läuft der Lasten-Paternoster wieder.

Meine nächste Aufgabe ist es, mich um Breitenberger zu kümmern, denn die Wissenschaftler haben inzwischen die Expedition verlassen. Leo ist benommen, unklar in seinen Äußerungen und hat starke Schmerzen in der Brust. Ich stelle bei ihm eine Lungen- und ausgedehnte Rippenfellentzündung fest. Letztere verursacht ihm besonders starke Schmerzen. Ich gebe ihm hohe Dosen an Penicillin gegen das Fieber, Morphium gegen die Schmerzen sowie Sauerstoff, um in dieser Höhe von über 5000 Metern sein Allgemeinbefinden zu heben. Sepp Maag, das Faktotum der Expedition, schläft bei ihm im Zelt und verpflegt ihn wie eine Krankenschwester. Das Fieber sinkt und steigt — tagelang. Ich wechsle das Antibioticum und erreiche schließlich doch die Entfieberung. Gefahr besteht nun für Breitenberger keine mehr. Aber seine Verwirrtheit macht mir zu schaffen, zumal ich zu diesem Zeitpunkt noch nicht weiß, daß er schon früher an ähnlichen Störungen gelitten hat.

Plötzlich erklärt mir Breitenberger, daß er den Abtransport per Hubschrauber wünsche. Ich versuche es ihm auszureden, da ich davon überzeugt bin, daß es nicht mehr erforderlich ist. Aber schließlich erklärt er mir, der Transport würde ohnedies von seiner Versicherung voll vergütet. Daher gebe ich seinem Drängen nach und bestelle einen Hubschrauber.

Fast alle sind noch im Schlafsack, als wir das Geräusch des heranfliegenden Hubschraubers vernehmen. Michl eilt zum Landeplatz, der etwa zehn Minuten entfernt liegt. Die Maschine setzt auf, der Pilot spricht mit Anderl und erfährt, daß Breitenberger und Haim noch nicht fertig sind. Er fliegt daraufhin für zehn Minuten noch einmal nach Pheriche zurück, da er sich hier den Motor nicht abzustellen wagt.

Breitenberger wird zur Landepiste gebracht, Haim schleppt sich mit Hilfe von Kameraden auf seinem kranken Bein selbst dorthin. — Seit 5 Uhr steht es für mich fest, daß ich bei meinem Lungen-Oedem, gegen das ich die ganze Nacht über im Delirium vergeblich therapiert habe, mitfliegen werde, um nicht wenige Stunden später für den notwendig werdenden Abtransport ins Tal Trägerhilfe für mich in Anspruch nehmen zu müssen. Um 6.10 Uhr ist Alice von Hobe, die einen beneidenswerten Schlaf hat, so weit ansprechbar, daß sie Michl Anderl verständigt und ich dem Stellvertreter nun die Leitung offiziell und mit entsprechenden Hinweisen noch in letzter Minute übergeben kann. Als Arzt weiß ich, daß bei meiner gegenwärtigen körperlichen Verfassung an keinen neuerlichen Aufstieg zu denken ist.

So sind wir also drei invalide Passagiere. Als der Hubschrauber ins Hauptlager zurückkommt, steige ich zusammen mit Breitenberger in die Maschine. Wir fliegen aber nur bis Pheriche hinab. Während des kurzen Fluges bitte ich den Piloten, er möge uns ausladen und Werner Haim nachholen, denn ab Pheriche (4243 m) kann man die Maschine einer größeren Belastung aussetzen.

Von dort aus fliegen wir zunächst über das Kloster Tengpoche hinweg zum Japaner-Hotel, um dort aufzutanken. Dann schweben wir das Dudh-Kosi-Tal hinaus, sehen unsere Aufstiegsroute — Namche Bazar, Gath, Lukla — und landen eine Stunde später in Kathmandu. Wir werden von Miss Hawley abgeholt, ein Sanka steht bereit und bringt Breitenberger in das Shanta-Bawan-Hospital.

Ich selbst bin hier auf 1500 m Höhe mein Lungen-Oedem bereits los, leide aber noch mehrere Wochen danach unter sehr starken Kopfschmerzen. Zwei Wochen später sind Benommenheit und Apathie wie weggeblasen, und meine Beziehung zur Umwelt ist wieder ganz klar.

Bei Breitenberger konnte im Krankenhaus nur noch die bereits überstandene Lungenentzündung bestätigt werden. Dennoch war er nicht willens und imstande, mit mir nach Deutschland zurückzufliegen. Er war vor allem psychisch krank, und die zuständigen Ärzte im Hospital erkannten seinen wirklichen Zustand in keiner Weise — erklärten mir vielmehr, daß er sich mindestens noch ein bis zwei Wochen im Krankenhaus aufhalten müsse! —

Haims Röntgenaufnahme ergab keine Fraktur, sondern lediglich eine schwere Bänderverletzung. Er wurde bandagiert und konnte im Laufe der nächsten Tage wieder ins Hauptlager geflogen werden, um dort als Lagerverwalter der Expedition zur Verfügung zu stehen.

In unserem Hotel trafen Haim und ich des öfteren mit Wolfgang Nairz zusammen. Als Leiter der Manaslu-Expedition war er seiner Gruppe vorausgeflogen und erwartete nun hier in Kathmandu seine Kameraden, darunter auch Reinhold Messner. Er war wegen der Toten, die es auf seiner Expedition gegeben hatte, sehr bedrückt. Er erzählte uns, daß Messner mit Franz Jäger am 25. April zum Gipfel aufgestiegen war; im Aufstieg über das Hochplateau fühlte sich Jäger nicht mehr so in Form, um weiter mit aufsteigen zu können und wollte daher ins Lager 4 zurück. Messner ließ ihn allein umkehren.

Nachdem Messner gegen 17 Uhr das Zelt von Lager 4 wieder erreichte, stellte er mit Bestürzung fest, daß Franz Jäger nicht anwesend war — und dies, obwohl er ihn zweihundert Meter vorher auf dem Hochplateau bereits nach ihm hatte rufen hören. Als bergsteigerischer Leiter der Gruppe veanlaßte er nun, daß Kameraden, die im Lager 4 lagen, nach dem hilferufenden Franz Jäger suchen sollten.

Reinhold Messner hatte, noch bevor er den Gipfel anging, den schwächeren Kameraden seinem Schicksal überlassen. Werner Haim, der mit den beiden, Jäger und Schlick, die am Manaslu umkamen, befreundet war, brachte seine Ansicht darüber in der Tiroler Tageszeitung am 11. Juni 1972 etwa in folgenden Worten zum Ausdruck:

Es genügt die übliche bergsteigerische Einstellung, um zu wissen, daß man einen Seilpartner oder Bergkameraden, ganz gleich, in welchem alpinen Gelände, nicht allein läßt. Mögen Erschöpfung oder sonstige Gründe den Gefährten zur Umkehr bewegen, so ist es für den Bergführer eine besondere Pflicht, mit ihm den Rückweg anzutreten; ob im Karwendel oder am Olperer, aber erst recht im Himalaya!

Ist das Verhalten von Reinhold Messner etwas Neues, ist es zeitbedingt? Gewiß nicht, Albert Bitterling schrieb mir dazu:

„So waren sie schon vor hundert Jahren, die Super-Bergsteiger — sie schämten sich nicht ihrer Bekenntnisse: ‚Ich bin der Stärkere, ich will es, ich tue, was ich will — und niemand geht dieses etwas an, und wer mit mir geht, der sei bereit zu sterben, und wär's um keinen anderen Zweck — als oben gewesen zu sein!' (Hermann von Barth 1845—1876)."

Der zweite Angriff

Nach meiner Rückkunft ins Hauptlager habe ich bereits am Mittag das erste Gespräch mit den Hochlagern und bitte Felix Kuen, den bergsteigerischen Leiter, der sich zu diesem Zeitpunkt im Wand-Ausgangslager befindet, daß er für einige Tage herabsteigen möge, damit wir in Ruhe alle Einzelheiten über den bevorstehenden Angriff durchsprechen können. Außerdem rate ich ihm dringend, zusammen mit seinen etwas erschöpften Kameraden einige Tage im Hauptlager zu verbleiben, um sich wieder in einer einigermaßen zivilisierten Umwelt aufhalten, besser essen und sich somit für den letzten Vorstoß noch erholen zu können.

„Wir genießen das Hauptlagerleben, können uns wieder einmal richtig waschen, essen wie die Fürsten und haben ein Leben wie Gott in Frankreich. Materiell geht uns nichts ab, wir sind nun seit der Rückkunft des Expeditionsleiters mit allem versorgt", sagt Felix Kuen. —

Die ärztliche Betreuung der Expedition liegt zu dieser Zeit in den Händen der Apothekerin Alice von Hobe und des ausgebildeten Sanitäters Werner Haim. Sollten schwierigere therapeutische Maßnahmen erforderlich werden, so hat sich dafür der neuseeländische Arzt aus Khumde bereit erklärt, jederzeit ins Hauptlager zu übersiedeln.

Am 6. Mai rüstet sich das erste Team, das bislang für einige Tage zur Erholung im Hauptlager war, wieder für den Aufstieg in die Wand. Noch während dieses Tages bekommt das Hauptlager Besuch aus München. Pit Schubert, der bekannte Eisgeher, der 1966 mit mir in den Stauningsalpen auf Grönland war, führt eine Gruppe von Touristen in das Khumbu-Tal und macht dabei einen Abstecher in unser Hauptlager.

Anderntags findet der große Aufbruch statt. Der zweite Angriff beginnt. Am Mittag wird Hochlager 2 erreicht, wo Felix Kuen am Nachmittag um 4 Uhr unter Anwesenheit von Huber, Perner, Schneider, Sager, Bednar, Maag und Gorter eine große Lagebesprechung abhält, bei der man den weiteren Verlauf des Angriffs in der Südwest-Wand diskutiert. Auch der Fall einer Rettungsaktion wird erörtert.

Schon während des Aufstiegs durch den Eisbruch klagt Berger über zunehmend starke Schmerzen in der Lendengegend. Ein Nierenstein macht sich selbständig und verursacht Koliken. Berger kehrt ins Hauptlager zurück und wird dort von Alice von Hobe behandelt und gepflegt. — (Duplizität der Fälle! Auch Edelwald Hüttl hatte schon damit zu tun).

Es ist geplant, daß bereits am nächsten Morgen Felix mit Adi Huber und einigen

Sherpa ins erste Wandlager übersiedeln. Aber die Sherpa weigern sich, und so werden lediglich acht Lasten ins Lager 3 geschleppt. —

An diesem Tag kann man zwei Mann gegen das Lager 5 hochsteigen sehen. Es sind Scott und McInnes. Sie filmen während des Aufstiegs in der Wand. — Zu Lager 4 besteht keine Verbindung, denn Don Whillans weigert sich auch bei unserer Expedition das Sprechfunkgerät zu den vereinbarten Zeiten zu bedienen.

Am nächsten Morgen steigen Huber und Kuen mit fünf Sherpa ins Lager 3 (6900 m) hoch, es ist völlig eingeschneit. Das rote mittlere Zelt ist zerrissen und nicht mehr verwendbar. Die übrigen Hauszelte und die Whillans-Box werden von den Schneemassen fast eingedrückt, das Verpflegungszelt steht zehn Zentimeter unter Eis und das Funkgerät ist ein einziger Eisklumpen. — Fast zwei Stunden wird dann gearbeitet, bis das Lager wieder einigermaßen hergerichtet ist. Da die Engländer beim Verlassen des Lagers die Reißverschlüsse der Zelte nicht geschlossen haben, ist auch im Inneren alles voll Schnee. Sie haben überhaupt eine recht üble Unordnung zurückgelassen. —

Am 10. Mai ist Hochbetrieb in der Wand. Kuen und Huber übersiedeln ins Lager 4. Fünf Sherpa steigen mit ihnen und schleppen 18-Kilo-Lasten nach dort. Schneider und Sager besetzen das Lager 3.

Kuen versucht nun die Engländer — die die ganze Zeit über in Lager 4 waren, um es auszubauen — dazu zu überreden, sich nun eine Erholungspause in Lager 2 zu gönnen. Aber sie sind nicht dazu zu bewegen, auch nur einen Meter in der Wand abwärtszusteigen. In Anbetracht der Übersetzung des zweiten Wandlagers steigen Kuen und Huber deshalb am nächsten Tag ins Lager 5 (7800 m) hoch — und die Engländer unterstützen sie dabei sogar. — Auch zwei Sherpa bringen Sauerstoff aus Lager 3 direkt ins Lager 5 hoch, eine hervorragende Leistung! — Der Lagerplatz des dritten Wandlagers befindet sich direkt unter einem Felsvorsprung, der die Zelte von Steinschlag und Lawinen schützt und sich leicht zu einem günstigen Zeltplatz planieren läßt.

Am selben Tag übersiedeln auch Sager und Schneider in Begleitung von zwei Sherpa in das nächsthöhere Lager 4. Um das inzwischen aufgelassene Lager 3 nicht verwaisen zu lassen, steigt Perner hinauf. Auf diese Weise vermag er die Sherpa, die dort hausen, und den Lastentransport zu kontrollieren.

Nachdem die Besatzung von Lager 5 die Zelte aufgebaut hat, kommen Schneider und Sager mit Sauerstoff und der persönlichen Ausrüstung der Spitzengruppe dorthin. Sie werfen die Lasten ab und steigen wieder in ihr Lager zurück.

Auch Peter Perner steigt zu dieser Stunde von Lager 3 aus direkt ins fünfte Hochlager hinauf, allerdings ohne Last, aber auch ohne Sauerstoffhilfe — lediglich zum eigenen Training!

Im Lager 4 sind inzwischen die beiden Engländer, die zum Lager 5 hochgestiegen waren, schneeblind geworden. Ihre Augen sind so rot wie die der Kaninchen. Aber schließlich hat jeder Expeditionsteilnehmer auf Anordnung des Expeditionsleiters einen persönlichen Medikamentenbeutel bekommen, in dem alles Notwendige für die erste ärztliche Versorgung enthalten ist. Für die Engländer hat Alice die Aufschriften und Gebrauchsanweisungen ins Englische übersetzt, damit auch die Briten wissen, welche Medikamente sie dabeihaben. Es ist also ‚idiotensicher‘

dafür gesorgt, daß auch jeder weiß, welche Verwendungsmöglichkeit die vierzig verschiedenen Medikamente haben. Darüber hinaus aber beherrscht McInnes die deutsche Sprache. —

Am 13. Mai wird der Aufstieg zum Lager 6 mit Reepschnüren versichert. Von der vorjährigen Expedition sind noch einige Meter Seil vorhanden, doch die Haken müssen neu geschlagen werden. Der Aufstieg über das felsige Gelände zum sechsten Hochlagerplatz hinauf ist sehr lang und gefährlich, denn pausenlos stürzen über die Steilflanke, die sich hier in einem 300 m hohen Felsabsturz aufsteilt, Steine herab.

Lagerplatz 6, der sich am Ende der Rampe befindet, ist ein Felsspalt, der bereits von Whillans und Haston im Vorjahr benutzt wurde. Kuen findet das mit einer Eisschicht bedeckte Zelt der Vorjahrsexpedition. Sonne kommt hier keine in den Spalt.

Der Aufstieg in das letzte Wandlager beträgt etwa fünf Stunden. Schon ab Lager 4 ist man mit künstlicher Sauerstoffzufuhr aufgestiegen. Am Nachmittag beginnt es zu schneien und zu stürmen. Gerade noch rechtzeitig vor Einbruch der Dunkelheit trifft die Spitzenmannschaft dann wieder in Lager 5 ein. Inzwischen sind auch Whillans und Scott in dieses Lager hochgestiegen. Sie kochen im Zelt von Kuen und Huber, daß es nur so dampft, die Innenseite der Zelthaut ist dick mit Eis verkrustet. Davon sind die erschöpften Bergsteiger, die gerade wieder ins Lager zurückkommen, nicht gerade begeistert.

Die Engländer sind aus eigener Initiative mit dem restlichen Sauerstoff aufgestiegen. Schneider und Sager haben daher den Nachschub nach Lager 5 nicht durchführen können. Die beiden Briten schleppten keine zusätzliche Last nach oben. Erst anderntags bringen drei Sherpa Sauerstoff-Nachschub nach Lager 4 und jetzt erst können Schneider und Sager für den Weitertransport ins dritte Wandlager Sorge tragen.

„Ins Lager 4 zurückgekehrt, habe ich den Auftrag von Felix, den Engländern zu erklären, daß sie im Augenblick noch nicht ins Lager 5 aufsteigen sollen, da es noch nicht ausreichend versorgt ist", berichtet Horst Schneider. „Den Abstieg bin ich ohne Sauerstoff gegangen und bin daher sehr müde. Ich stürze einmal kopfüber ins Seil. Aber ich habe Glück. Im Lager angekommen, gebe ich die Weisung von Felix weiter. Bis spät in die Nacht hinein hören wir aus dem Engländerzelt die übelsten Schimpfworte: facking Felix, facking Herrligkoffer, facking Austrian! Damit zeigen sie, wes Geistes Kind sie sind. Felix will sie in keiner Weise vom Gipfelvorstoß ausschließen, aber er möchte zunächst die Lagerkette gesichert und versorgt wissen, und dann erst soll gemeinsam in einer Dreier-Seilschaft zum Gipfel aufgestiegen werden. — Die Fünfer-Seilschaft, die sich die Engländer einbilden, in der alle drei Briten und lediglich zwei Tiroler die Gipfelgruppe bilden würden, lehnt Felix allerdings ab, weil dazu die Versorgung der Hochlager noch lange nicht ausreichend wäre."

Am 15. Mai ist es eiskalt. Der Wind in der Wand ist unerträglich, ungewöhnlich scharf. An diesem Tag steigen Kuen und Huber ins Lager 5 hoch, entschließen sich aber, alsbald wieder ins West-Becken-Lager abzusteigen. Felix Kuen schildert die Lage: „Starker Wind und nachmittags heftiges Schneetreiben — um 12 Uhr

verlassen wir Lager 5, und um 17 Uhr erreichen wir das ersehnte Lager 2 (6450 m).
Lager 4 wird in der Mittagsstunde von den Engländern geräumt. Scott sagt Schneider, daß sie ins Hauptlager absteigen würden. Die Briten verlassen somit das
Lager, das sie vor zehn Tagen erstmals besetzt haben. In dieser langen Zeit haben
sie für die Expedition nur Minimales geleistet — aber sechzehn Sauerstoff-
Flaschen und eine Menge Verpflegung verbraucht.

Lager 4 bleibt weiter von Perner, Sager und Schneider besetzt. Das Wetter ist
zermürbend, fast ständig herrscht in der Wand ein heftiger, eiskalter Wind. Wenn
nicht bald eine wesentliche Beruhigung der Atmosphäre eintritt, müssen wir aufgeben! Am Everest ist der Höhensturm der größte Gegner für seine Angreifer —
er zerrt an den Nerven. Auch bei früheren Expeditionen entschied er schon oft
über Erfolg oder Niederlage. —

Im dritten Hochlager treffen wir auf Anderl und Maag sowie einige Sherpa.
Wir steigen gemeinsam ins Lager 2 ab. Anderntags siedeln die beiden Sherpa-
Brüder Jambu ins vierte Hochlager über. Andere Träger schleppen Lasten ins
Lager 3. Aber der Lastentransport läuft nicht auf vollen Touren, denn bei diesem
stürmischen Wetter zeigen nur die härtesten Burschen Lust, in die Wand einzusteigen.

Die Engländer verlassen die Expedition

Während des 16. Mai fassen die Briten den Entschluß, sich endgültig ins Hauptlager abzusetzen. Die genauen Gründe hierfür sind nicht bekannt, und sie äußern
sich auch nicht dazu. Der Hauptgrund dürfte wohl das schlechte Wetter sein —
der andere, daß ich nicht damit einverstanden bin, daß sämtliche drei Engländer
an der Spitze der Mannschaft bleiben. Ich kann es als bergsteigerischer Leiter den
anderen Mitgliedern der Expedition, die wochenlang in der Wand gearbeitet haben, einfach nicht zumuten — auch nicht, daß sie jetzt für die Engländer Sauerstoff und Verpflegung in die Hochlager schleppen und selbst auf den Gipfeleinsatz
verzichten. Im übrigen war von vornherein geklärt, daß eine gewisse Parität zwischen Tirolern und Briten bestehen müsse. Das hat unser Expeditionsleiter in
verschiedenen Gesprächen, zu Hause und im Hauptlager, mehrmals und eindeutig
zum Ausdruck gebracht.

Ich habe die Briten von ihrem Entschluß, ins Hauptlager abzusteigen, nicht
abgehalten — ich habe sie aber auch nicht ermutigt, zu bleiben. Wie ein Film
liefen jetzt die vergangenen Wochen vor meiner Erinnerung ab, und ich sah
eigentlich nur Hindernisse, die uns die Angelsachsen bereitet haben. Die Sherpa
und die übrige Mannschaft haben alles getan, um die Wandlager gut auszubauen.
Das wenige, was die Briten geleistet haben, habe ich bereits erwähnt. Was sonst
noch alles vorgefallen ist, will ich gar nicht erst niederschreiben, weil es einfach
zu schmutzig ist.

Am 17. Mai verläßt uns Don Whillans, ohne sich zu verabschieden. Er seilt sich
im spaltenreichen Gebiet zwischen Lager 2 und Lager 1 nicht einmal an, obwohl
er nur wenige Minuten hinter der Seilschaft Anderl-Maag hinabläuft. —

In der Wand herrscht Hochbetrieb, achtzehn Sherpa bringen heute Lasten bis hinauf zu Lager 5. Jetzt befinden sich bereits zwanzig Sauerstoff-Flaschen dort. Auch Schneider und Perner gehen an diesem Tag zu diesem Stützpunkt hoch, planieren, stellen ein Zelt auf und steigen dann wieder ab nach Lager 4.

Gegen Abend wird das Wetter endlich schöner. Der Kampf um den Gipfel kann beginnen!"

Am 18. Mai wird der letzte Versuch gestartet. Die Wand soll in ihrer ganzen Länge durchklettert und ein Gipfelvorstoß gewagt werden. Morgens um 7 Uhr steigen Kuen, Huber und Perner von Lager 2 zum vierten Hochlager empor. Bereits um 1 Uhr mittags treffen sie dort ein. Vier Sherpa unterstützen ihren Aufstieg.

Zur selben Stunde besetzt Peter Bednar zusammen mit dem Kameramann Jürgen Gorter das erste Wandlager. Das Wetter, das am Morgen noch gut aussah, hat sich wesentlich verändert. Es ist windig geworden und Wolken ziehen auf. Über Funk wird durchgegeben, daß die beiden Engländer Scott und McInnes ebenfalls ins Basislager abgestiegen sind und alle drei gemeinsam die Expedition in den nächsten Tagen verlassen werden. Die Briten drehen nun den Spieß um und erklären, die Österreicher hätten sie sabotiert. „In Wirklichkeit haben sie sich zu keiner kameradschaftlichen Zusammenarbeit entschließen können."

Lager 4 — Lager 5, bitte melden!

Nachmittags um 16 Uhr findet zwischen Werner Haim, der seit seiner Verletzung und Rückkunft aus Kathmandu den Hauptlagerverwalter spielt, das folgende Gespräch mit seinem oftmaligen Seilgefährten Felix Kuen in Lager 4 statt:

Haim: Hier Hauptlager. Wie ist die Verständigung? — Bitte kommen!

Kuen: Hier Lager 4, die Verständigung ist ausgezeichnet. — Bitte kommen!

Haim: Wie ist die gegenwärtige Situation? Wie ist das Wetter?

Kuen: Das Wetter ist momentan schlecht — wir stecken im Nebel — es ist windig — wir befinden uns in den Boxen. Die allgemeine Lage könnte besser sein!

Haim: Was sind eure weiteren Pläne?

Kuen: Wir wollen morgen Lager 5 besetzen. Wir müssen aber erst sehen, ob wir auch selbst in der Lage sind, Sachen nach oben zu schleppen. Du mußt bedenken, daß wir heute direkt von Lager 2 heraufgestiegen sind. Vielleicht kommen die Sherpa, um uns zu helfen. — Zunächst aber ist allein die Witterung entscheidend.

Haim: Von wem ist Lager 4 jetzt besetzt?

Kuen: In Lager 4 sind, außer mir, Adi (Huber), Horst (Schneider), Adi Sager, Peter (Perner) und Hans (Berger).

Haim: Bitte sehr deutlich sprechen, denn wir wollen das Gespräch auf Tonband aufnehmen. — Heute sind übrigens die Engländer Scott und McInnes eingetroffen. Auch Michl ist ins Hauptlager abgestiegen, und Whillans hat zur Situation folgendes erklärt: Die Österreicher hätten erklärt, daß sie nicht für die Engländer Lasten tragen, dies sei von vornherein ein abgekartetes Spiel gewesen. Was sagst du dazu?

200

Fixe Seile verbinden die einzelnen Lager miteinander und sichern den Auf- und Abstieg durch die Flanke. — Hier kurz vor den Zelten von Lager 4.

Links unten: Am 4. Hochlagerplatz ist das Gelände so steil, daß man normalerweise kein Zelt aufstellen kann. Wir brachten daher eigene Plattformen mit, um genügend Zelte aufstellen zu können.

Rechts unten: Am Jümarbügel gesichert, kommt Adi Sager mit seiner persönlichen Ausrüstung ins Lager 4 hoch. — Links unter ihm sieht man die Zelte von Lager 2.

Linke Seite, oben links: Eine Whillans-
Box in Lager 4. Sie läßt sich mit der
Plattform gut zu einer Einheit
verbinden.

Oben rechts: P. Perner bringt Alu-
Teile für die Plattformen nach Lager 4.

Unten: Reste einer alten Plattform von
den Japanern aus dem Jahre 1970.

Rechts oben: Adi Huber im Aufstieg
nach Lager 5.

Rechts unten: Der 5. Lagerplatz ist
erreicht. Auch frühere Wand-
Expeditionen hatten sich hier bereits
festgesetzt.

Das fertige Lager 5 befindet sich unter einem kleinen Überhang. Von hier aus stiegen Kuen, Huber, Schneider, Sager und Perner mit zwei Sherpa in östlicher Richtung zum 6. Lagerplatz hoch, denn eine 300 m hohe Steilstufe über ihnen versperrte hier den direkten Aufstieg durch die Wand.

Felix Kuen und Adi Huber im Aufstieg zum Lagerplatz 6 in der großen Querung, die durch den 300 m hohen Felsabsturz zum Ausweichen nach Osten zwingt.

Unten: In einen Felsspalt baute man das Zelt von Lager 6 (8200 m). Das Zelt war zum Zeitpunkt der Aufnahme noch nicht aufgestellt.

Die Südwest-Flanke des Everest — gesehen im Aufstieg zwischen Lager 1 und Lager 2:
Die Aufstiegsroute hält sich in etwa an das weiße „T", das sich von der dunklen
Wand deutlich abhebt. Lagerplatz 6 liegt rechts außen in 8200 m Höhe. — Die Südwest-
Flanke wurde erstmals 1970 von den Japanern versucht. — 1971 drangen Whillans
und Haston bis 8250 m vor. — Während unseres Unternehmens konnte Felix Kuen,
der bergsteigerische Leiter für die Südwest-Wand, zusammen mit Adi Huber erstmals
eine Höhe von 8350 m erreichen.

Blick vom Kala Pattar (5545 m) hinüber auf das Everest-Lhotse-Nuptse-Massiv.
Links im Vordergrund der Khumbu-Gletscher, der Eisfall, darüber die Westschulter des
Everest und in der Mitte des Bildes der gewaltige schwarze Felsblock des Everest.

Blick von der Lhots
Flanke nach Wester
Vorne unterer Teil
des West-Beckens,
Bildmitte: Pumori
(7145 m) dahinter
Cho Ozu (8153 m).
Foto: Ernst Senn,
Innsbruck

Kuen: Das stimmt nicht ganz. Es war folgendermaßen: Wir haben den Engländern gesagt: Wenn ihr jetzt schon Lager 5 besetzt, wo noch nicht genügend Sauerstoff dort ist — es waren zu diesem Zeitpunkt erst drei Flaschen oben — dann dürfen wir euch den Sauerstoff nachtragen, und das könnt ihr von uns nicht verlangen. Ich erinnerte die Engländer dabei an die Abmachung, wie sie bebereits im April von Karl im Hauptlager ausgesprochen wurde, daß nämlich entweder zwei Engländer und zwei Tiroler oder aber ein Engländer und ein Tiroler zum Gipfel aufsteigen sollen. Daß aber wir Österreicher, die wir den ganzen Khumbu-Eisbruch in tagelanger harter Arbeit, sowie fast alles in der Wand versichert haben, nun auch noch die drei Engländer in Lager 5 und weiter oben versorgen sollten, entspricht nicht unserer Abmachung und ist außerdem gegen jegliches kameradschaftliches Gemeinschaftsdenken.

Haim: Ist alles vollkommen klar, und deine Version deckt sich auch mit der von Karl und Michl. Wir werden einen dementsprechenden Bericht nach Kathmandu geben. — Außerdem sagen die Engländer, daß ihr sie von vornherein ferngehalten oder sogar sabotiert hättet.

Kuen: Dieser Standpunkt ist nicht richtig. Wenn jemand sabotiert wurde, dann wurden wir es. Erstens haben die Engländer gegen meinen Willen Lager 4 besetzt, obwohl es noch nicht ausreichend versorgt war. Sie haben dort alles aufgebraucht, sechzehn Flaschen Sauerstoff und die ganze Verpflegung. — Wir haben dann Lager 5 aufgebaut, und sie haben lediglich noch Seile eingehängt, alles andere war bereits von uns getan. In Lager 5 halfen sie eine Stunde lang auspickeln. Das war die ganze Arbeit. Anschließend wollten sie sofort übersiedeln, was ich aber abgelehnt habe, nachdem sie schon in Lager 4, wo alle anderen noch ohne Sauerstoff geschlafen haben, laufend Sauerstoff verbrauchten. Den Sherpa, die von Lager 3 nach Lager 5 Sauerstoff getragen haben, wurden von den Engländern in Lager 4 einfach die Flaschen abgenommen, um sie zu verbrauchen. Dabei lagen sie nur im Zelt und haben praktisch keinerlei Arbeit geleistet, wenn man davon absieht, daß sie in den zehn Tagen eine Whillans-Box auf eine Plattform gestellt haben. Dieser geringen Hilfe, in der langen Zeit von zehn Tagen, steht kraß der Verbrauch von sechzehn Flaschen Sauerstoff und einer Menge Verpflegung gegenüber. Das alles war nicht sehr erfreulich.

Haim: Ich habe verstanden. Der Bericht war ausgezeichnet und aufklärend. Wann wünscht ihr die nächste Funkzeit?

Kuen: Auch bei mir ist die Verständigung so gut, als wenn du neben mir stehen würdest. Als nächste Funkzeit genügt, glaube ich, morgen 8 Uhr. Wenn schönes Wetter ist, werden wir morgen übersiedeln.

Haim: Ich habe verstanden. Wir werden morgen 12 Uhr auf Empfang gehen. — Servus!

Am 19. Mai um 12 Uhr übersiedeln Kuen, Huber, Perner, Sager und Schneider ins Lager 5 (7800 m). Bereits nach zweieinhalb Stunden sind sie am Ziel. Noch bevor die Spitzengruppe Lager 4 verläßt, kommen fünf Sherpa von Lager 2 herauf. Drei davon bleiben in Lager 4, um sie bei der Übersiedlung ins Lager 6 zu unter-

stützen. Eine gewaltige Leistung dieser außergewöhnlich starken Helfer — wenn
sie gerade wollen! —

Ab Lager 4 tragen alle Sahibs bereits Sauerstoffmasken, und auch in Lager 5
wird unter künstlicher Beatmung geschlafen. Dann kommt es am Nachmittag um
16 Uhr noch einmal zu einem Gespräch zwischen dem stellvertretenden Expeditionsleiter Michl Anderl und Felix Kuen.

Anderl: Hier Hauptlager. Wie ist das Wetter? Wie geht es euch? — Kommen!

Kuen: Das Wetter ist gar nicht so schlecht, obwohl es bewölkt ist. Die Bewölkung
liegt zum größten Teil unter uns. Das Schöne ist, daß wir fast keinen Wind
haben und somit die Kälte nicht so empfinden. — Morgen werden drei Sherpa,
die im Lager 4 genächtigt haben, heraufkommen und uns bis Lager 6 tragen
helfen. Auch Berger will morgen mit den Sherpa hochsteigen. — Kommen, ob
verstanden!

Anderl: Ich habe verstanden, aber ich glaube, ihr müßt dennoch eure Batterie
auswechseln, denn die Verständigung ist teilweise nicht so gut.

Kuen: Ich habe dich gut verstanden. Batterien liegen auf Lager 2 und werden
erst nachgeschickt. — Eine Frage: Michl, ist es möglich, daß wir um 18.15 Uhr
einen präzisen Wetterbericht bekommen können?

Anderl: Es ist möglich. Wir gehen um 18.15 Uhr nochmals auf Empfang. Ich
möchte nun gerne wissen, wieviel Vorrat ihr in Lager 5 habt?

Kuen: Wir haben zwanzig ganze Sauerstoff-Flaschen und ungefähr zehn halbverbrauchte hier oben. Wir haben genügend Verpflegung und Kocher, haben
so viel Sachen hier, daß wir morgen ins Lager 6 übersiedeln können, sofern das
Wetter gut ist. — Außerdem können wir mit der Unterstützung von einigen
Sherpa rechnen. Die drei Sherpa, die in Lager 4 sind, wollen morgen Lasten
zum Lager 6 tragen, in Lager 5 nächtigen und abermals Sauerstoff und Verpflegung hochschaffen. Wir brauchen natürlich jetzt mehr Sauerstoff, da von
hier ab auch die Sherpa mit Sauerstoff steigen.

Anderl: Ich habe verstanden. Morgen ist der 20. Mai. Wie schaut es mit dem Angriffsplan aus, bitte kommen!

Kuen: Wenn wir morgen das Lager 6 besetzen, dann werden wir übermorgen
bereits versuchen zum Gipfel zu starten, falls das Wetter so bleibt. Wir wollen
hier oben keinesfalls länger bleiben, sondern übermorgen bei schönem, wind-
stillem Wetter einen Gipfelversuch machen. Es ist vorgesehen, daß uns zwei
der Kameraden, ich denke an Schneider und Perner, ein Stück weit begleiten
oder über Lager 6 hinauf eine Strecke weit Seile hineinhängen und Sauerstoff
nachbringen. Dieser Plan kann natürlich nur verwirklicht werden, wenn das
Wetter windstill und schön bleibt. — Kommen, ob verstanden!

Anderl: Habe verstanden. Aus wem besteht die Spitzengruppe, und wer wird den
Nachschub leiten?

Kuen: Spitzenmannschaft werden Sager, Schneider, Perner und zur Unterstützung
noch drei Sherpa sein. Die Sherpa bleiben allerdings nicht über Nacht in Lager 6,
aber sie steigen anderntags wieder ins Lager 6 hoch und bringen Sauerstoff.

Lager 5 wird von Berger besetzt sein, Lager 4 von Bednar und Lager 3 lassen wir offen.

Anderl: Die Gipfelseilschaft wird also aus dir und Huber bestehen?

Kuen: Das ist zunächst geplant, kann sich natürlich ändern, je nach dem Gesundheitszustand der einzelnen, die sich hier oben befinden.

Anderl: Ich bin mit dem ganzen Plan einverstanden. Wir müssen ja sehen, daß es möglichst schnell geht. Und nun die nächste Funkzeit 18.15 Uhr mit dem Wetterbericht. — Noch Uhrenvergleich: 16.11 Uhr — Ende!

Zwei Stunden später gibt das Hauptlager den Wetterbericht durch.

Haim: Hier Hauptlager! Ich gebe den Wetterbericht durch. Das Wetter ist schön und bleibt voraussichtlich auch klar. Wind in 8000 m Höhe 80 Stundenkilometer und minus 35 Grad Kälte. Bitte Durchsage bestätigen!

Kuen: Wetter bleibt schön, bleibt klar, auf 8000 m Höhe Wind von 80 Stundenkilometern, Kälte minus 35 Grad.

Haim: Hier Hauptlager — ich schalte morgen das Gerät um 12 Uhr für 5 Minuten ein. Sollte irgend etwas Besonderes passieren, könnt ihr mich im Hauptlager verständigen. Außerdem bleibt die Funkverbindung um 16 Uhr aufrechterhalten — bitte kommen!

Kuen: Du schaltest um 12 Uhr und um 16 Uhr das Gerät ein. — Servus — Ende.

An Pfingsten fällt die Entscheidung

Am 20. Mai um 12 Uhr mittags verlassen Kuen, Huber, Perner, Sager, Schneider und die Sherpa-Brüder Jambu Lager 5 in 7800 m Höhe, um auf der bereits am 13. Mai mit fixen Seilen präparierten Trasse zum sechsten Hochlagerplatz aufzusteigen und denselben zu besetzen. Perner geht mit den beiden Sherpa. Erst nach fünf Stunden erreicht die Gruppe den Lagerplatz. Anschließend geht Perner sofort wieder mit den beiden Trägern ins Lager 5 zurück und verbessert dabei die Seilversicherung. Im vierten Wandlager auf 8200 m befinden sich nun acht französische Sauerstoff-Flaschen, ein Sturmzelt, Fußsäcke, Daunenwesten, Biwaksäcke, ein Kocher mit ausreichender Verpflegung, Überkleidung, Felshaken und Seile. Es ist derselbe Platz, an dem ein Jahr vorher auch das sechste Hochlager von Don Whillans und Dougal Haston stand. Während Schneider und Sager das Zelt in den Felsspalt hineinbauen, erkunden Kuen und Huber den möglichen weiteren Aufstieg zum Gipfel. Sie finden oberhalb eines Felsturms ein fast horizontales Band, das zu einem Schneefeld in Richtung Südgipfel emporführt. Das ist die Route, die sie am nächsten Tag weitersteigen wollen. Sie haben eine Höhe von 8350 m erreicht. Erst bei Dunkelwerden treffen sie schließlich wieder in Lager 6 ein.

Es beginnt eine böse Nacht. Es schneit und ist sehr kalt — 40 Grad minus, und der Wind steigert sich von Stunde zu Stunde. Zum Schlafen kommt trotz Sauerstoff keiner — jeder friert trotz zweifacher Daunenhüllen. Am Morgen des nächsten Tages liegt 30 cm Neuschnee in der Wand — es ist lawinengefährlich.

Man entschließt sich zum Rückzug. Am Morgen beginnt bei Schneetreiben der gefährliche Abstieg zum nächsttieferen Lager. Die Sauerstoffmasken sind vereist und nicht verwendbar. Gegen 10 Uhr ist alles startbereit. Vorsichtig steigen sie an den fixen Seilen ab, die sie vor einigen Tagen selbst angebracht haben. Gegen Mittag erreichen sie Lager 5. Dort wartet bereits Perner mit den beiden Sherpa. Rast und erstes Frühstück.

21. Mai 1972: Seit gestern fand keine Funkverbindung mehr zwischen Hauptlager und der Spitzengruppe statt. Jetzt, um 12 Uhr, führt Felix Kuen ein längeres Gespräch mit dem Hauptlager. Werner Haim ist zunächst am Apparat und gibt Felix den Wetterbericht für den 21. Mai 1972 durch: Wind 100 Stundenkilometer in 8000 m Höhe, einige Gewitter, minus 31 Grad Kälte. Weitere Vorhersage: In den nächsten zwei Tagen keine wesentliche Besserung.

Kuen: Ich habe gut verstanden.

Haim: Wie ist die Situation, Felix, bitte berichte. Ich gebe das Gerät anschließend an Michel Anderl weiter.

Kuen: Wir konnten gestern nicht mehr funken, denn wir sind erst abends zum sechsten Hochlagerplatz hinaufgekommen. Dann mußte sofort das Zelt aufgestellt werden. Adi und ich versuchten den Weiterweg zu erkunden. Wir fanden eine Möglichkeit, günstig auf den Grat hinauszuqueren und haben dort ein Band gesehen, das sich für den weiteren Aufstieg gut eignet. Leider hatten wir dann eine katastrophale Nacht, eine Nacht, in der es fürchterlich geschneit und gestürmt hat und die unwahrscheinlich kalt war — unwahrscheinlich kalt! Jetzt sind wir bereits wieder in Lager 5, es schneit und ist immer noch sehr kalt, und ich glaube, wir haben wenig Chancen, den Gipfel noch zu erreichen. Das Wetter macht uns große Sorgen.

Anderl: Eine Frage: Habt ihr im Zelt in Lager 6 übernachtet?

Kuen: Ja, wir haben zu viert in dem kleinen Zelt in Lager 6 unter dem Felsspalt genächtigt. Wir haben genügend Sauerstoff gehabt. Wir hätten heute bei gutem Wetter ohne weiteres zum Gipfel aufsteigen können. Aber es hatte während der Nacht derart viel Schnee hergeweht, daß ein Aufstieg sehr lawinengefährlich gewesen wäre. Selbstverständlich ist die Besatzung von Lager 5 mit den Sherpa heute nicht aufgestiegen. Das Wetter ist einfach zu schlecht. — Außerdem möchte ich sagen, daß Schneider, Sager und Perner sich derart verausgabt haben, daß sie sofort absteigen müssen. Man kann von ihnen in diesem Zustand keinen Einsatz als Rückendeckung bei einem eventuellen Vorstoß erwarten. Abgesehen davon ist ein solcher im Moment auch nicht denkbar.

Anderl: Wir haben den Schluß deines Gesprächs sehr schlecht verstanden. Ich nehme an, daß du vielleicht deine Batterie in der Hosentasche zunächst aufwärmen solltest, bevor wir weitersprechen. — Felix, noch folgendes: Ich überlasse dir die Entscheidung über den weiteren Verlauf. Ich bin einverstanden, wenn du absteigst. In den nächsten zwei Tagen ist nach dem Wetterbericht keine Besserung zu erwarten, und wenn die anderen schon so angeschlagen sind, daß sie sowieso einige Tage zurück müssen, dann glaube ich schweren Herzens sagen zu müssen, daß wir unseren Besteigungsversuch aufgeben. —

212

Vielleicht kannst du noch kurz auf die Sprechtaste drücken, damit wir wissen, ob du uns verstanden hast. — Kommen!

Kuen: Ja, ich glaube euch verstanden zu haben.

Anderl: Nächstes Gespräch um 17 Uhr. Einverstanden? — Kommen!

Kuen: Ja, ich habe verstanden, nächstes Gespräch 17 Uhr.

Die Spitzengruppe steigt ab ins West-Becken. Um 17 Uhr wird dann das Gespräch von Lager 2 aus fortgesetzt:

Anderl: Hier Hauptlager, bitte kommen!

Kuen: Hier Lager 2. Wir sind gut zurückgekehrt, sind sehr niedergeschlagen, infolge der harten Nacht sehr müde und haben den letzten Abschnitt unseres Abstiegs nur unter Aufbietung aller Kräfte hinter uns gebracht. — Kommen!

Anderl: Habe verstanden. Habt ihr alles Wichtige von oben mitgebracht oder müssen Sherpa noch aufsteigen? — Bitte kommen!

Kuen: Wenn wir abbrechen, müssen morgen Lager 4 und Lager 3 geräumt werden. Vier Träger steigen ins Lager 4 hoch und ebenso viele ins Lager 3, um die wichtigsten Sachen herunterzuholen. Dann sind die beiden Wandlager geräumt.

Anderl: Sehr gut! Wir werden dann von Lager 2 aus alle Träger einsetzen, um die Lasten ins Lager 1 und ins Hauptlager herunterschaffen zu lassen. — Noch eine Frage, Felix: Welche Höhe habt ihr gestern erreicht?

Kuen: Nach meinem Höhenmesser haben wir gestern eine Höhe von 8350 m erreicht.

Anderl: Das ist fein, daß ihr so hoch gekommen seid!

Das Gespräch wird dann noch fortgesetzt, es handelt sich um den Abtransport der wichtigsten Ausrüstungsgegenstände — Grüße werden ausgetauscht, von oben nach unten und umgekehrt — und schließlich wünscht man sich noch eine gute Nacht.

Abgeschlagen

Wir kehren geschlagen — ohne Gipfelerfolg —, aber vollzählig in die Heimat zurück!

Hat sich keiner der für den Gipfelangriff qualifizierten Bergsteiger die letzten 100 m zur Spitze hinaufgekämpft, dann ist ein Unternehmen „erfolglos" gewesen. Man vergißt zu leicht, daß „gescheiterte" Expeditionen gleicherweise wie erfolgreiche die nämliche mühevolle Arbeit der Vorbereitung fordern und am Berg denselben persönlichen harten Einsatz von allen Teilnehmern verlangen, damit Lager für Lager in die Höhe getrieben werden kann. Der Begriff „gescheitert" ist nicht nur für alle Teilnehmer bedrückend, sondern hat auch seine Konsequenzen für den Expeditionsleiter. Die Werbeaufnahmen für Ausrüstung und Verpflegung verlieren an Wert, die Presse interessiert sich selbst für die faszinierendsten Fotos nicht mehr, und die Auswertung des Unternehmens sowie die damit verknüpfte Schuldenrückerstattung ist wesentlich erschwert.

Ich selbst habe es immer verworfen, von „gescheitert" zu sprechen, wenn eine Himalaya-Expedition zwar nicht bis zum Gipfel vorgestoßen ist, aber dennoch

Neuland betreten, Pionierarbeit geleistet, neue Erkenntnisse errungen und Erfahrungen gesammelt hat. „Gescheitert" sollte man nur sagen, wenn ein Unternehmen mitten im Aufbau zur Umkehr gezwungen wurde. Dieses Wort gilt aber bereits schon dann nicht mehr, wenn ein parallel-laufendes wissenschaftliches Programm durchgeführt oder ein besonders instruktiver Dokumentarstreifen gefilmt wurde.

Sieht man von den ideellen Werten ab, so bleibt immer noch das Erleben als solches, das jeder Teilnehmer später in der Heimat einem interessierten Publikum in Lichtbildervorträgen oder Filmvorführungen zu vermitteln vermag.

Faßt man all diese Gesichtspunkte zusammen, so wird auch eine als „erfolglos" abgestempelte Expedition sinnvoll und nützlich bleiben. Selbst die menschlichen Kontaktschwierigkeiten zwischen den Teilnehmern, die im Einsatz-Streß involvierten Spannungen und Aggressionen sind nicht nur als „unschön" ad acta zu legen. Sie gehören nun einmal zum Verlauf einer solch großen gemeinsamen Fahrt von Idealisten, Individualisten, Eigenbrötlern und — Egozentrikern. Nach zwanzigjähriger Expeditionstätigkeit betrachte ich heute ein solches Unternehmen nicht mehr so veridealisiert wie früher — wo ich noch an die Verbrüderung aller, die das gemeinsame Erlebnis hatten, glaubte — sondern sehe darin nicht mehr als eine Interessengemeinschaft auf Zeit. Dies alles sind Gründe, warum ich Meinungsverschiedenheiten in meinem Erlebnisbericht nicht unerwähnt gelassen habe. Damit verstehe ich allerdings nicht jene „nach" einer Expedition in der Heimat vom Zaune gebrochenen Streitigkeiten, die andere belasten, um sich selbst ins Rampenlicht zu bringen — mit dem Ziel, aus dieser manipulierten Publicity schließlich Kapital zu schlagen. Von diesen üblen Charakteren, die um kleiner finanzieller Vorteile willen Himalaya-Expeditionen in der Öffentlichkeit immer wieder mißkreditiert haben, ist hier nicht die Rede. Was ich hier meine, sind menschliche Unzulänglichkeiten, die am Berg selbst unter den extrem harten Lebensbedingungen auftreten. Die Spreu trennt sich vom Weizen, gute Charaktere können sich heraus-„mendeln" und erlangen Seltenheitswert. Sind diese Geschehnisse auch nicht gerade erfreulich, so glaube ich doch, daß sie einerseits eine nicht unwesentliche, wertvolle Erfahrung für künftige Unternehmungen werden können und andererseits zur Selbstkritik anregen.

Aus diesem Blickwinkel heraus möchte ich also ein „gescheitertes" Unternehmen nicht als sinnlos, zwecklos oder ergebnislos abtun. All diese Adjektiva lassen sich auf eine Himalaya-Expedition, die bereits in der Vorbereitung eine geballte Kraft voraussetzt, nicht anwenden.

Im übrigen bin ich der Meinung, daß auch das Häßlichste und Destruierendste letzten Endes einen „Sinn" hat — und sei er nur darin zu sehen, daß jede negative Kritik zur Wandlung und zum Aufbau anregt und für schöpferisches Denken und konstruktives Handeln die Impulse schafft. Somit ist in unserem Leben eigentlich nichts umsonst. Es gibt keinen Stillstand — „alles fließt" — alles befindet sich stets in Umgestaltung und Wiedergeburt, und was uns neu und wunderbar erscheint, ist letzten Endes doch nur das sichtbare Ergebnis der sich verändernden Materie — auch wenn sie durch Menschengehirn zur Umwandlung gezwungen wird.

Betrachtet man die Geschehnisse in dieser Überschau, dann ist auch eine Himalaya-Expedition niemals umsonst, zwecklos, verloren — auch nicht das scheinbar vergeblich Erarbeitete oder Erlittene. Eine vollbrachte Leistung wird sich immer in einem unauslöschlichen Erlebnis niederschlagen — ganz gleich, ob wir sie positiv oder negativ beurteilen — ob sie uns wünschenswert oder verdammungswürdig erscheint. Wichtig ist, daß sich Menschen finden, die sich für das scheinbar Sinnlose einsetzen. Entscheidend ist der Wille zur Tat!

Sie sagen Fairness und meinen Business

Der Expeditionsbericht eines Berufsbergsteigers muß interessant, außergewöhnlich, abenteuerlich sein — sonst kann er ihn nicht verkaufen. Der Leser will das faszinierend-prickelnde Geschehnis, vermischt mit alltäglich menschlichen Banalitäten, und mangelt es daran, dann müssen sie eben geschaffen werden! Auf diese Weise entsteht die Abenteurer-Story — das alpine Märchen mit dem realistischen „Background". Wer dabei war und die Erzählung eines solchen Schreibers beurteilen kann, kommt oft aus dem Staunen nicht heraus. Jetzt erst erfährt er, was alles auf der von ihm selbst erlebten Fahrt geschehen sein soll, wovon er nie etwas gesehen — was er ganz anders gehört — unter völlig anderen Bedingungen erlebt hat. Der phantasievolle Schreiber aber schiebt, dreht und knetet die Ereignisse wie Plastilin, und aus derselben Masse entsteht eine völlig veränderte Gestalt, die die wirklichen Erlebnisse nur noch da und dort vereinzelt erkennen läßt. So erinnere ich mich an das Buch von Hermann Buhl und seine Erzählung über die Nanga-Parbat-Erstbesteigung. Dort tauchen Dinge auf, die keiner der anderen Teilnehmer je erlebt, gesehen oder empfunden hatte. Ich habe diese wirklichkeitsfremde Schilderung seinerzeit nur überflogen — sie ekelte mich an —, aber Freunde haben sie genau gelesen, und das Buch ist voller Anmerkungen, Fragezeichen und roter Ausrufezeichen, die die Unwahrheiten, Verdrehungen und manipulierten Gehässigkeiten kennzeichnen.

Wer das Abenteuer in klingende Münze umwandeln will, muß anscheinend phantasievoll schildern oder interessant lügen.

Doug Scott, der dritte Brite in unserer Everest-Mannschaft, steht erst am Anfang seiner professionellen Bergsteigerlaufbahn. Bis vor kurzem war er noch Lehrer. Nun hat er seinen Beruf für einige Jahre an den Nagel gehängt, um als Expeditionsbergsteiger ins Geschäft zu kommen.

Wenn ich die in englischen Zeitschriften veröffentlichten Artikel mit den Tagebuchblättern unserer Expeditionsmitglieder vergleiche, so ergeben sich vielfach drastisch und völlig veränderte Perspektiven: Man kann dies auch als „dichterische Freiheit" bezeichnen. So war es mir auch neu, daß Don Whillans eine „Zelt-Plattform" zur Verwendung in der Everest-Südwest-Wand entwickelt haben soll. Ich weiß aber, daß weder Whillans noch ein anderer Europäer vor mir eine derartige Aluminiumplattform entworfen oder entwickelt hat. Die Japaner hatten die ersten Plattformen, und diese werden auch heute noch in der Wand verwendet. — Ich war der Meinung, daß man Lager 4 besonders stark ausbauen müsse, um dort neben der Mannschaft auch für eine Anzahl Sherpa Platz zu schaffen. Aus diesem Grunde habe ich Ingenieur Rudl Marek meine Vorstellungen zur Konstruktion einer Plattform unterbreitet. Diese wurde schließlich vom Aluminiumwerk in Singen in etwas abgeänderter Form hergestellt. Das sind die Tatsachen!

Doug Scott versteht von Medizin ebensowenig wie Reinhold Messner, aber beide maßten sich Urteile über meine ärztlichen Fähigkeiten an. Nach meiner Rückkunft ins Hauptlager hatte ich bei Breitenberger einwandfrei eine Lungenentzündung mit ausgedehnter Beteiligung des Rippenfells festgestellt. Meine Diagnose wurde später in Kathmandu durch ein Röntgenbild erhärtet. Scott aber wußte es besser: Breitenberger hatte ein Lungen-Oedem! Und bei Haim, dessen Bandapparat am Knie durch einen Felsbrocken verletzt wurde, spricht er gleich von einem „zerschmetterten" Knie — das erweckt allenfalls schreckliche Vorstellungen, die beim Leser aber gut ankommen.

Die Expedition war vier Wochen lang ohne Arzt, ohne medizinische Betreuung, wird behauptet! Zwischen meinem Fortgang vom Hauptlager und dem Eintreffen der beiden Ärzte der Wissenschaftler-Gruppe waren nur wenige Tage vergangen. Und nach dem die Wissenschaftler das Hauptlager verlassen hatten, verging kaum eine Woche, bis ich wieder dort eintraf. — Als ich schließlich die Expedition verlassen mußte, war die sanitäre Betreuung durch die Apothekerin Alice von Hobe und den ausgebildeten Sanitäter Werner Haim garantiert, und außerdem hatte sich der neuseeländische Arzt aus Khumde bereit erklärt, bei Notfällen sofort ins Hauptlager hochzusteigen.

Scott ist jedes Mittel recht, um seine Everest-Story zu würzen — diesmal soll die Behandlung von seiner Diarrhöe dramatisiert werden. Er bekommt Opium-Pillen und nimmt gleich alle sechs auf einmal, er ist groggy, schläfrig und ihm ist schwindlig, und die Apothekerin ist schuld daran! Ausgerechnet sie, die diese Pillen eigens für unsere Expedition gedreht hat und über Inhalt und Dosierungsvorschrift genauestens Bescheid weiß.

Die Opium-Pillen hatte er aus neununddreißig Päckchen mit Tuben, Pillen und Wässerchen ausgewählt. Alle diese Medikamente waren angeblich nur in deutscher Schrift etikettiert. Dennoch wählte Scott das „Opium" und nicht das „Rizinusöl"! Auf meinen Expeditionen bekommt jeder Teilnehmer einen Beutel mit Medizinen, auf denen die Verwendungsanleitungen in deutsch — während unserer Everest-Expedition extra für die Engländer auch in englischer Sprache — aufgeklebt ist.

Selbst unser wissenschaftliches Programm versucht Scott lächerlich zu machen, indem er ein Ergometer, das erstmals bei einer Everest-Expedition mitgeführt wurde, ironisch als Fahrrad bezeichnet. — Blutkontrollen und Elektrokardiogramme sind für ihn „Zeitvertreib", und daher schlossen sich die Engländer von vornherein von diesen Untersuchungen aus. Lieber lungerten sie faul in ihren Zelten herum und probierten zum x-ten Male ihre Ausrüstung. Im übrigen empfand ich die Ablehnung solcher Tests als Desinteresse an den allgemeinen Expeditionsaufgaben und daher als ausgesprochen unkameradschaftlich.

Scott hat es nie mitbekommen, daß unser Hauptlagerverwalter Professor Hüttl nicht wegen „Höhenschwierigkeiten" (und dies in 3440 m!) in Namche Bazar umkehren mußte, sondern weil er an einer Nierensteinkolik litt.

Schließlich — um das bunte Bild medizinischer Unkenntnis abzurunden — hatte Hans Berger keine Gallensteine in seiner Harnblase und Peter Bednar litt während des Anmarschs, wie auch andere Teilnehmer, an einer Grippe und nicht an der „fälschlich verabreichten Cholera-Injektion", die ich ihm vier Wochen früher gespritzt hatte. —

Auch bei der Schilderung seiner bergsteigerischen Leistungen nimmt es Scott nicht so genau. So gibt er vor, Lager 1 über dem Eisfall errichtet zu haben. Dazu folgende Vorgeschichte: Nach meinem eindringlichen Gespräch mit den Engländern im Hauptlager, besonders mit Scott, der mir aufgrund seiner Jugend und seiner kräftigen Statur geeignet erschien, sich endlich an der harten Versicherungsarbeit im Eisbruch zu beteiligen — entschloß er sich schließlich doch anderntags mit Horst Schneider aufzusteigen. Da bereits bis kurz vor Lager 1 die Trasse versichert war, handelte es sich lediglich darum, noch den Platz für das künftige Lager 1 auszukundschaften und festzulegen; und dies geschah durch Horst Schneider! Eineinhalb Stunden nach Schneider traf Scott an dieser Stelle ein — er konnte nur unter medikamentöser Hilfe von Cardiazol den Aufstieg zum Lagerplatz 1 in 6000 m Höhe schaffen. So war es wirklich!

Die Engländer sprechen davon, daß kostbare Zeit an der Spitze durch „die großen Vier" verschwendet wurde. Im Widerspruch dazu erklärt er, daß die Tiroler, die allein den Khumbu-Bruch gangbar gemacht haben, auch sehr schnell Lager 3 und auch das Lager 4 erreichten. Dessen ungeachtet kritisiert er die „langen Erholungszeiten", die dazwischen lagen. Es waren dies ganze drei Tage" Kuen und Huber brachten am 26. April eine Plattform nach Lager 4 — nächtigten in Lager 3 und stiegen am 27. April erholungsbedürftig ins Lager 2 ab. Nach zweitägiger Pause brachten sie abermals Lasten nach Lager 3 hoch. Dann verunglückte Werner Haim, und die Spitzengruppe blieb im Lager 2, um sich zwischen dem 4. und 6. Mai im Hauptlager für den Gipfelsturm zu kräftigen. Ich frage mich, ist diese Kritik der Engländer an der Spitzengruppe gerechtfertigt, wenn man andererseits in Betracht zieht, daß sie selbst „zehn Tage lang in Lager 4" gelegen haben, ohne Wesentlicheres zu leisten, als sich selbst zu erhalten und dabei viel Sauerstoff zu verbrauchen? Auch das Wetter war seinerzeit nicht so, daß man sich nur ins Zelt hätte legen müssen. Über das aber, was sie effektiv zum Aufbau der Lager und in der Seilversicherung der Südwest-Wand geleistet haben, besteht absolute Klarheit. Ich habe mir eine Liste angefertigt, in der jede Bewegung und Tätigkeit der einzelnen Expeditionsmitglieder in der Wand festgehalten ist. Da zeigt sich, daß die Briten zusammen mit Schneider einige Plattformen in Lager 4 aufgestellt haben, daß sie eine Stunde lang beim Auspickeln eines Zeltplatzes in Lager 3 geholfen und daß sie in der 2300 m hohen Flanke etwa hundert Meter Seil fixiert haben. Diese Arbeitsleistung fällt in die Zeit zwischen dem 27. März und 17. Mai, das sind sieben Wochen am Berg! Dabei möchte ich die Arbeit von McInnes ausschließen, denn ich glaube, er hat wirklich jede Möglichkeit zum Filmen genutzt — aber schließlich auch für tausend Mark pro Woche! --

„Ich habe nie gesagt: Ihr Engländer seid in Schwierigkeiten, ihr müßt ins Lager 3 hinunter, oder Kuen wird herabsteigen von Lager 5, die Sherpa zurückrufen und die Expedition beenden", erklärt Horst Schneider. — „Nach meiner Ankunft im Lager 4 sagte ich vielmehr zu Whillans: Ihr könnt morgen nicht zum Lager 5 gehen und dort bleiben, da sich oben zu wenig Sauerstoff befindet. Eine Versorgung von fünf Mann durch Sager und mich allein ist unmöglich. Solltet ihr die Weisung von Kuen nicht befolgen, werden die Österreicher absteigen!" — Also kein Wort davon, daß Kuen damals bereits die Expedition beenden wollte! —

Auch die finanziellen Abmachungen zwischen dem Institut und den englischen Teilnehmern werden von Scott nach freiem Ermessen zugunsten der Engländer ausgelegt. Es würde zu weit führen, hier im einzelnen darauf einzugehen. Meine Schreiben an Scott vom 24. Juni bzw. 1. Juli 1972 bringen in diese Angelegenheit am ehesten etwas Licht:

> „Ich habe mit McInnes im April telefonisch vereinbart, daß ich bereit bin, die Hälfte der englischen Sauerstoffgerätschaften zu bezahlen (inklusive Masken und Regulatoren!), die andere Hälfte sollte Don als Beitrag zur Expedition leisten. Im Hauptlager sprach McInnes noch einmal wegen des finanziellen Beitrages von Whillans mit mir, und ich erklärte mich daraufhin entgegenkommenderweise bereit, auch noch die restlichen (vereinbarungs- gemäß allerdings von Don Whillans zu zahlenden) 350 £ zu übernehmen für die englische Sauerstoffausrüstung.
> Im April war weiterhin vereinbart, daß Ihr selbst Eure Flugkosten übernehmt. Im übrigen kann ich Dir sagen, daß Ihr nur 230 £ pro Flug bezahlt habt, das sind etwa rund 2000 DM, wogegen ich 3000 DM pro Teilnehmer aufbringen mußte. —
> Noch etwas: Ich habe heute von Michl Anderl und Sepp Maag erfahren, daß Du in Kathmandu die Herausgabe der grünen Zelte (mit anderen Worten: einen Teil Deines Expeditions-Teilnehmerbeitrages!) verlangt hast. Ich war darüber sehr empört, denn dies kommt meines Erachtens einer betrügerischen Handlung gleich: Du hast dadurch der Expedition durch Irreführung und in Ausnutzung der Unkenntnis des stellvertretenden Expeditionsleiters die Zelte herausgelockt, die rechtmäßig der Expedition gehören und ein Teil Deines Expeditions-Teilnehmerbeitrages sind. Ich bitte Dich in aller Form und Eindring- lichkeit, die auf diese Weise Dir angeeigneten Zelte an das Institut umgehend zurückzu- leiten."

Die Zeitungsberichte von Doug Scott sind ein Musterbeispiel jener märchen- haften Berichterstattung, die ich bereits eingangs gegeißelt habe, wo Dinge in Geschehnisse hineinprojiziert werden, die nie passiert sind. Das ist übler Journa- lismus, der von einem angehenden Berufsbergsteiger praktiziert wird, um sich ins Gespräch und somit ins Geschäft zu bringen.

Das Tagebuch der ersten europäischen Mount-Everest-Expedition 1972
von Alice von Hobe

26. Februar: Adi Weißensteiner fliegt von Luxemburg aus mit 12 Tonnen Expeditionsgepäck nach Kalkutta. Der Weitertransport von Indien nach Nepal geschieht per Lastwagen.

29. Februar: Breitenberger, Haim, Sager und Schneider fliegen von Frankfurt aus nach Kathmandu.

2. März: Ankunft der Vorhut in Kathmandu.

4. März: Weißensteiner trifft mit dem ganzen Gepäck in Kathmandu ein.

8. März: Weißensteiner und der Begleitoffizier Pande fliegen zusammen zur Zollabfertigung an die indisch-nepalesische Grenze zurück.
Haim, Sager und Schneider kaufen Sherpa-Verpflegung ein.

9. März: Bednar, Berger, Huber, Hüttl, Kuen, Maag und Perner treffen in Kathmandu ein. Der Lastwagen kommt mit dem Gepäck von der indisch-nepalesischen Grenze in Kathmandu an.

12. März: Kuen, Breitenberger, Haim, Sager und Schneider fliegen mit 1500 Kilo Gepäck nach Lukla.

13. März: Weitere drei Flüge mit Pilatus Porter bringen Gepäck nach Lukla (3000 m).

14. März: Der Expeditionsleiter Herrligkoffer fliegt zusammen mit Anderl, dem stellvertretenden Expeditionsleiter, und der Apothekerin Alice von Hobe von München nach Kathmandu.

15. März: Lukla: Der Vortrupp — Kuen, Breitenberger, Haim, Huber, Hüttl, Sager, Schneider, zehn Sherpa und 200 Lastenträger — steigt in sieben Tagen zum Hauptlagerplatz empor.

16. März: Vortrupp erreicht Namche Bazar (3440 m).
Das Gros der Expedition trifft in Kathmandu ein.
Abends Besprechung bei Miss E. Hawley über Postbeförderung, Pressenachrichten und Radio-Wetterbericht.

17. März: Hüttl bekommt kurz vor Tengpoche eine Nierenkolik und geht nach Khumde, um sich vom dortigen neuseeländischen Arzt behandeln zu lassen.
Anderl, Berger, Perner und Maag sowie die drei Engländer fliegen mit Gepäck und 20 Sherpa nach Lukla.

18. März: Vortrupp erreicht Pheriche (4243 m). Das Gros der Expedition sammelt sich in Lukla.

19. März: Vortrupp erreicht Lobuche (4930 m). Das Gros der Expedition — Herrligkoffer, Anderl, Alice von Hobe, Bednar, Berger, Maag, Perner und die drei Engländer Whillans, McInnes und Scott — verläßt zusammen mit 20 Sherpa und rund 300 Kulis Lukla.
Ein Südtiroler Tourist überbringt dem Expeditionsleiter bei Ghat die Nachricht von der Erkrankung Hüttls.

20. März: Das Gros trifft in Namche Bazar auf den stark geschwächten Kameraden Hüttl, der sich von Khumde aus hinab ins Hospital Namche Bazar begeben hat. — Das Anmarsch-Lager der Expedition befindet sich 100 Meter über dem Dorf.

21. März: Um abzuwarten, ob Hüttl sich bis zum übernächsten Tag so weit erholt, daß er doch mit zum Hauptlager aufsteigen kann, bleibt die Expedition — mit Ausnahme der Engländer, die am nächsten Tag nach Tengpoche weiterziehen — noch in Namche Bazar.
Bei Hüttl keine Besserung, er steigt daher trotz starker Schmerzen über Ghat nach Lukla ab.
Vortrupp erreicht den Hauptlagerplatz in 5450 m Höhe am Knie des Khumbu-Gletschers.

22. März: Dürftiger Aufbau des Hauptlagers durch die Vorhut.
Das Gros der Expedition erreicht das Kloster Tengpoche (3867 m).
Sirdar Dorje kommt vom Hauptlager herab und übernimmt die Führung des Lastentransports.

23. März: Die Hauptgruppe der Expedition marschiert von Tengpoche nach Pheriche.
Die Vorhut beginnt die Arbeit im Khumbu-Eisbruch. — 800 m Seil werden fixiert und

verankert. Dabei wird erstmals die Höhe von 5630 m erreicht, ein Lagerplatz früherer Expeditionen.

25. März: Das Gros der Expedition erreicht Gorak Shep (5160 m).
Anderl und Bednar steigen noch am selben Abend ins Hauptlager hoch.

26. März: Die Expedition erreicht nach sechstägigem Marsch und eintägiger Rast in Namche Bazar das Hauptlager. Noch am selben Tag wird ein Teil der Ausrüstung an die Sherpa verteilt.

27. März: Der Khumbu-Eisbruch wird bis auf 6000 m Höhe versichert.
Ausgabe weiterer Trägerausrüstung.

28. März: Zweistündiger Streik der Sherpa ihrer Ausrüstung wegen. — Ein Koch und ein Küchenjunge werden entlassen.
Herrligkoffer entschließt sich zum Rückflug nach München, um die beim Vortrupp während des Anmarschs gestohlene Ausrüstung und Verpflegung neu zu beschaffen.

29. März: Als Ausdruck ihres „Unmuts" über die mangelhafte Ausrüstung weigern sich die Sherpa, Lasten durch den Eisbruch nach oben zu tragen. Dabei haben sie selbst die großen Lücken in die Ausrüstung gerissen!

30. März: Im oberen Teil des Eisbruchs hat eine Lawine die Aufstiegs-Trasse zerstört. Perner und Weißensteiner suchen einen neuen Pfad und verkürzen sogar die Wegstrecke.

2. April: Schneider und Scott erkunden einen Platz für Hochlager 1 in 6000 m Höhe.

3. April: Perner führt zehn Sherpa durch den Bruch zu Lager 1 hinauf.

4. April: 21 Sherpa schleppen 18-Kilo-Lasten durch den Khumbu-Eisbruch zum Lager 1 hinauf. Kuen, Haim, Huber und Breitenberger besetzen Lager 1 und bauen es aus.

5. April: Herrligkoffer fliegt nach München zurück, um Ausrüstung und Verpflegung zu beschaffen und umgehend ins Hauptlager transportieren zu lassen.

6. April: Kuen, Haim, Breitenberger und Huber errichten ein vorläufiges Lager 2 in 6400 m Höhe auf dem West-Becken und kehren dann wieder ins Lager 1 zurück.

Die Wissenschaftlergruppe — Dr. Zeitz, Dr. Fach und U. Mehler — trifft in Nepal ein.

7. April: Maag und Weißensteiner sichern 20 Sherpa durch den Bruch.
Perner, Sager und Schneider übersiedeln ins Lager 1.
Anderl und die drei Frankfurter Wissenschaftler fliegen von Kathmandu nach Lukla.

8. April: Verlegung von Lager 2 auf einen 50 m höher gelegenen Platz. Die endgültige Höhe dieses Stützpunktes ist 6450 m. Das Lager wird ausgebaut.

9. April: Lager 2 wird von Kuen, Haim und Huber erstmals besetzt. Orkanartiger Sturm zerstört in der Nacht zum 10. April beide Zelte in Lager 2.

10. April: Abstieg der Spitzengruppe ins Lager 1 — McInnes und Scott siedeln vom Hauptlager ins Lager 1 über.

11. April: Berger steigt ins Lager 1 hoch.
Perner, Sager und Schneider tragen Lasten ins Lager 2 hinauf.

12. April: Sechs Sherpa übersiedeln ins Lager 1.

13. April: Vier Sahibs und sechs Sherpa übersiedeln ins neu errichtete Lager 2.

15. April: Kuen und Haim versichern mit 400 m Seil den Weg zum Lager 3 über eine 45° steile Eiswand. Es fehlen bis zum vorgesehenen Lagerplatz 3 noch 50 Höhenmeter.

16. April: Huber und Breitenberger sichern die letzten 50 m bis zum Lager 3 (6900 m) und steigen anschließend wieder ins Lager 2 zurück.
Anderl und Maag planieren im Hauptlager einen Hubschrauber-Landeplatz.

17. April: Berger, Perner, Sager und Schneider übersiedeln ins Lager 2.
Australische Touristinnen bringen die Nachricht von der Erkrankung des Ersten Legationsrats Vitt. — Dr. Zeitz, Udo Mehler und zwei Sherpa eilen mit Sauerstoff und Medikamenten nach Gorak Shep hinab. Kurier mit Anforderung eines Hubschraubers geht sofort nach Namche Bazar weiter.

18. April: Aus Gorak Shep kommt dringende Anforderung weiterer Medikamente.

Anderl, Maag und Weißensteiner steigen ins Lager 1 auf.

Lager 3 wird ausgebaut.

19. April: Erster großer Lastentransport von Lager 2 nach Lager 3.

Engländer siedeln ins Lager 2 über.

Gegen Mittag neue Anforderung aus Gorak Shep und Sherpa-Hilfe für den Abtransport des lebensgefährlich Erkrankten erbeten.

Dr. Fach, Anderl, Maag, der Begleitoffizier und der Sirdar eilen mit sechs Sherpa nach Gorak Shep hinab. Transport des Schwerkranken nach Lobuche. Dr. Zeitz, Mehler, Anderl und Maag kehren abends zusammen mit Kameramann J. Gorter, der aus Deutschland eintraf, ins Hauptlager zurück.

20. April: Erbetener Hubschrauber fliegt das Hauptlager an und nimmt Anderl als Ortskundigen mit. In Lobuche wird der Patient an Bord genommen. Auf dem Flugfeld in Kathmandu trifft Herrligkoffer, der gerade aus Deutschland zurückkommt, mit dem Hubschrauber zusammen.

21. April: Kuen, Haim, Huber und Breitenberger übersiedeln ins Lager 3.

Beim Auspickeln einer weiteren Plattform zum Aufstellen eines Zeltes stößt Huber auf alte Gaskartuschen, die explodieren. Das aufkommende Feuer kann Huber gerade noch rechtzeitig löschen.

22. April: Großversuchstag der Frankfurter Wissenschaftler-Gruppe.

23. April: Von Lager 3 aus werden 500 m Reepschnur an die Felsen fixiert, die zum Lagerplatz 4 (7400 m) hinaufführen. Lager 4 bleibt noch unbesetzt.

Die Wissenschaftler verlassen die Expedition.

24. April: Maag läuft in Rekordzeit an einem Tag vom Hauptlager zum Lager 2 und zurück.

25. April: Schlechtes Wetter vereitelt den geplanten Aufstieg ins Lager 4.

26. April: Breitenberger fühlt sich elend und steigt ins Lager 2 ab.

27. April: Kuen, Haim und Huber steigen nach harter Arbeit in der Südwest-Wand zur Erholung wieder ins Lager 2 ab.

Gorter, Anderl und Alice von Hobe steigen zum Kala Pattar (5545 m) hoch, um dort Werbeaufnahmen zu machen.

28. April: Schneider und zwei Engländer stellen in Lager 4 eine Whillans-Box auf.

29. April: Leo Breitenberger kommt ins Hauptlager herab.

30. April: Herrligkoffer erreicht mit Hubschrauber das Hauptlager, Saleki setzt sich ohne Aufforderung, kommentarlos in den Hubschrauber. Herrligkoffer wird von ihm getäuscht, er glaubt, Saleki sei der an Lungenentzündung Erkrankte.

Weißensteiner siedelt ins Lager 2 über, die Engländer steigen zum Lager 4 auf. Dort wird eine weitere Whillans-Box aufgestellt. Haim wird im Aufstieg durch die Wand kurz vor Lager 3 von einem herabfallenden Stein am Knie schwer getroffen und ist gehunfähig.

Leo Breitenbergers Zustand hat sich wesentlich gebessert. Trotzdem will er auf eigene Kosten nach Kathmandu geflogen werden.

Ausgabe der vom Expeditionsleiter aus München herbeigeschafften Ausrüstung und Daunenbekleidung, die sich im Augenblick aber noch auf dem Weg von Lukla ins Hauptlager befindet. Erst nach Hinterlegung von 1000 Rupees pro Sherpa beim Sirdar sind die Träger bereit, ihre Arbeit vorläufig fortzusetzen. Pande, der Verbindungspolizist, setzt sich für zehn Tage nach Namche Bazar ab und bestellt für Breitenberger einen Hubschrauber.

2. Mai: Haim wird auf einem Teil der Alu-Plattform, die für Lager 4 bestimmt ist, von Lager 2 ins Lager 1 transportiert.

Kuen kehrt zur Lagebesprechung ins Hauptlager zurück. Er besteht umgehend auf erhöhten Einsatz der Sherpa in der Wand.

3. Mai: Haim wird unter äußersten Schwierigkeiten, teilweise bei Schneetreiben, durch den gefährlichen Eisfall ins Hauptlager transportiert. Berger, Huber, Perner und Schneider folgen nach.

4. Mai: Abflug der Kranken — Breitenberger, Haim — und Herrligkoffer, der überraschend in der Nacht zum 4. Mai an einem Lungenödem erkrankt.

5. Mai: Maag und Gorten steigen mit zehn Sherpa vom Hauptlager ins Lager 1 hoch, wo die Sahibs bleiben.

Anderl rüstet die Sherpa endgültig komplett aus.

6. Mai: Engländer siedeln von Lager 3 ins Lager 4 über.

7. Mai: Kuen, Berger, Huber und Schneider steigen nach dreitägiger Erholungspause wieder ins Lager 2 auf. Berger muß aber mit einer Nierenkolik umgehend ins Hauptlager zurück.

8. Mai: Neuschnee im Hauptlager.
Scott und McInnes steigen zum Lager 5 (7900 m) auf.

9. Mai: Kuen und Huber übersiedeln mit fünf Sherpa ins Lager 3 und finden die Zelte in einem unvorstellbaren unsauberen Zustand vor.

10. Mai: Kuen und Huber siedeln ins Lager 4 über. Dort verweigern die Engländer dem bergsteigerischen Leiter Kuen den Gehorsam und steigen nicht zum Lager 3 ab, obwohl dieses Lager leer ist und sie in Lager 4 bereits Sauerstoff verbrauchen.
Sager und Schneider übernehmen daraufhin Lager 3.
Anderl siedelt nach langem, unfreiwilligem Aufenthalt vom Hauptlager ins Lager 1 über.
Haim kehrt per Hubschrauber mit bandagiertem Bein aus Kathmandu zurück und übernimmt das Kommando im Hauptlager.

11. Mai: Kuen und Huber gehen das erstemal mit Sauerstoff zum Lager 5 hoch.
Sager und Schneider übernehmen Lager 4, Perner Lager 3, Anderl und Maag Lager 2, Bednar Lager 1.
Alice von Hobe führt medizinische Tests in Lager 2 durch.

12. Mai: Sager und Schneider tragen Sauerstoff-Flaschen ins Lager 5.
Zwei Engländer, die in Lager 4 liegen, werden schneeblind.
Eine Lawine aus der Nuptse-Nordost-Wand erweitert die Querspalte im West-Becken und schleudert den Leiternsteg in die Tiefe.

13. Mai: Verbindung zwischen Lager 1 und Lager 2 wird neu hergestellt.
Anderl siedelt ins Lager 2 über.
Die Trasse vom Lager 5 zum sechsten Hochlager (8200 m) wird unter starker Steinschlaggefahr versichert.
Entgegen jeglicher Vereinbarung steigen zwei Engländer ins Lager 5 auf.

14. Mai: Das Wetter verschlechtert sich. Die drei Engländer fordern eine Spitzengruppe, die aus ihnen und den beiden Österreichern Kuen und Huber bestehen soll. Dies lehnt Kuen ab.
Gorter kehrt mit Halsschmerzen ins Hauptlager zurück.

15. Mai: Die Spitzengruppe verbringt eine kalte Nacht in Lager 5. Schneetreiben und Sturm zwingen sie zum Abstieg ins Lager 2. Die Engländer steigen ebenfalls von Lager 4 zum Lager 2 ab.

16. Mai: Berger und Gorter steigen wieder ins Hochlager 1 auf.

17. Mai: Großeinsatz in der Wand. 18 Sherpa schaffen Ausrüstung und Verpflegung nach den Lagern 4 und 5 hoch. Im fünften Hochlager befinden sich bereits 20 Sauerstoff-Flaschen. Anderl kehrt ins Hauptlager zurück, um den Abmarsch vorzubereiten.
Don Whillans steigt ebenfalls ins Hauptlager ab.

18. Mai: Kuen, Berger und Huber steigen ins Lager 4 auf. Scott und McInnes folgen Don Whillans ins Hauptlager. Die Engländer aber sind zu keinem Kompromiß bereit und brechen für sich die Expedition ab. Ungeachtet der Tatsache, daß Whillans nicht bei bester Kondition ist, sind sie mit dem vorgeplanten Vorschlag, daß zwei Engländer und zwei Österreicher für den Gipfelvorstoß eingesetzt werden sollten, nicht einverstanden.

19. Mai: Das fünfte Hochlager (7900 m) wird von Kuen, Huber, Perner, Sager und Schneider besetzt. Alle schlafen ab jetzt mit Sauerstoff.

20. Mai: Gegen 12 Uhr steigen bei klarem Wetter Kuen, Huber, Perner, Sager und Schneider zusammen mit zwei Sherpa zum Lager 6 auf. Während Sager und Schneider das Zelt in einer Felsspalte aufstellen, erkunden Kuen und Huber den weiteren Aufstieg und erreichen dabei eine Höhe von 8350 Metern. Ein günstiges Band führt in Richtung Südgipfel weiter.
Perner steigt mit den Sherpa ins Lager 5 ab.
Nun folgt die kälteste Nacht im Lager 6, man mißt −40°C und erfährt über den

Wetterdienst, daß ein Sturm von 100 Stundenkilometern herrscht.
Abzug der Engländer aus dem Hauptlager.

21. Mai: Die Nacht ist überstanden, die Spitzengruppe ist total erschöpft und steigt bei Schneetreiben ins Lager 5 ab. Im Funkgespräch um 12 Uhr zwischen dem bergsteigerischen Leiter Felix Kuen und dem stellvertretenden Expeditionsleiter Michl Anderl fällt die endgültige Entscheidung, die da heißt: Abbruch der Expedition und Räumung der Hochlager.
Daraufhin steigt die Spitzengruppe direkt ins Lager 2 ab.

22. Mai: Räumung von Lager 4 und Lager 3.

23. Mai: Kuen, Berger, Huber, Sager, Schneider und Gorter steigen ins Hauptlager ab. Trotz Enttäuschung besteht Dankbarkeit gegenüber dem Geschick, daß die Expedition ohne Verluste in die Heimat zurückkehren kann.
Im Hauptlager treffen die ersten Kulis für den Rücktransport der Lasten ein.

24. Mai: Großes Packen. — Abtransport der ersten Lasten nach Lukla.

25. Mai: Kuen, Haim, Huber, Sager und Schneider verlassen das Hauptlager.

26. Mai: Abmarsch der übrigen Mannschaft vom Hauptlager nach Lukla.
Perner begleitet die letzte Trägerkolonne.

27. Mai: Die Vorhut fliegt von Lukla nach Kathmandu.

28. Mai: Drei weitere Chartermaschinen mit Sahibs und Gepäck fliegen von Lukla nach Kathmandu.

29. Mai: Pressekonferenz zur Richtigstellung der britischen Falschmeldungen über den Verlauf der Endphase der Expedition.

30. Mai: Letzte Lasten kommen aus Lukla.

31. Mai: Abflug der ersten Gruppe: Anderl, Kuen, Alice von Hobe in die Heimat.

1. Juni: Ankunft in München-Riem.

1972: Zweiundzwanzigste — neunte britische — Mount-Everest-Expedition (Nach-Monsun)

Nachdem uns, der ersten europäischen Mount-Everest-Expedition, der gewünschte Aufstieg bis zum Gipfel nicht geglückt war, bemühten sich in England die Mount Everest Foundation, The British Mountaineering Council, ITN-Fernsehen, Buchverlage aus England und Amerika, die Londoner Presse, allen voran der „Observer", die erforderlichen 60 000 £ für die neunte britische Mount-Everest-Expedition aufzubringen. Die Vorbereitungen wurden in aller Eile durchgeführt, man wollte noch in der Nach-Monsunzeit das frei gewordene Permit der Italiener, das Bonington zur Verfügung stand, für einen Angriff nutzen. Man rechnete wohl damit, daß im Eisfall noch eine Anzahl unserer Leitern verwendbar wären, wodurch der Aufstieg ins West-Becken schneller geschafft werden konnte — und man hoffte vor allem, daß die fixen Seile, die von uns in der Südwest-Wand angebracht wurden, noch zu gebrauchen wären und einen sicheren Aufstieg bis hinauf ins Lager 6 auf 8200 m Höhe garantierten.
Doug Scott, der an meiner Expedition in der Vor-Monsunzeit 1972 teilgenommen hatte, erkundigte sich bei meinen Kameraden nach der Anzahl der gefüllten Sauerstoff-Flaschen, die sich noch in den Wandlagern befanden. In Lager 5 allein war es die stattliche Anzahl von zwanzig vollen Flaschen. All diese Vorteile, die einen raschen Aufstieg erwarten ließen, wollten sich die Engländer zunutze

machen, um im raschen Zugriff die Südwest-Wand auf der bekannten Route zu bezwingen. Man träumte bereits von dem ersten Engländer, der am Gipfel steht, von der ersten Mannschaft, die die Südwest-Wand bezwingt, und dem ersten Team, dem es gelingt, während der Nach-Monsunzeit einen Erfolg am Everest zu erzielen. Mit dieser Hoffnung flogen die elf britischen Bergsteiger unter der Leitung von Chris Bonington am 23. August 1972 nach Nepal.

Die Teilnehmer der elfköpfigen Mannschaft waren: Graham Tiso — Mike Burke — dessen Frau, Mrs. Burke — Nick Estcourt — Dougal Haston — Doug Scott — Hamish McInnes (die beiden letzteren waren bereits wenige Monate vorher auf meiner Expedition bis ins Lager 5 vorgedrungen) — Dave Bathgate — Major Kelvin Kent — der Expeditionsarzt Dr. Barney Rosedale. Der Expeditionsleiter erklärte nach der Ankunft in Kathmandu, daß er sechs Männer aus seinen Reihen als mögliche Gipfelbesteiger vorsehe und zwar Dougal Haston, Hamish McInnes, Doug Scott, Mike Burke, Nick Estcourt und Dave Bathgate. Die letzten drei waren zum erstenmal am Everest.

Bonington sagte noch beim Abflug in London: „Wir fürchten uns vor nichts, und wir haben eine reelle Chance auf Erfolg." Es war ihm bewußt, daß die größten Schwierigkeiten in den letzten 600 m vor dem Gipfel liegen, daß man aber versuchen werde, den Gipfel so schnell wie möglich zu erreichen. Als spätester Termin wurde der 26. November genannt.

Von Kathmandu aus fuhr die Expedition mit ihrem Gepäck zunächst die Chinastraße hoch und wanderte schließlich in einem dreiwöchigen Anmarsch ins Hauptlager hinauf. Die Kuli-Karawane bestand aus vierhundert Trägern, die von vierzig Sherpa begleitet wurden.

Vom Hauptlager aus wurde dann berichtet: „Nach einer Woche besten Wetters, in der wir die Route durch den Eisfall legten und das Lager 1 am Anfang des West-Beckens in einer Höhe von rund 6050 m einrichteten, schien der Monsun zurückgekehrt zu sein. Nick Estcourt und Dave Bathgate sind jetzt mit vier Sherpa im Lager 1 und von der Verbindung zum Hauptlager abgeschlossen, aber ausreichend verpflegt, daß sie den Sturm abwarten können."

Der Eisfall wurde von Bathgate und Scott präpariert. Es hat insgesamt fünf Tage gedauert, um das erste Bollwerk des Everest zu nehmen. Für die letzten sechzig Höhenmeter durch den wilden, zerklüfteten Bruch dagegen benötigten sie ganze drei Tage! Das erste Hochlager lag auf einem Gletscher-Plateau wie eine Insel aus Eis, inmitten der Gletscherspalten. Da erinnerte sich McInnes daran, daß während unserer Frühjahrs-Expedition nahe Lager 1 sich plötzlich eine Spalte öffnete und zwar gerade dort, wo ein Teilnehmer der Expedition sich zur Rast niedergelassen hatte; er rutschte auf einem Eisblock einige Meter tief in eine Spalte hinab — kam aber unverletzt, mit dem Schrecken davon.

Im Laufe der ersten Wochen konnte die Expedition rund 56 Lasten zu achtzehn Kilo ins Lager 1 hinaufschaffen. Die relativ große Zahl an Sherpa machte sich günstig bemerkbar. Am 24. September sollte ein weiterer Lastentransport nach oben laufen. Zur selben Zeit wollten Hamish McInnes, Haston und Mike Burke den oberen Teil der Eisfall-Route ändern, um einige gefährliche Punkte auszuschalten. Als sie aufbrachen, fing es gerade an zu schneien. McInnes berichtet darüber: „Ich hatte meine Zweifel aufzubrechen, aber wenn wir nicht losgegangen wären, wäre ebenfalls keiner der Lastenträger nach oben marschiert." —

Noch während des Aufstiegs hörten sie das Donnern zusammenstürzender Séracs. An Ort und Stelle sahen sie, daß einer der Eistürme auf eine Aluminiumleiter gefallen war und sie in einem Winkel von fünfundvierzig Grad gebogen hatte. Bei diesen Verhältnissen entschied schließlich McInnes, die Sherpa nicht durch den Bruch ins Lager 1 gehen zu lassen. Das Wetter war einfach zu warm, und man glaubte, daß dieses den raschen Zerfall der Eistürme verursachen würde.

„Wir sind unserem Zeitplan immer noch etwas voraus und können es uns leisten, einen oder zwei Stürme abzuwarten", sagte Bonington. „Sobald das Wetter aber aufklart, werden Estcourt und Bathgate eine Route ins West-Becken zum Lagerplatz 2 erkunden und es einrichten. Dann soll der Angriff auf die Wand gestartet werden."

Ende September hatte ein schwerer Schneefall in einer Nacht fast einen Meter Neuschnee auf das Zelt von Estcourt und Bathgate in Lager 1 geworfen „Das Zelt ist ein herrliches Leinwand-Gebäude, bestehend aus zwei kleinen Schlafräumen mit Plastikfenstern und durch Reißverschlüsse verschließbaren Eingängen", schrieb Bonington aus dem Hauptlager. „. . . es schien herrlich, bis der Sturm kam. Dave und Nick standen um Mitternacht auf, um den Schnee wegzuschaufeln, der sehr schnell das Zelt eindrückte, und legten sich dann wieder in ihre Schlafsäcke. Sie vertrauten darauf, daß es gar nicht möglich sei, daß vor Tagesanbruch so viel Schnee fallen könne, daß das Zelt beschädigt würde. Sie wachten ungefähr um 4 Uhr auf und entdeckten, daß das Zeltdach nur mehr 10 cm von ihren Gesichtern entfernt war. Sie krochen zu einem der Reißverschlußfenster hinaus und entkamen. Den Rest der Nacht verbrachten sie damit, die Ruinen ihres Zeltes und das der Sherpa auszugraben und ein neues aufzustellen. Zu dieser Zeit betrug die Temperatur minus 10 Grad."

Nachdem er die Südwest-Wand inspiziert hatte, berichtete Hamish McInnes, „daß sich dort beträchtlich mehr Schnee befände als im Frühjahr". Alle fixen Seile lagen unter einer dichten Schneedecke und sogar die Plattformen in Lager 4 waren im Schnee begraben.

Am 1. Oktober wurde Lager 2 in 6450 m Höhe errichtet. Auch bei diesem Unternehmen wurde dieses Lager zum vorgeschobenen Hauptlager ausgebaut. Das Wetter war in der Nach-Monsunzeit sehr gut, und man hoffte bereits in der ersten Oktoberwoche das erste Wandlager in 6900 m Höhe errichten zu können. Es war Mitte Oktober, als dann Burke und Scott die Zelte von Lager 3 im Schutze der gelben Felsen aufstellen konnten.

Um mit den Sherpa keine Schwierigkeiten zu bekommen, machte man Jimmy Roberts aus Kathmandu zum stellvertretenden Expeditionsleiter. Mitte Oktober erklärte er, daß wegen des schlechten Wetters im Augenblick kein Fortschritt in Richtung Lager 4 erzielt wurde. Alle elf Bergsteiger aber seien bei guter Gesundheit, und das Team hoffe, den Gipfel bis Ende Oktober zu erreichen.

Nachdem im Laufe des Oktober die weiteren Wandlager, Lager 4 und 5, errichtet und versorgt waren, ging man Ende des Monats daran, das sechste Hochlager in 8200 m Höhe aufzubauen. Bis dorthin war die Wandflucht vorher bereits zweimal auf dieser Route bestiegen und von uns im Mai dieses Jahres in ihrer ganzen Länge versichert worden. Da beim Räumen des Berges am 21. Mai 1972 fast alles Material in den Hochlagern zurückgelassen wurde, bedeutete dies für die Briten bei ihrem jetzigen Vorstoß eine große Hilfe. 1500 m über dem vorgeschobenen Hauptlager im West-Becken fanden sie Sauerstoff-Flaschen, Zelte und Nahrungsmittel, und dies entsprach einem Zeitgewinn von vielen Tagen!

Am 8. November traf in Kathmandu vom stellvertretenden Expeditionsleiter Roberts folgende Meldung ein: „Ein vorgeschobenes Bergsteiger-Team arbeitet fieberhaft und hat inzwischen das sechste Hochlager errichtet. Der letzte Sturm auf den Gipfel wird direkt von Lager 6 aus, wenn möglich ohne ein weiteres Biwak gemacht werden.

Soweit wir im Moment sagen können, wird der Gipfelversuch so aussehen, daß Haston und McInnes, die sich im höchsten Lager befinden, als einzige Seilschaft zum Gipfel aufsteigen werden." — Roberts erklärte, daß die wahrscheinlichste Zeit für den Gipfel-Versuch zwischen Freitag, dem 10., und Mittwoch, dem 15. November, sein würde.

Am 16. November 1972 stand aber in knappen Lettern folgende AP-Meldung in der deutschen Presse: „Der Versuch einer britischen Bergsteigergruppe, den höchsten Berg, den Mount Everest, über die bisher unbezwungene Südwest-Wand zu besteigen, ist gescheitert. Wie aus einer in der nepalesischen Hauptstadt Kathmandu eingetroffenen Funkmeldung hervorgeht, mußten die Alpinisten Dougal Haston und Hamish McInnes wegen rauher und starker Winde ihr Unternehmen abbrechen."

Als die Lager bereits geräumt wurden, schlug der Berg noch einmal zu — und traf. Anthony Tighe, ein vierundzwanzigjähriger Australier, war kein volles Mitglied der Expedition, aber ein Freund von Dougal Haston. Auf Einladung des Expeditionsleiters Bonington begleitete er die Expedition und machte sich als Hauptlagerverwalter nützlich. Nachdem das Unternehmen gescheitert war, fragte er Bonington über Sprechfunk, ob er zum Lager 2 aufsteigen könne, um mit den anderen Bergsteigern zusammenzutreffen. Bekanntlich ist der Aufstieg in die Hochlager am Berg von einer Erlaubnis der nepalesischen Regierung abhängig. Der zu Beginn des Unternehmens von Bonington gestellte Antrag wurde abgelehnt. Dennoch stimmte Bonington der Bitte von Tighe zu.

Am 16. November stieg der Australier allein in das Lager 1 hoch. Noch im Khumbu-Eisfall traf er auf absteigende Expeditionsmitglieder, darunter auch Bonington. Bald nach Mittag hörte der Expeditionsarzt Rosedale, der noch im Lager 1 war, einen dumpfen Schlag, dem eine Eisstaubwolke folgte. Sherpa, die sich im Abstieg befanden, kehrten in Panikstimmung ins Lager zurück und erklärten, daß ein Teil der Trasse zusammengebrochen sei und einer ihrer Landsleute verunglückt wäre. Rosedale ging sofort nach dem Platz, wo der Eissturz erfolgt war und fand einen Sherpa an einem Seil über einer Spalte in der Luft hängen. Er konnte ihn retten. Ins Hauptlager zurückgekehrt, erfuhr er, daß Tighe vermißt sei. Sofort stiegen Burke und Bathgate mit vier Sherpa in den Bruch hoch, um noch während der Nacht nach dem Verunglückten zu suchen. Aber vergebens.

Tighe ist wohl unter Tonnen von Eis einem tragischen Schicksal zum Opfer gefallen.

Bonington hatte gegen die Anweisungen der Königlich-nepalesischen Regierung gehandelt und es verlautet, daß ihm für eine weitere Unternehmung im Nepal-Himalaya keine Erlaubnis mehr erteilt wird. —

Mit der britischen Südwest-Wand-Expedition im Herbst 1972 war ein mit ungeheuer vielen Vorschuß-Lorbeeren gestartetes Himalaya-Unternehmen gescheitert. Es war von einer Publikationswelle getragen und hatte reelle Chancen auf einen Erfolg wie kein anderes Unternehmen zuvor; denn wenige Wochen vorher hatten unsere Mitglieder der ersten europäischen Mount-Everest-Expedition Meter für Meter bis zum Lager 6 hinauf die Wand versichert.

Die Engländer hatten eine Höhe von 8250 m erreicht, die bereits ein Jahr vorher ebenfalls Dougal Haston zusammen mit Don Whillans erklettert hatten.

Der höchste Punkt, der in der gigantischen, abweisenden Südwest-Wand des Mount Everest bisher erreicht wurde, liegt auf 8350 m. Dort standen am 20. Mai in den Nachmittagsstunden einer der letzten schönen Tage vor einem Schlechtwettereinbruch Felix Kuen, der Nanga-Parbat-Bezwinger von 1970 und Adi Huber, der Erstbesteiger des Dhaulagiri II.

Die Mount-Everest-Expeditionen in den Jahren 1921 bis 1972

Lfd. Nr.	Expeditionen in chronologischer Reihenfolge	Expeditionsleiter	Expeditionsteilnehmer	Anmarschweg Aufstiegsroute	Ergebnisse	Bemerkungen
1	Erste britische Mount-Everest-Expedition 1921	Oberstleutnant Howard-Bury	G. Mallory; C. Bullock; A. Kellas; A. Heron; O. Wheeler; H. Morshead; A. Wollastone	Darjeeling — Rongphu-Kloster — Kartha — Rongphu-Shar-Gletscher — Nordsattel	Am 24. September erreichten Mallory, Bullock, Wheeler und drei Sherpa erstmals den Nordsattel (6990 m).	Dr. Kellas erlag beim Anmarsch einem Herzanfall. — Man wußte nun, daß der Nordsattel die Schlüsselstellung für die Nordroute ist.
2	Zweite britische Mount-Everest-Expedition 1922	Brigadegeneral C. G. Bruce	E. Strutt; G. Mallory; E. Norton; T. Somervell; H. Morshead; Wakefield; T. Longstaff; G. Finch; J. Noell; C. Crawford; G. Bruce; C. J. Morris	Darjeeling — Rongphu-Kloster — Rongphu-Shar-Gletscher — Nordsattel	G. Bruce und G. Finch erreichten eine Höhe von 8326 m.	Ein Schneebrett verschüttete unterhalb Lager 4 eine aufsteigende Trägerkolonne. 7 Sherpa fanden dabei den Tod.
3	Dritte britische Mount-Everest-Expedition 1924	Oberstleutnant E. F. Norton	G. Mallory; T. Somervell; G. Bruce; M. Odell; J. Noell; B. Beetham; E. Shebbear; H. Hazard; A. Irvine; R. Hingston	Darjeeling — Rongphu-Kloster — Rongphu-Shar-Gletscher — Nordsattel	Am 8. Juni wurden Mallory und Irvine in 8580 m Höhe das letztemal gesehen. Seither sind sie verschollen.	Beobachtungen von Teilnehmern der Expedition von 1933 zufolge hatten Mallory und Irvine den Gipfel nicht erreicht. Harris und Wager fanden 200 m östlich der „Ersten Steilstufe" einen Eispickel, der entweder Mallory oder Irvine gehörte. — Zwei Sherpa kamen bei einem Schneesturm auf dem Weg ins Hauptlager ums Leben.
4	Vierte britische Mount-Everest-Expedition 1933	Hugh Ruttledge	C. Crawford; E. Shebbear; F. Smythe; E. Shipton; E. Birnie; R. Greene; G. Wood-Johnson; W. McLean; H. Boustead; W. Harris; L. Wager; J. Longland; T. Brocklebank; E. C. Thompson; N. Smijth-Windham	Darjeeling — Rongphu-Kloster — Rongphu-Shar-Gletscher — Nordsattel	Am 30. Mai erreichten Harris und Wager über die „Norton-Traverse" eine Höhe von 8570 m. Smythe drang am 1. Juni allein bis 300 m unter den Gipfel vor.	Ruttledge hatte auf einer systematischen Akklimatisation bestanden; Sauerstoffgeräte hatte er nur für den Notfall mitgenommen.
5	Fünfte britische Mount-Everest-Expedition 1935	Eric Shipton	H. Tilman; Ch. Warren; E. Kempson; E. Wigram; L. Bryant; M. Spender	Darjeeling — Kongra-La — Rongphu-Kloster — Rongphu-Shar-Gletscher — Nordsattel	Wegen des schlechten Wetters erreichte die Expedition nur den Nordsattel (6990 m).	Während einer Schlechtwetterperiode wurden 26 Gipfel über 6000 m und 7000 m erstmals bestiegen. — M. Spender erzielte wertvolle photogrammetrische Aufnahmen.
6	Sechste britische Mount-Everest-Expedition 1936	Hugh Ruttledge	F. Smythe; E. Shipton; W. Harris; N. Smijth-Windham; Ch. Warren; C. J. Morris; E. Wigram; E. Kempson; P. Oliver; J. Gavin; G. Humphreys	Darjeeling — Rongphu-Kloster — Rongphu-Shar-Gletscher — Nordsattel	Der Monsun traf früher ein als erwartet. Die Expedition kam daher nur bis zum Nordsattel (6990 m).	Ruttledge und Wyn Harris erkundeten den Aufstieg zum Nordsattel von Westen her.
7	Siebte britische Mount-Everest-Expedition 1938	H. W. Tilman	F. Smythe; E. Shipton; M. Odell; P. Lloyd; P. Oliver; M. Warren	Darjeeling — Rongphu-Kloster — Rongphu-Firn-Gletscher — Nordsattel	Smythe, Shipton, Tilman und Lloyd kamen nur etwas über das Lager 6 hinaus (8290 m).	Man hatte sich von dem kleinen Team eine große Beweglichkeit versprochen, das Ergebnis war mäßig.

Nr.	Expedition	Leitung	Teilnehmer	Route		
8	Britische Kundfahrt zur Südwestseite des Everest 1951	Eric Shipton	M. Ward; T. Bourdillon; W. Murray; E. Hillary; H. Riddiford	Jogbani – Arun-Tal – Namche Bazar – Tengpoche – Khumbu-Gletscher	Erkundung des Khumbu-Eisfalls bis zur "Großen Querspalte".	Riddiford, Ward und Murray hatten "nebenbei" eine günstige Aufstiegsroute zum Cho Oyu gefunden.
9	Russischer Besteigungsversuch 1952	?	W. Kaschinski; I. Lenitzow; A. Metzdarow; A. Jindomnaow; P. Datschnolian; J. Dengumarow weitere Teilnehmer unbekannt	Nordroute: Rongphu-Gletscher – Rongphu-Shar-Gletscher – Nordsattel	Angeblich sind die Bergsteiger auf der Nord-Route bis 8220 m vorgedrungen.	Die Spitzengruppe ist verschollen.
10	Erste Schweizer Mount-Everest-Expedition 1952 Vor-Monsun	Dr. E. Wyss-Dunant	R. Dittert; J. Asper; R. Aubert; E. Hofstetter; G. Chevalley; R. Lambert; A. Roch; A. Lombard; A. Zimmermann; M. Lobsiger-Dellenbach	Kathmandu – Namche Bazar – Tengpoche – Khumbu-Gletscher – West-Becken – Südsattel	Lambert und Tensing drangen bis 260 m unter dem Südgipfel vor.	Die Expedition war bahnbrechend und richtungweisend für künftige Khumbu-Expeditionen.
11	Zweite Schweizer Mount-Everest-Expedition 1952 Nach-Monsun	Dr. Gabriel Chevalley	R. Lambert; J. Buziu; E. Reis; G. Groß; A. Spöhel; N. Dyhrenfurth	Kathmandu – Namche Bazar – Tengpoche – Khumbu-Gletscher – West-Becken – Südsattel	Lambert, Reis und Tensing müssen in einer Höhe von 8026 m wegen schlechten Wetters umkehren.	Oberhalb Lager 5 wurde durch einen losgelösten Eisblock ein Sherpa getötet und mehrere verletzt.
12	Achte britische Mount-Everest-Expedition 1953	Oberst John Hunt	T. Bourdillon; E. Hillary; M. Ward; G. Lowe; G. Band; R. Charles Evans; A. Gregory; C. Wilfried; F. Noyce; M. Westmacott; T. Stobart; G. Pugh; Ch. Wylie; J. Moris	Kathmandu – Namche Bazar – Tengpoche – Khumbu-Gletscher – West-Becken – Südsattel – Südgipfel	Am 29. Mai 1953 standen der Sherpa Tensing Norkay und der Neuseeländer Hillary als erste auf dem Gipfel des Everest.	Die englische Expedition ermöglichte dem Nepalesen und dem Neuseeländer den Gipfelerfolg. – Wer wird der erste Brite sein, der den höchsten Punkt der Erde erreicht?
13	Dritte Schweizer Mount-Everest-Expedition 1956	Albert Eggler	W. Diehl; H. von Gunten; H. Grimm; E. Leuthold; F. Luchsinger; E. Reis; A. Reist; E. Schmied; J. Marmet; F. Müller	Kathmandu – Namche Bazar – Tengpoche – Khumbu-Gletscher – West-Becken – Südsattel – Südgipfel	Schmied und Marmet erreichten am 23. Mai den Gipfel des Everest, von Gunten und Reist am 24. Mai.	Am 18. Mai bezwangen Luchsinger und Reis den Gipfel des Lhotse (8501 m).
14	Erste chinesische Mount-Everest-Expedition 1960	?	Wang Fu-Chu; Chu-Ying-Hua Gongpa weitere Teilnehmer unbekannt	Nordroute: Kloster Rongphu – Rongphu-Shar-Firn – Nordsattel	Die Chinesen Wang Fu-Chu, Chu-Ying-Hua und der Tibeter Gongpa erreichten am 24. zum 25. Mai 1960 den Gipfel des Everest erstmals von der Nordseite her.	Die Richtigkeit dieser Meldung wird auch heute noch von manchen bezweifelt.
15	Erste indische Mount-Everest-Expedition 1960	Gyan Singa	K. Bunshah; N. Kumar; S. Gyatso; Chowdhury; R. Singh; B. Misra; C. Vohra; A. B. Jungalwala; M. Kohli; G. Singh; N. Bhagwanani; S. Das; C. Gopal; A. Grewal; S. Nanda; K. Shankar Rao; S. Singh	Jaynagar – Namche Bazar – Tengpoche – Khumbu-Eisfall – West-Becken – Südsattel	Sherpa Gombu, Kumar und Sonam Gyatso erreichten eine Höhe von 8650 m.	Die erste indische Mount-Everest-Expedition konnte auf ihren Teilerfolg stolz sein!
16	Zweite indische Mount-Everest-Expedition 1962	Major John Dias	M. Kohli; A. Nanavati; M. Soares; G. Singh; S. Gyatso; A. Chowdhury; H. Dang; A. Jungalwala; K. Sharma; C. Vohra; M. Raj; O. Sharma; S. Dubey	Jaynagar – Namche Bazar – Tengpoche – Khumbu-Eisfall – West-Becken – Südsattel	Am 30. Mai kehrten Sonam Gyatso, Dang und Kohli 100 m unter dem Südgipfel (8760 m) um.	

Lfd. Nr.	Expeditionen in chronologischer Reihenfolge	Expeditions-leiter	Expeditionsteilnehmer	Anmarschweg Aufstiegsroute	Ergebnisse	Bemerkungen
17	Vier Amerikaner am Nordsattel 1962	W. W. Sayre	N. Hansen; R. Hart; H. Duttle	Kathmandu — Namche Bazar — Ngozumpa-Gletscher — Rongphu-Nup-Gletscher — Rongphu-Shar-Gletscher — Nordsattel	Die Amerikaner stießen über den Nordsattel bis in eine Höhe von etwa 7550 m vor.	Die Expedition war heimlich, ohne Erlaubnis der Nepalesischen Regierung auf tibetisches Territorium vorgestoßen.
18	Erste amerikanische Mount-Everest-Expedition 1963	Norman G. Dyhrenfurth	W. Siri; M. Miller; D. Doody; B. Prather; J. Lester; A. Auten; G. Roberts; D. Dingman; Th. Hornbein; J. Roberts; Capt. Prabhaker; R. Emerson; B. Bishop; J. Breitenbach; J. Corbet; R. Pownall; L. Jerstad; J. Whittaker; W. Unsoeld; J. Ullmann	Kathmandu — Namche Bazar — Tengpoche — Khumbu-Eisfall — West-Becken — Südsattel bzw. Westgrat	Am 1. Mai erreichten Sherpa Gombu und Whittaker auf der Südroute den Gipfel des Everest. Corbet und Auten bezwangen am 22. Mai den Gipfel über den Südsattel, und drei Stunden später gelangten Hornbein und Unsoeld über den Westgrat auf den Gipfel.	Erste Überschreitung des Mount Everest von West nach Ost. – Zu Beginn der Expedition wurde beim Einsturz eines Eissturms J. Breitenbach im Khumbu-Eisbruch verschüttet.
19	Dritte indische Mount-Everest-Expedition 1965	Commander M. S. Kohli	N. Kumar; G. Singh; M. Raj; C. Vohra; S. Gyatso; H. Rawat; H. Ahluwalia; H. Bahuguna; A. Cheema; B. Singh; J. Joshi; A. Chakravarti; D. Telang; G. Bhangu; S. Wangyal; N. Gombu	Jaynagar — Namche Bazar — Tengpoche — Khumbu-Gletscher — West-Becken — Südsattel — Südgipfel	Neun Mann standen auf dem Gipfel des Mount Everest.	Größter indischer Expeditionserfolg!
20	Zweite chinesische Mount-Everest-Expedition 1966	?	?	Klassische Nordroute	Einzelheiten wurden im Westen nicht bekannt.	Wahrscheinlich ist diese Expedition gescheitert.
21	Dritte chinesische Mount-Everest-Expedition 1968	?	?	Klassische Nordroute	Einzelheiten wurden im Westen nicht bekannt.	Wahrscheinlich vorzeitiger Abbruch wegen schlechten Wetters.
22	Japanischer Angriff auf den Mount Everest 1969/70 **Erkundung 1969** Vor-Monsun	Yoshihiro Fujita	N. Uemura; T. Sugasawa; H. Aizawa	Flug Kathmandu — Lukla — Namche Bazar — Tengpoche — Khumbu-Gletscher — West-Becken	Erreichten über den Khumbu-Eisbruch hinauf das West-Becken bis in eine Höhe von 6450 m. Dort wurde die Südwest-Flanke des Everest eingehend studiert.	
	Nach-Monsun	Hideki Miyashita	H. Tanabe; N. Nakajima; M. Konishi; N. Uemura; Y. Sato; J. Inoue; S. Omori; H. Shirai; T. Noguchi; S. Sato; K. Kimura	Nach-Monsun auch Südwest-Flanke	Bei einem ersten Erkundungs-Vorstoß in die Südwest-Flanke erreichten M. Konishi und N. Uemura die Höhe von 8050 m.	Am 18. Oktober 1969 verunglückte Phu Dorje im Eisbruch.

Hauptexpedition 1970 mit Ski-Expedition	Saburo Matsukata — bergsteigerische Leitung Hiromi Otsuka	S. Sumiyoshi; Y. Matsuda; Y. Fujita; T. Matsura; K. Hirabayashi; H. Tamura; H. Nakajima; S. Hirano; M. Doi; M. Konishi; S. Watanabe; T. Kano; T. Kanzaki; H. Nishigori; N. Uemura; K. Kano; Y. Kamiyama; A. Yoshikawa; Ch. Ando; H. Sagano; R. Ito; M. Nakajima; K. Hirotani; S. Omori; M. Kono; M. Osada; H. Inoue; K. Kimura; H. Aizawa; S. Sato; M. Harada; K. Taira; T. Naito; T. Noguchi; S. Tateno; H. Nakagawa; K. Narita	1. West-Becken — Südsattel — Gipfel — 2. West-Becken — Südwest-Flanke	Während dieser Monster-Expedition wurde der Gipfel des Mount Everest abermals über die Südsattel-Route am 11. Mai von Matsura und Uemura und am 12. Mai von Hirabayashi und Sherpa Chotture bestiegen. — Gleichzeitig stieß man zum zweitenmal in der Südwest-Flanke auf 8050 m vor. Der Berufs-Skifahrer Yuichiro Miura fuhr 300 m unter dem Südsattel mit Sauerstoffgerät, Fallschirm und Funkgerät in das West-Becken ab. Am 5. April 1970 kamen sechs Sherpa im Eisbruch ums Leben. — Kiyoshi Narita starb an Herzschwäche nahe Lager 1 (6050 m). Sherpa Kyak Tsering verunglückt im Eisbruch. Am 17. Mai erreichte die 31jährige Bergsteigerin Setsuko Watanabe die Firnkuppe über dem Genfer Sporn (8020 m) und stellt damit einen neuen Höhenrekord (nicht Gipfelrekord!) für Frauen auf.
23	Norman G. Dyhrenfurth und Jimmy Roberts	G. Colliver; J. Evans; D. Peterson; D. Haston; D. Whillans; R. Ito; N. Uemura; T. Hiebeler; L. Schlömmer; W. Axt; M. und Y. Vaucher; O. Eliassen; J. Teigland; D. Isles; H. Bahuguna; C. Maurij P. Mazeaud; D. Blume; P. Steele und ein neunköpfiges Team der BBC London	Kathmandu — Namche Bazar — Tengpoche — Khumbu-Eisfall — West-Becken — Südwest-Wand und Westgrat	Bei einem Schneesturm kam der Inder Harsh Bahuguna — der 1965 auf dem Gipfel des Everest stand — an der Seilquerung zwischen Lager 2 und Westgrat auf tragische Weise ums Leben. Don Whillans und Dougal Haston erreichten eine Höhe von 8250 m. Das BBC-Team schaffte einen hervorragenden Film vom Kampf um den Eisfall.
Internationale Mount-Everest-Expedition 1971				
24	Hector Tolosa und Carlos Comesana	insgesamt 18 Teilnehmer	Khumbu-Eisfall — West-Becken — Südsattel	Die genaue Expeditionsgeschichte war zur Drucklegung nicht mehr zu erhalten. Über den Südsattel hinauf bis gegen 8230 m am Südostgrat vorgestoßen. Gipfel wurde nicht erreicht.
Erste argentinische Mount-Everest-Expedition 1971 Nach-Monsun				
25	Karl M. Herrligkoffer	M. Anderl; S. Maag; A. von Hobe; E. Hüttl; P. Bednar; F. Kuen; W. Haim; H. Schneider; A. Sager; A. Huber; A. Weißensteiner; P. Perner; L. Breitenberger; H. Berger; M. Saleki; D. Scott; H. McInnes; D. Whillans; J. Gorter; J. Zeitz; M. Fach; U. Mehler	Flug Kathmandu — Lukla — Namche Bazar — Tengpoche — Khumbu-Eisfall — West-Becken — Südwest-Wand	Das Frankfurter Wissenschaftler-Trio erzielte wertvolle Erkenntnisse über die Abwehrfunktion gegen Infektionskrankheiten in großen Höhen. Felix Kuen und Adi Huber erreichten bei einem Vorstoß von Lager 6 aus die Höhe von 8350 m.
Erste europäische Mount-Everest-Expedition 1972				
26	Chris Bonington	G. Tiso; M. und Mrs. Burke; D. Scott; N. Estcourt; D. Haston; B. Rosedal; H. McInnes; D. Bathgate; Major K. Kent	Kathmandu — Namche Bazar — Tengpoche — Khumbu-Eisfall — West-Becken — Südwest-Wand	Haston und McInnes kamen bis 8250 m. Am Ende kam der Expeditionsgast Anthony Tighe im Khumbu-Eisbruch ums Leben.
Neunte britische Mount-Everest-Expedition 1972 Nach-Monsun				

Namen- und Sachregister